新文科建设教材
市场营销系列

**CONSUMER BEHAVIOR
AND PSYCHOLOGY**

消费者行为与心理洞察

谭慧敏◎主编

熊霁 付晓蓉◎副主编

清华大学出版社

北京

图书在版编目（CIP）数据

消费者行为与心理洞察/谭慧敏主编. —北京：清华大学出版社，2024.3

新文科建设教材. 市场营销系列

ISBN 978-7-302-65665-4

Ⅰ．①消…　Ⅱ．①谭…　Ⅲ．①消费心理学－高等学校－教材　Ⅳ．①F713.55

中国国家版本馆 CIP 数据核字(2024)第 048266 号

责任编辑：朱晓瑞
封面设计：李召霞
责任校对：宋玉莲
责任印制：曹婉颖

出版发行：清华大学出版社

　　　　　网　　　址：https://www.tup.com.cn，https://www.wqxuetang.com

　　　　　地　　　址：北京清华大学学研大厦 A 座　　　　　邮　　编：100084

　　　　　社 总 机：010-83470000　　　　　邮　　购：010-62786544

　　　　　投稿与读者服务：010-62776969，c-service@tup.tsinghua.edu.cn

　　　　　质 量 反 馈：010-62772015，zhiliang@tup.tsinghua.edu.cn

　　　　　课 件 下 载：https://www.tup.com.cn，010-83470332

印 装 者：三河市春园印刷有限公司

经　　销：全国新华书店

开　　本：185mm×260mm　　　印　张：15.75　　　字　数：347 千字

版　　次：2024 年 5 月第 1 版　　　印　次：2024 年 5 月第 1 次印刷

定　　价：49.00 元

产品编号：101674-01

作者简介①

熊霓：新加坡国立大学商学院市场营销学博士，西南财经大学工商管理学院市场营销系副教授。西南财经大学海外高层次引进人才，四川省专家服务团专家，四川省海外高层次人才创新创业服务团专家。主要研究方向为消费者心理与行为、人工智能营销、情感、价值观和动机等。担任国内外多本学术期刊的审稿人，最新研究成果发表于 *Journal of Consumer Psychology* 等国际期刊上。主讲课程包括面向本科生的"消费者行为学"和面向研究生的"行为研究的实验方法""消费者行为研究"，并参与讲授面向博士生课程"消费者行为研究前沿""市场营销研究及写作"。担任本书副主编，并负责本书第1章"文化"、第2章"群体"、第3章"消费者行为与社会福祉"的编写工作。

付晓蓉：管理学博士，教授，博士生导师，西南财经大学工商管理学院副院长。主要研究方向是客户关系管理及消费者行为，在 *Journal of Business Research*、*Annals of Tourism Research*、*Industrial Marketing Management* 和《科研管理》等国内外期刊上发表多篇学术论文，主持国家自然科学基金项目。主讲课程包括"市场营销学""消费者行为学""金融业客户关系管理"等，教学工作经验丰富。主编《公共管理学》《金融业客户关系管理》等多部教材。担任本书副主编，并负责本书第4章"个人信息处理"的编写工作。

熊希灵：中山大学基础心理学博士，西南财经大学工商管理学院讲师。研究聚焦于体验消费的影响因素及后果研究，在 *Tourism Management*、*Annals of Tourism Research*、*Journal of Travel Research* 等期刊上发表多篇学术论文，担任 *Journal of Travel Research* 期刊编委，主持教育部人文社科基金青年项目，主讲课程"市场营销学"。负责本书第5章"体验消费"的编写工作。

谭慧敏：卡内基梅隆大学工程与公共政策博士，西南财经大学工商管理学院教授、博士生导师、澳大利亚科廷大学客座研究员。主要研究方向为个体决策制定与风险分析，在 *Nature Biotechnology*、*Tourism Management*、*Annals of Tourism Research*、*Marketing Letters* 等期刊发表多篇论文，入选 ESI 高被引论文，开发多篇案例入选毅伟商学院案例库、哈佛商学院案例库、中国共享管理案例库。主持国家社会科学基金、教育部人文社科项目、教育部王宽诚基金项目、四川省社科规划项目，以及省级和校级教改项目等。获全国百篇优秀管理案例、四川省第十九次哲学社会科学优秀成果奖二等奖、西南财经大学优秀科研成果奖、西南财经大学优秀教师等荣誉。主讲课程"消费者行为与心理洞察"入选四川省一流本科课程，开设课程还包括人工智能营销、营销研究方法等。担任本书主编，并负责本书第6章"消费者学习与记忆"、第7章"动机与个性"、第8章"态度与态度转变"的编写工作。

---

① 作者顺序为所负责章节顺序。

李晨晨：新加坡南洋理工大学管理学博士，西南财经大学工商管理学院副教授。主要关注跨文化差异方面的心理与行为科学研究。曾在 *Journal of Cross-cultural Psychology*、*Journal of Pacific Rim Psychology*、*Journal of Global Mobility* 等国际期刊上发表若干学术论文，并参与多本跨文化英文专著的编写。负责本书第 9 章"社交媒体与消费者行为"的编写工作。

刘小燕：新加坡南洋理工大学市场营销学博士，西南财经大学经济与管理研究院副教授、博士生导师、企业管理系主任。研究主要聚焦于消费者心理和决策、跨文化消费者行为、旅游营销等，在 *Tourism Management*、*Journal of Travel Research*、*International Journal of Hospitality Management*、*Marketing Letters* 和《旅游学刊》等国内外期刊上发表多篇论文。主持国家自然科学基金项目 1 项，中央高校基本科研经费 4 项。主讲课程包括"市场营销学""营销管理""消费者行为学"等。负责本书第 10 章"人工智能与消费者行为"的编写工作。

此外，共有七名西南财经大学硕士研究生在本书的资料汇集、编写、校对工作中做出了非常大的贡献，我们特别向这些同学表达感谢：朱显琳、胡毓萱、陈施怡、李金哲、刘徐曦、陈左南、郝斯嘉。

最后，感谢以下项目对本书的资助：国家社会科学基金项目（20XSH012）、国家自然科学基金项目（72302190、72302191）。

党的二十大报告指出，要把实施扩大内需战略同深化供给侧结构性改革有机结合起来，增强国内大循环内生动力和可靠性，提升国际循环质量和水平。毋庸置疑，消费是目前实现国内大循环、扩大内需战略、驱动我国经济增长的关键引擎。然而在数字经济崛起的时代，消费者的注意力变得稀缺、消费者需求越发复杂多变，叠加后疫情时期消费动力不足，消费经济复苏面临着严峻的挑战。企业要想让自己的产品与服务在激烈的市场竞争中脱颖而出，必须深刻洞察当代消费者的心理与行为规律，理解消费理念与消费方式所发生的剧烈变化，才能够制定行之有效的营销策略。早在半个世纪前，诺贝尔经济学奖、图灵奖获得者赫伯特·西蒙（Hebert Simon）就提出"有限理性"（bounded rationality）理论，指出消费者决策与行为的本质——消费者的决策受到认知能力、时间、信息的限制，因而其理性是有限的。有限理性理论解释了为什么消费者经常使用启发法、经验法则等策略来简化他们的选择，这为分析消费者行为提供了新视角和新工具，使得后来的研究者能综合运用行为经济学、认知心理学、神经科学等跨学科方法和技术，深入探索影响消费者决策过程和结果的内部与外部因素、认知与情境因素。

近年来，伴随着人工智能技术的爆发，以 ChatGPT 为代表的人工智能应用的出现标志着人类智能进入革命性进化的新阶段。这对于消费者行为与心理的研究者与营销管理者既是前所未有的机遇，也是严峻的挑战。一方面，AI 技术的赋能使得人们可以更精准地了解消费者的需求、偏好、情绪和行为，从而个性化地提供能满足消费者需求的产品、服务和体验，增强消费者的参与度、忠诚度、满意度和信任度，提高企业的市场竞争力。另一方面，AI 技术浪潮正在改变消费者的信息搜索和决策的过程，影响消费者的注意力、记忆、判断和决策等心理过程，以及社会互动和情感体验，甚至完全重塑消费者的需求形成范式，而研究者也不得不持续学习新的自然语言处理、计算机视觉等前沿技术和方法，以便准确地调查、模拟、分析复杂多变的消费者心理和行为。

因此，为了响应数智时代下消费者行为教学与学习范式转化的需要，我们编写了《消费者行为与心理洞察》这本教材，结合技术变革的时代背景介绍了与消费者行为相关的心理学和社会学理论，旨在为读者提供一份全面的、兼顾理论与实务的消费者行为学和心理学指南。本书通过有机地呈现前沿的理论研究与丰富的商业应用案例，帮助读者深入了解消费者行为的内在机制和决策过程，揭示"有限理性"的消费者在其行为背后的心理洞察，探索企业应如何开展具体的营销管理实践来吸引消费者，以适应不断变化的市场，更好地满足消费者需求。

本书由 10 章组成，系统地探讨了影响消费者行为的外部因素和内部因素。本书不仅涵盖了消费者行为和心理学的经典理论，还融入了该领域内最新的前沿学术发现，使读者能够更好地洞察消费者行为的本质和规律，捕捉该学科内的新兴研究趋势。此外，本书还包括了大量新鲜的、有代表性的商业案例，反映营销实践的进展，以便帮助读者更好地理解和应用所学知识。

　　为了凸显新时代下消费行为学研究对象与研究视角的重大转型，我们在涵盖消费者行为与心理学基础知识的同时，还特别引入了当下社会所关注的热点消费行为议题。例如，在第 3 章中，我们讨论了亲社会行为和绿色消费这两个主题，分析了影响消费者亲社会行为和绿色消费的外部和内部因素，反映了时代对于可持续发展和和谐发展所发出的呼声。了解消费者行为与社会福利的关系对企业开展可持续性经营具有重要的实践意义，能帮助企业在满足消费者需求的同时，更好地履行社会责任，推动社会的可持续发展。在第 5 章，我们探讨了消费者对于产品或服务所获得的主观体验和情感反应的影响因素和后果。随着虚拟现实、元宇宙等技术的诞生，消费体验被赋予了全新的时代特征和重要意义，人们在消费中不仅关注产品或服务的功能性，也更加注重体验和情感。在第 9 章中，我们详细介绍了社交媒体营销的策略和模型、消费者在社交媒体中的行为等话题，让读者更深入地了解社交媒体在当今社会的商业领域中所发挥的重要作用。在第 10 章，我们详细探讨了人工智能技术的发展阶段与主要应用场景，以及其对消费者和社会的影响，并对人工智能风险治理进行了全面的分析，探讨了消费者对于人工智能技术的接受意愿等话题。

　　撰写本书是一次漫长而有趣的旅程。我们要特别感谢所有参与本书撰写与编辑工作的作者和编辑，他们的巨大努力和贡献使得本书的质量得到保证。我们希望这本书能够成为您的指南，帮助您更好地了解消费者行为和心理学。不论您是高等院校工商管理等专业的本科生或研究生，还是从事市场营销、企业管理或其他领域的从业人员，抑或是对消费者行为和心理学感兴趣的读者，我们都相信这本书将为您带来有用的洞察力和有价值的知识，成为一本对您而言有价值的参考读物。最后，祝愿您阅读愉快，获得收获和启发。

编　者

目　录

文　化

◆ **本章要点**

本章的主要学习目标包括：

1. 理解文化的概念，了解文化的特性；

2. 掌握和理解文化的不同维度及各个维度如何影响营销活动；

3. 提高洞察消费者文化价值观的能力，理解文化差异的魅力，建立对文化差异的尊重；

4. 理解文化价值观的相关内容，学会思考并应用如何在营销环境中运用文化差异来指导营销活动的制定。

◆ **开篇案例**

光环系列游戏的跨文化策略

电子游戏作为世界范围内流通的文化产品，已经在全球汇聚起了数量庞大的电子游戏消费者人群。光环系列游戏作为早期微软第一方游戏工作室制作发行的游戏作品，为微软公司打开了全球电子游戏市场，在全球已经售出超过 8100 万套。外媒报道中称"光环系列重新定义了人们对游戏的看法，并且已经发展成为一种全球性的娱乐现象"。作为北美的国民级游戏，光环系列在中国玩家中也广受欢迎，销售颇佳，主要原因是游戏在关卡设计、主角人设形象等方面充分考虑了中西文化的差异，具体来说，兼具了较强不确定性回避与较弱不确定性回避。

不确定性回避是指一个社会对未来不确定性和模糊情境的畏惧程度，以及通过措施、制度等来消除这些不确定性及模糊情境的倾向。不同社会中，风险态度将大有不同，所采取的行动策略也有所差异。结合霍夫斯泰德 1991 年的研究成果，我国有着较强的不确定性回避倾向文化。我国人民喜欢保持生活的稳定性，冒险精神不足。而美国有着较弱不确定性回避倾向，人们更偏向于冒险和探索未知事物。纵观西方历史，西方文明发源于海洋，农业发展相对贫瘠，广阔的海域既满足了人们的资源需求也承载了人们的情感寄托。同时由于西方宗教文化自身积极寻求发展而兴起的传教活动，使得人们更愿意朝着深远地域发展，因此形成了主动探索的冒险精神。光环系列游戏的宇宙观中，地球仅仅是一颗不起眼的普通行星，在未知星域还存在无数神秘的文明等待玩家去发掘与探索。为了兼顾与冒险文化持不同态度的中国玩家，制作者将立足已知、安土重迁的价值观念注入游戏之中，引导玩家利用现有资源进行社会生存或环境改造，例如《光环：致远星》中，"为保障人类母星的安全，科尔上设计知名的科尔协议，要求不管付出什么代价，都要保住人类文明母星的坐标"。这种跨文化的设计理念，巧妙地兼顾了现实中不同地区玩家的文化理念，成功打开了中国市场。未来中国国产游戏也可以从文化差异方面入手，根据不同国家或地区的社会气质，迎合游戏玩家的心理预期，将国产游戏更好地推向世界。

资料来源：张景实. 光环系列游戏在中国的跨文化传播策略研究[D]. 云南财经大学，2023. DOI:10.27455/d.cnki.gycmc.2023.000284.

1.1 文化与消费者行为

1.1.1 文化与营销

营销与文化有着密切的联系。随着全球化的加剧、科技网络使世界高度连接和扁平化，文化在市场营销中的重要性尤为凸显。

首先，市场营销高度依赖文化。在当前全球化和国际化的时代，各种企业和公司试图在国内市场之外寻找新的机会来将自己发展和壮大。在新的市场上的成功不仅仅取决于一个企业的产品质量、提供的服务，或在国内市场上成功的营销活动和经营经验，企业向国际化环境发展的过程中，需要充分考虑文化价值观、信息、符号、仪式甚至颜色等在不同文化中可能具有的不同象征含义和信息。以跨文化品牌的经典案例可口可乐（coca cola）为例，进入中国市场时，Coca Cola 在中文环境中被巧妙地译成"可口可乐"：一方面，可口可乐与 Coca Cola 读音相似；另一方面，可口可乐完美还原了产品特点，"可口"表示产品美味，"可乐"表示产品所带来的开心感觉，与其产品定位非常相似。此外，Coca Cola 公司注重在不同文化中尊重和突出当地文化特色，会根据目标市场的文化特征制定不同的营销策略方案，顺应当地市场的文化环境进行产品包装、广告内容设计等。

其次，市场营销活动会塑造文化。市场营销战略不仅在很大程度上受文化的影响，很多成功的营销战略方案也可以塑造文化。仍以可口可乐为例，其在 20 世纪二三十年代的广告定位是 "It's a family affair"，即家庭聚餐的聚会饮料。之后提出 "The pause that refreshes（享受清凉一刻）"的口号[①]，即可口可乐是疲倦时期振奋精神的饮料，以此来塑造消费者在家庭聚会及下午疲倦时喝可口可乐的文化。同时，可口可乐将品牌与奥运会做了紧密联系，以奥运会长期赞助商的身份来体现出可口可乐年轻、有活力的品牌形象。可口可乐对圣诞老人形象的再塑造也是营销影响和塑造文化的经典例子。尽管圣诞老人的传说由来已久，但在可口可乐做出相关营销方案之前人们对圣诞老人的形象并没

[①] TopMarketing: 可口可乐百年营销史. 2021-02-23, https://baijiahao.baidu.com/s?id=1692491000069983078&wfr=spider&for=pc

有统一的认知：有人认为圣诞老人是戴蓝帽子的，也曾有人认为他是瘦小的老人等。而如今大家都熟知的戴着红帽子、留着白胡子、顶着大肚子的圣诞老人的形象正是源于可口可乐在营销企划中对圣诞老人成功的再创造。戴比尔斯（De Beers）的市场营销活动也反映了成功的市场营销活动会塑造和影响文化。戴比尔斯的"钻石恒久远，一颗永留传"（A diamond is forever）的经典广告向人们传递了钻石永恒的寓意，并塑造了钻石为爱情见证的文化，将钻石与爱情相挂钩，塑造了消费者在爱情和婚姻面前消费昂贵钻石的文化。

因此营销需要拥有高度的文化敏感性，建立在尊重文化的基础上，重视对文化因素的洞察来科学地指导营销战略的制定。同时，需要注意企业制定的营销方案是否会影响和塑造文化，尤其需要避免消极负面的文化的影响。

然而，跨文化营销既困难又充满挑战。不同文化下的消费者不仅有人口环境因素的差别，具备不同的文化价值观，在语言沟通和非语言沟通等方面也可能存在差异。这些因素都会在不同程度上影响消费者的行为。

1.1.2 文化的刻板观念和原产国（地）效应

消费者常常在不知不觉中受到文化的影响。**原产国效应**（**country-of-origin effect**）就很好地阐释了消费者如何普遍地受到文化的广泛影响。

原产国（地）效应是指因为消费者对各个国家和地区存在刻板观念，产生的对不同国家地区来源的产品或原料特定的评价，即由于商品原产地的不同而使得消费者对商品有不同的评价。[1]例如，在消费者印象当中，伏特加原产于俄罗斯，龙舌兰原产于墨西哥，巧克力来自比利时，手表原产于瑞士等，消费者更可能信任来自这些原产国（地）的相应的产品或原料。对来自于原产国（地）的相应产品进行评价时，也会被原产国（地）效应影响，对来自俄罗斯的伏特加、墨西哥的龙舌兰、比利时的巧克力和瑞士的手表有更积极的评价和购买意愿。

有学者认为，原产国效应是基于对原产地的刻板印象延伸到了对目标产品的印象和评价上的现象。[2]由于原产国效应可能是由人们将产品与原产国的产品形象进行相似或不相似的比较而引发的，因此消费者本身的信息处理模式可能也会影响原产国效应的产生或削弱。具体而言，具有**整体加工思维模式**（**global processing mindset**）的消费者由于在处理信息时更注重全局和整体，更能发现事物之间的联系和产品间的相同之处，因此更能发现产品和原产国产品的相似性。基于此，在目标产品质量相似的情况下，具备整体加工思维模式的消费者容易受原产地效应影响，即对原产地形象的产品有更好的评价。相对应地，具有**局部加工思维模式**（**local processing mindset**）的消费者由于在处理信息时更注重局部和细节，更能发现产品间的差异性和不同之处，因此更能发现产品和原产国产品的相异性。在目标产品质量相似的情况下，具备局部加工思维模式的消费者更能发现原产地形象好的产品和原产地形象差的产品实际上的质量是相似的，因此其出现原产国效应的可能性更低。[3]

原产国效应是一种刻板效应造成的偏见性认知，是人们依赖于基于直觉的**启发式系**

统（heuristic system）来处理信息的结果，而不是依靠基于理性的**分析式系统**（**analytic system**）来处理产品的相关信息形成正确的印象的结果，因此，当产品信息的呈现方式更能激发消费者的分析式系统来处理信息时，原产国效应则有可能被削弱[4]。具体而言，当产品信息的呈现方式能够让消费者更少依赖自觉来处理信息而加大认知投入时，如当产品信息的字体印刷得较模糊但仍能辨别时，人们则会更多地使用自身的心理资源和认知努力来处理产品信息，以产品的内在属性信息来评价产品，而更少依赖产品的来源国信息等外部线索。此时，原产国效应对消费者产品评价的影响就会减弱。

总体而言，原产国（地）效应具有以下四点特征。

- 原产国（地）效应广泛存在。很多消费者都会对某国家或地区有特定的刻板印象，并有意识或无意识地将这种刻板印象投射到和此国家或地区有关联的产品上，因此产生原产国（地）效应。
- 原产国（地）效应的影响往往是持久的，在短时间内难以改变。
- 对于了解产品或品牌起源并有相应刻板印象的消费者对符合原产国（地）概念的商品有偏好。若消费者不了解产品或品牌的起源，或者消费者对起源地并无刻板印象，那么原产国（地）效应也相应地不会出现。
- 原产国（地）效应可以通过战略营销和沟通来利用或克服。

1.2　文化的概念及特性

1.2.1　文化的概念

从广义上来说，文化是指人类社会历史过程中所创造的物质财富和精神财富的总和。文化中的精神财富是指文化的非物质方面，由一群人所共有的知识、常识、信念、价值观、制度和期望组成，也包括社会规范、法律和道德，人们使用的语言和用来传递意思、想法和概念的符号（如交通标志和表情符号）等非语言交流和相应的实践行为，如戏剧和舞蹈、与他人互动的方式、节日的庆祝、体育赛事等都是文化的非物质方面的组成部分。而文化的物质方面则由人类制造和使用的东西组成，它包含建筑、科技产品、服装、电影、音乐、文学、艺术等，而这些物质文化的产品通常被称为文化产品。文化的物质和非物质方面是紧密相连并相互影响的，其中物质文化产生于文化的非物质方面，而物质文化也会影响文化的非物质方面。比如，中国传统文化既包括了中华民族历史上的各种精神文化思想和道德传承，也包括中国传统文化在以儒、佛、道家的文化基础上派生出的艺术品，如书法、国画、曲艺、音乐作品和相应的经典建筑等。这些物质文化产品影响着那些与之互动的人的价值观、信仰和期望，而这些价值观、信仰和期望也会反过来影响着文化产品的创造。

从狭义上来讲，文化是指社会的意识形态，以及与之相适应的社会制度和组织结构。人们平时讲的文化通常是指由知识、信念、艺术、法律、伦理、风俗和其他由一个社会的大多数成员所共有的习惯、能力等构成的复合体。因此，文化是由生活在同一地理区域的人，或分享同样价值观、信仰、传统、制度等的群体所共同拥有的东西。

1.2.2 文化的特性

文化这一概念有以下五个特性。

第一，**复合性**。文化是一个综合的概念，它几乎包括了影响个体行为与思想过程的每一事物。文化虽然并不决定如饥饿等生理驱策力的性质和频率，但它却影响着是否反对和如何使这些驱策力得以实现或满足。例如：感受到饥饿的东方人在寻找主食的时候可能会偏好去寻找米饭和面条，但同样感受到饥饿的西方人可能更容易偏好去寻找面包等。在享用食物的时候，不同文化下的人饮食方式上也会有所不同。中国多为共食制，以筷子和勺子为主要餐具，并且常以为他人夹菜、劝食等方式来展示好客；而西方多为分食制，以刀叉为主要餐具，定量配置，按自己所需自取。

第二，**习得性**。文化是一种习得行为。任何文化都是人们后天习得的和创造的，它不包括遗传性或本能性行为与反应。由于人类绝大多数行为均为学习获得而不是与生俱来的，所以文化确实广泛影响着人们的行为。以中华传统文化为例，出生在中国的中国人在父母的言传身教、传统教育和社会风俗的环境当中逐渐习得中国传统文化。

第三，**共享性**。一个人的行为、思想与感觉是与同一文化的其他成员相一致的。人们总是与同一文化下的其他成员一样行动、思考、感受，因此同一文化下的成员会呈现出一种文化共性。比如，同样是中华民族的个体共享中华文化，受到中华优秀文化的滋润，形成了源远流长的"你中有我，我中有你"的历史血脉和中华民族共同体的向心力和凝聚力。此外，虽然群体内部成员共享相同的文化价值观，但群体内部也可能存在差异。例如，年轻群体和老年群体对新兴事物的接受程度会有所不同，包括一些亚文化的盛行也体现出群体之间的差异。重要的是人们应当尽量避免事前对他人做出假设，或以刻板印象评价和对待他人。学习了解自身和不同的文化，以及文化间的相同和差异之处，可以帮助人们在不同的文化之间架起一座桥梁，以更好地了解他人。

第四，**边界性**。文化的影响如同我们呼吸的空气，无处不在，无时不有。但由于现代社会的复杂性和文化本身的性质，人们并不总是意识到文化的影响，或者认为文化的影响是理所当然的，因此通常人们很难感到自身受到的文化的影响。除非其性质突然改变，或者超出当前的文化环境，否则人们通常将其作为既定事实加以接受。例如，中国你来我往的请客文化和西方的 AA 制文化，如果两者没有相遇，人们就很难感知到其中的文化差异。由此可见，由于文化很少对何为合适的行为进行详细描述，更多的是为大多数人的思想与行为提供一种边界线，大多数时候都是间接地影响个体行为。只有当行为跨出文化边界线的时候，边界线内的人们才会清晰感知到文化差异的影响。

第五，**变迁性**。文化并非一成不变，它会随着时间的变化而缓慢演变。文化随着群体成员的需要和愿望，在合适的机会下发生适应性的发展和变化。变化可能是群体迁移到新的地理位置所产生的结果，也可能仅仅是由于时间的流逝而产生的变化。文化也会因为从群体效应中不断出现的各种规范和趋势、产生出的信念和共同理解的看法上发生变化。另外，技术进步通常是日常实践变化背后的驱动力，也会改变人类运作的框架和文化体系。从历史上看，许多文化价值观随着农业革命（人类群体变成定居农民）和工业革命（人们从农村搬到城市）而发生了变化。营销人员一方面应该了解目标市场现在的文化价值观，另一方面也需要了解新兴的文化价值观，才能对目标市场的文化价值观有更全面的动态的理解和把握。

1.3 文化价值观对消费者的影响

所谓文化价值观，是一个为社会的大多数成员所信奉，被认为应为社会所普遍倡导的信念。对不处于同一文化群体的外部人员而言，一个群体的文化价值观可能是难以理解的。而对于群体内部的成员来说，文化价值观是整个社区赖以存在的核心原则和理想。比如，不同文化对个人自身情绪是否应当对外充分表达持有不同的文化价值观。在非表达情绪的文化中，人们更有可能在不表达情感的情况下进行交流。在这样的文化下，人们可能会隐藏自己的感受。相反，在注重表达情绪的文化中，人们以更明显的方式表达情感和交流[5]。那么来自非表达情绪文化中的人可能会认为注重表达情绪的人对情绪过分表达、显得咄咄逼人或具有威胁性；而来自注重情绪表达文化中的个人可能会认为来自非表达情绪文化中的人没有太多情绪表达和起伏，是冷漠的表现。这也意味着不同的文化价值观可能会让处于不同文化中的人对彼此产生偏见。只有当人们很好地理解到文化价值观对自身的影响时，人们才可以更具包容性。

文化价值观通过一定社会规范来影响人们的行为。 文化主要是通过为个体设置较为宽松的行为"疆域"，通过影响如家庭、大众媒体等功能而发挥作用。应当说，文化为个人或家庭生活方式的演变提供了一个框架。文化对个人行为设置的"疆域"或者"边界"，实际上就是我们通常所说的规范。社会规范规定在一定的社会情境下，哪些行为反应是可以接受的，哪些是不能接受的。简而言之，规范就是关于特定情境下人们应当做出或者不应当做出某些行为的规则。规范源于文化价值观。文化价值观被视为它们所属的任何组织文化的脊梁，为人们的评价和行为提供指导，从而使得在其文化价值观影响下的个体有规范的表现和行为。

文化价值观会通过社会规范影响人们的生活态度和分配资源的方式，并提高人们在当前文化环境中的生活技能。要弄清人们行为上所体现的文化差异，首先应当了解不同文化背景下人们价值观的差异。而价值观不仅提供了社会规范，规定了适当行为的范围，还提出了相应的惩罚，也就是违背文化规范将受到其他社会人员的惩罚，从轻微的不认同到被群体排斥不等。而规范与惩罚则最终影响人们的行为模式。

如图 1-1 所示，文化价值观下产生一定的社会规范及不遵循这些规范时的惩罚，如影响中国人心理的传统文化价值观包括和、仁、义、礼、智、诚、忠、孝。以孝为例，孝是儒家思想的一个重要价值观。在中国文化价值观下，孝敬父母、尊老敬贤等行为都是符合社会规范的行为，而不孝之人则会受到自身良心的谴责及社会的批评与惩罚。因此，当企业寻求在国际上销售其产品时，必须准备好应对所在地区带来的潜在营销道德和社会规范问题，广告等营销方式的制定也必须在文化价值观的指导下进行。如一个爱恶作剧，特立独行、非常自我且常对长者不敬的少年形象，在崇尚个人自由和独立的西方文化下可以作为一个公司的代言人而被接受。但若该公司想要扩展到亚洲市场时，则需要改变该角色原有形象的设定，以一种在更为尊重他人、注重和谐人际关系的东方文化下合适的角色来进行营销内容的制定。

图 1-1 文化通过文化价值观对消费者行为的影响

1.3.1 五大文化维度

影响消费行为的价值观很多，这些价值观随文化而异。很多研究从不同维度去区分文化，其中影响比较深远的是霍夫斯泰德的文化维度理论，由荷兰社会心理学家吉尔特·霍夫斯泰德（Geert Hofstede）于 1980 年提出。霍夫斯泰德的文化维度理论是一个跨文化交流的框架[6]。此项理论基于 1967 年至 1973 年对来自 50 个国家和地区的大约117 000 名被调查者的数据分析，提出了五大文化维度，包括权力距离指数、不确定性回避指数、短期导向和长期导向，以及阳刚和阴柔、个人主义和集体主义[7]，如表 1-1所示。

表 1-1 霍夫斯泰德的五大文化维度

文化维度	维度解释
权力距离指数（power distance）	该指数定义为组织机构里的弱势群体接受权力不平等分配的程度，是接受权力差异和尊重等级及权威的水平。 权力距离指数越高的国家和地区的人们越能接受等级制度；权力距离指数越低的国家和地区的人们越是强调平等主义，喜欢具有分散决策的扁平化组织结构，也倾向于更平均地分配权力并采用参与式管理的风格。
不确定性回避指数（uncertainty avoidance）	该指数表明了一个社会对于不确定性和模棱两可事情的容忍度，以及试图避免不确定的事物并尝试控制该事物的程度；它最终体现的是个人对于真相的探究。 不确定性规避指数高的国家和地区对不确定性感到不安，如日本、墨西哥、德国和波兰等国家的人们不确定性规避指数较高，这些国家的人也因此更倾向于支持正式的规则、程序和标准。他们也更容易认为偏离这些公认标准、秩序等的做法是不可取的。不确定性规避指数低的国家和地区更能接受不确定性。中国、牙买加和英国等国家不确定性规避指数较低，因此这些国家的公民在非结构化场景中更自在，他们重视创造力、自主性，并愿意为此承担风险。

续表

文化维度	维度解释
短期导向和长期导向（short-term orientation vs. long-term orientation）	该指数表明了一个社会更关注当下和眼前的事物还是更关注未来和长期的发展，也描述了不同文化如何看待空间和时间。 具有长期导向的国家和地区强调传统和习俗以克服挑战，并将变革视为消极因素。这在许多重视节俭、坚持、谦逊、计划和延迟满足以确保更美好未来的东亚社会中得到了最好的体现。短期导向的国家和地区更愿意接受变革，因为他们认为这是不可避免的。短期导向文化价值观更强的人们倾向于关注短期收益和眼前的满足，而以牺牲未来的收益为代价。
阳刚和阴柔（masculinity vs. femininity）	该指数表明了一个社会更强调阳刚价值观（由霍夫斯泰德定义，如自信、追求成功）的程度，或更强调阴柔的价值观（由霍夫斯泰德定义，如重视生活质量、温暖和谐人际关系和关怀）的程度。阳刚气质与阴柔气质维度包括社会对成就、性别角色和行为的偏好。 日本和澳大利亚等阳刚气质的国家认为权力很重要。雄心、成就、权力和自信是这些国家的人们的首选，男性和女性在社会中扮演不同但互补的角色。瑞典和挪威等阴柔气质的国家认为养育很重要。对于来自这些国家的人们而言，具有阴柔气质的性别角色更具流动性和灵活性，因此这些国家的人们也更强调服务和生活质量。
个人主义和集体主义（individualism vs. collectivism）	该指数表明了一个社会中的个体更关注个人自身利益，还是关注与他人的关系和群体利益。这个维度考虑了个人融入社会和群体的程度，也考虑了对群体的感知义务或依赖。 在集体主义国家和地区的人们更重视群体的目标和福祉，个人会为了集体的利益而在一定程度上牺牲自己的需求和愿望；个人主义国家和地区的人们更重视实现个人目标，文化由松散的社会框架定义，个人更多的是照顾自己和直系亲属。

1.3.2　个人主义文化价值观和集体主义文化价值观对消费者的影响

五大维度中传播和应用较广的是个人主义和集体主义这一维度。霍夫斯泰德将"个人主义"定义为关注自我，认为成功是基于个人成就来建立的个人身份，强调个人自主权和自我实现，专注权利高于职责。相对应的，"集体主义"认为团队成员身份才是身份的核心方面，而个人的生活满意度源于成功履行社会角色和义务。因此，"个人主义"中的自我是独立自我，而"集体主义"中的自我是相互依赖的自我。

1. 认知过程中的文化差异

对于大部分亚洲人而言，自我的概念建立在人与人之间相互依赖的自我建构上，即自我是集体中的自我，是我与他人关系的总和。对于拥有相互依赖的自我建构的人来说，自己作为团体成员的身份是自我身份的一个核心，重视履行社会角色和义务，也正因此拥有相互依赖自我建构的人通常可以理解为拥有**集体主义价值观**（collectivism）。这样的一种自我建构使得拥有集体主义价值观的亚洲人更为重视整体的感知和认知，其思维也就更偏向于**整体性思维方式**（holistic thinking）。拥有整体性思维方式的人不仅关注对象，更注重关注对象与所在情境的关系，并且更多地依赖关注对象与所在情境的关系来预测和解释行为和对象。马苏达（Masuda）和尼斯贝特（Nisbett）两位学者在 2001 年的一项研究中将一幅画有牛、鸡、草的图拿给不同文化下的人观看，并让他们凭直觉将牛、鸡、草中的其中两样归为一类。实验结果发现，亚洲人更多将牛和草归为一类，而西方国家的人更多将鸡和牛归为一类。而这一结果正是因为不同文化下人们的文化价值观及其思维方式的差异造成的。[8]在鸡、牛和草的三个物体中将牛和草归为一类是整体性思维方式的表现，即更关注事物和其情境之间的关系（牛吃草是事物和其情境的关系），因此偏向于整体性思维方式的亚洲人更容易将牛和草归为一体。

对于西方人而言，自我的概念是建立在自己相关属性上的独立的自我建构，即自我是独立的个体。对于拥有独立的自我建构的人而言，个人身份的建立是基于个人成就来实现，强调个人自主权和自我实现，专注于高于职责的权利，也正因此，拥有独立自我建构通常可以理解为拥有**个人主义价值观**（individualism）。这样的独立自我建构使得拥有个人主义价值观的西方人更为关注事物本身，包括事物的内部属性和特征，其思维也就更偏向于**分析性思维方式**（analytical thinking）。拥有分析性思维方式的人更多地依赖关注对象本身的属性来预测和解释行为和对象。将牛和鸡归为一类即是分析性思维方式的表现，即更关注事物本身的属性（牛和鸡的属性都是动物，而草为植物，是对事物属性的判断），因此偏向于分析性思维方式的西方人更容易将牛和鸡归为一体。

认知过程中的文化差异对营销的启示和意义：个人主义文化价值观和集体主义价值观下的信息处理模式有差异，前者偏向于分析性思维方式，后者偏向于整体性思维方式。这些不同的信息处理模式会在以下方面对消费者行为造成影响。

- 情境和品牌回忆：相对于更具有分析性思维模式的西方人，东方文化中的人们在处理信息时更倾向于整体性思维方式，因此，产品和品牌暴露的情境与购买点情境的一致性对东方文化中的消费者则更为重要。

经典与前沿研究 1-1 文化价值观对消费者影响

- 子品牌采用：集体主义文化下消费者因为对信息的整体处理模式使得其更能感知到母品牌和子品牌的契合面，从而更能接受母品牌的延伸子品牌[9]。
- 原产国效应：集体主义文化下的人们认为品牌中的产品与原产国连接比产品与自我概念连接更重要，也因此更容易出现原产国效应。

2. 目标导向的文化差异

拥有个人主义文化价值观和集体主义文化价值观的人因为受其文化价值观的影响，在目标导向上也呈现出差别。

调节焦点理论（regulatory focus theory）指出，人们在追求目标的过程中可以表现为**促进焦点**（promotion focus）或预防焦点（prevention focus）。而个人主义文化价值观使得人们在追寻目标的过程中更多地表现为促进焦点，而集体主义文化价值观使得人们在追求目标的过程中更多地表现为预防焦点。具体表现如下。

个人主义文化价值观与促进焦点：拥有个人主义文化价值观的个人更专注于独立自我，在目标追求的过程中更多的是聚焦于实现目标所获得的好处，关注个人对于目标理想的实现，关注成就和积极的成果，即专注积极层面的促进焦点。例如，运动是为了保持健康，为了看起来更精神，都是从积极层面、从获得好处和利益的角度来思考。

集体主义文化价值观与预防焦点：拥有集体主义文化价值观的个人更专注于相互依赖的自我，在目标追求的过程中更多的是聚焦于未能实现目标可能存在的后果，关注焦点更多放在预防焦点上，包括避免产生负面后果。例如，运动是为了避免身体机能的降低或降低生病的可能性。

目标导向的文化差异对营销的启示和意义：詹尼夫·阿克（Jennifer Aaker）和安吉拉·李（Angela Lee）两位学者发表在 2001 年《市场营销》期刊上的一个研究探究了目标导向的文化差异对不同营销内容有效性的影响[12]。在他们的实验中，实验参与者要求给一个售卖葡萄汁的网站进行评分。一部分参与者看到的网站上葡萄汁是使用以促进健康为重点的福利（如"使你充满活力"）的广告标语，另一部分的参与者看到的网站上葡萄汁是以预防疾病为重点的福利（如"防止动脉阻塞"）的广告标语。研究结果表明，来自个人主义文化价值观下的消费者对售卖这款葡萄汁网站的评价在其广告标语以促进焦点为重点（如"使你充满活力"）时评价更高；而来自集体主义文化价值观下的消费者对售卖这款葡萄汁网站的评价在其广告标语以预防焦点为重点（如"防止动脉阻塞"）时评价更高。因此上述结果也启示营销人员在进行产品定位和宣传的时候要充分考虑受众的文化价值观。

3. 面子文化与情感表达的文化差异

个人主义文化价值观和集体主义文化价值观的文化差异还表现在面子文化与情感表达上。研究表明，个人主义文化价值观下的人们更少关注"挽回面子"、更倾向于公开表达情感；集体主义文化价值观下的人们更多关注"挽回面子"，也更加渴望保持平衡和情绪克制[5]。因此，东方国家中的人们更少主动表达"我爱你"，而西方国家中的人们会更主动并大方表示喜欢或倾慕。

由于集体主义文化价值观下的人们对面子的重视，这些人对于炫耀性消费的投入也会比拥有个人主义文化价值观的人们更多。例如，品牌意识更强，则可能会更多地购买奢侈品，想以此来表达自身的阶层或身份等。又比如，在饮食文化上，集体主义文化下的消费者由于更加重视面子，更可能会为了展示好客、顾及面子而在请客待客时非理性消费、讲排场而造成餐饮浪费。

由于集体主义文化价值观下的人们渴望保持平衡和情绪克制，其面部情绪的表露比拥有个人主义文化价值观的人们更为收敛。当收到意想不到的礼物时，他们表达较少的惊喜和相应程度的快乐喜悦。

需要注意的是，传统观点认为个人主义和集体主义是连续统一体的两个对立面，其中欧洲人、美国人更加偏向个人主义，亚洲人更偏向集体主义。时代的发展、全球化的进程使得文化交流和浸染变得更为频繁且影响权重增加。因此，尽管不同文化下的个人主义价值观和集体主义价值观会在文化整体层面上有所体现，即亚洲东方文化下人们呈现的集体主义价值观和西方国家人们呈现的个人主义价值观更为凸显，但是作为个人，每个

经典与前沿研究 1-2　面子、命运与消费行为

人所拥有的价值观仍然会受到个体的经验和其他环境因素影响，人们所拥有的个人主义价值观和集体主义价值观的程度自然也会因人而异，所表现出的行为特征也自然会不同。正因如此，当代观点更多认为每个人都可以在个人主义和集体主义的框架中思考问题和看待世界，不同的是个体是否长期或在情景中更容易获得其中哪一种价值观的影响。

1.3.3 他人导向价值观，环境导向价值观和自我导向价值观

除了上述五大文化维度，文化价值观在较广泛的意义上可以被分为三种形式，即他人导向价值观、环境导向价值观、自我导向价值观。对消费者影响最深远的文化价值观都可以归入其中的一种类别。[15]

1. 他人导向价值观

他人导向价值观反映社会对于个体之间、个体与群体之间，以及群体彼此之间应如何与人相处或建立何种关系的基本看法。具体来说包括个人与集体、年轻与年长、扩展家庭与核心家庭、男性与女性、竞争与合作、成人与小孩等（表 1-2）。

表 1-2　他人导向价值观

	他人导向价值观	对消费者、营销的影响和启示
个人与集体	社会是重视个人活动和个人意见，以个人取向为重，还是重视集体活动和群体关系，以集体取向为重	消费者是否追求个性、品牌在大多程度上可强调社会规范或是强调个性；管理中人们是否可以用个人奖赏和个人荣誉去激励销售人员。在营销实践中，集体主义价值观导向下的营销方案也更注重群体的一致性和依从性，而个人主义价值导向下的营销方案也更注重个体的个性张扬和独特性
年轻与年长	社会的作用、地位和声誉是更多地属于年轻人，还是年纪较大的社会成员，在行为、服装等方面是年轻人模仿老年人，还是老年人仿效年轻人	消费中可以反映年长消费者和年轻消费者角色的不同。在营销实践中，更注重年轻价值观导向下的营销方案也更侧重于用年轻人代言，内容上也更多反映年轻人的需求，而更注重年长的价值观导向下的营销方案也更侧重于用成熟有资历的人来代言，内容上也更多反映年长者的需求
扩展家庭与核心家庭	在不同的文化下，对于什么是家庭及家庭成员之间彼此的权利、义务存在很大的差异	消费者消费水平、各家庭成员扮演的角色不同。对于家庭概念是扩展家庭的消费者而言，他们在消费习惯上和消费观念上更易受到家庭中其他人的影响，也会更多地承担家庭义务。但对于家庭概念是核心家庭的消费者而言，消费决策和消费观念受到父母或者其他长辈的影响更小，而且更少承担家庭义务
男性和女性	男性女性在社会生活中的地位不同，社会在多大范围将权力赋予男性和女性	男性和女性在社会、家庭生活中扮演的角色不同，影响着消费者的消费决策过程与结果。营销主题和内容中，如品牌代言也会根据不同文化下对男性女性的地位权力的不同而有不同的侧重和体现
竞争与合作	成功更多地依靠超越别人还是依靠和他人的合作	消费者对竞争的接受程度会影响到其对营销策略的接受程度，如比较广告（强调竞争）多大程度上可被接受。广告内容上也根据不同文化下看待竞争与合作的不同而更侧重比较竞争或合作共赢
成人与小孩	家庭生活中更多是满足小孩的需求和欲望还是满足成人的需求和欲望	对于涉及儿童用品的购买决策，小孩对决策的影响作用不同。小孩对家庭的其他购买决策的影响也不同。另外，越是在重视满足小孩需求的文化下母婴产品的销售也更好

2. 环境导向价值观

环境导向价值观反映社会对其与经济、技术和物质环境之间相互关系的看法。具体来说包括绩效与等级、清洁与杂乱、传统与改变、承担风险与重视安定、能动地解决问题与宿命论、自然界与社会等（表1-3）。

表1-3　环境导向价值观

类别	环境导向价值观	对消费者、营销的影响和启示
绩效与等级	机会、奖赏、荣誉是基于个人业绩与能力还是取决于个人出身、级别、所处社会阶层等因素；某些社会团体是否被赋予某些特权	在越是重视绩效的文化环境下，营销的侧重点是产品本身的质量和功能；在越是重视等级的文化环境下，营销的侧重点是地位和财富通过消费所得到的体现
清洁与杂乱	社会对清洁的追求在何种程度上超过了健康所要求的限度	消费者对清洁类产品的需求、营销中对此需求的突出和满足程度，商业环境中对清洁程度要求的高低
传统与改变	传统是否由于"传统"本身而被看重；变化或"进步"是否构成改变既有模式的合理理由	相较于重视传统的社会，越是重视变化的社会认为现在的行为模式是优于新的行为模式，而在传统与变化这一文化价值观上不同的消费者对品牌的忠诚度及多样化消费行为也呈现不一样的模式
承担风险与重视安定	对于那些经过一定的风险取得的成就与财富，是受到社会的赞赏还是遭到冷嘲热讽	企业家精神的形成、新产品的导入、新的分销渠道和新的广告主题的形成都会受到此文化价值观的影响
能动地解决问题与宿命论	人们视困难和灾难为挑战并勇于战胜之，还是采取一种听天由命的态度	消费者不满意时的抱怨方式会受到此文化价值观的影响。越是相信宿命论的社会，消费者通常不会对不满意的消费行为采取正式的抱怨行动
自然界与社会	人们视自然界为被征服的对象还是视其为令人敬畏的圣地	消费者对环境保护的注意程度，营销活动中对包装、其他环境相关因素的重视程度。一个社会重视可持续发展的程度也在很大程度上受到文化价值观中敬重自然的影响。越是重视、敬畏自然的社会中的人们越是有环境忧患的意识，从而能将可持续发展的文化价值观渗透于人们生产与生活中，促使人们合理利用自然资源

3. 自我导向价值观

自我导向价值观反映的是社会成员认为应与之追求的生活目标及实现这些目标的途径、方式。具体来说包括主动与被动、物质性与非物质性、勤奋工作与休闲、延迟享受与及时行乐、感受满足与节制、严肃与幽默等（见表1-4）。

表1-4　自我导向价值观

自我导向价值观		对消费者、营销的影响和启示
主动与被动	人们在工作中是否采取一种积极主动的态度；身体技能或体能是否较其他技能更受重视	消费者对体育用品及体育锻炼方面的消费相关广告主题及方案的接受程度。更积极主动的生活方式等文化价值观也会体现在不同社会下相应的营销主题和内容中

续表

自我导向价值观		对消费者、营销的影响和启示
物质性与非物质性	获取物质财富的重要性在不同文化下的不同,包括个人物质财富的积累是正当的和值得推崇的;较之于家庭背景、知识或其他活动,个人物质财富能否获得更多的社会地位	消费行为是否带有浓郁的实利主义色彩。实利主义有两种形态:工具性实利主义(人们获得产品、物件是为了从事某些活动,如购买自行车是为了代步)和终极性实利主义(对物品的获取是为了拥有艺术品本身。很多人收藏艺术品并不是将其作为获利或达到其他目的的手段,而是为了获得拥有艺术品本身所产生的快乐)
勤奋工作与休闲	工作是一种谋生的手段,让人劳累;或工作并不依赖于外在报酬而使人们感受到人生充实	不同产品(如快餐、休闲旅游)的消费会因为此文化价值观不同而不同
延迟享受与及时行乐	获得即时的快乐、享受和利益更为社会所倡导,还是为长远利益而牺牲短期利益更为社会所提倡	分销策略的制定、鼓励储蓄、倡导使用信用卡的使用在重视延迟享受与及时行乐的文化下有不同的表现。广告中强调当前消费者的利益或未来利益也会受此文化价值观影响
感受满足与节制	吃喝玩乐等欲望的满足在多大程度上被社会所接受;一个节制欲望的人被人诟病还是值得称道	广告文案、主题中对产品感官愉悦的强调不同,消费者对相应产品和对应营销内容的接受程度,产品包装等的接受程度不同
严肃与幽默	认为生活是应该严肃对待,还是认为对待生活应该轻松宽心	推销的技巧,工作环境的氛围,促销信息的设计会随此文化价值观不同而不同

1.4 文化对消费者沟通的作用

除上述文化价值观外,语言沟通和非语言沟通下的文化差异对消费者行为也可能会造成影响。

语言沟通:语言表达了文化的思想特征,对于某种特定文化,什么是重要的,什么是不重要的,都可以通过看其是否在该文化中出现来加以判断。语言沟通主要是在跨文化营销中对不同文化的语言的正确运用。

非语言沟通:非语言沟通是一种文化赋予某一行为、事件、事物的含义,因此非语言行为可以被定义为任何一种有目的或无目的的、超越语言并被接受者认为有意义的行为。非语言行为在不同文化中有不同的表示,包括在时间、空间、象征、友谊、契约、事物、礼仪上的不同(图1-2)。

图1-2 非语言沟通的文化差异

1.4.1　时间

单向和多向时间观：人们可以思考包括当前及当前以外的时间，如人们可以回忆过去的经历并想象未来的事件，而作为消费者也可以考虑他们上周消费了什么产品或者有了什么愉快或不愉快的消费经历，消费者也预先期待和策划接下来的时间，如接下来的一段假期他们打算做什么，消费什么。

然而，不同文化下，人们对时间的理解是存在差异的，而这样的差异也会影响人们的消费行为。具体而言，不同的文化下，人们对同一时间段是应该集中精力做一件事情还是同时做多件事情的看法是不同的。基于此，消费者的时间观可以被大致分为单向时间观和多向时间观（具体区别见表1-5），而这两种不同的时间观念会影响消费者如何使用时间。

表 1-5　单向和多向时间观

单向时间观	多向时间观
特定时间只做一件事	同时做多件事
集中精力于手头的事	易分心和易受干扰
对待计划和截止日期十分认真	将计划和截止日期置于次要地位
专心于工作和任务	专心于人和关系
严格遵循计划	经常改变计划
强调准时	准时性取决于关系

一般而言，拥有单向时间观的人通常一次只做一件事情，他们将时间分割成精确的小单位，并对各个时间进行安排和管理。在这样的文化中，时间被视为一种有形的商品，可以花费、节省或浪费，并且认为其最重要的价值在于严格地遵守时间表、按时完成任务。这种对时间的感知可能受到18和19世纪的工业革命的影响，其中典型的例子是美国、德国和瑞士，此外也包括英国、加拿大、日本、韩国、土耳其、瑞典、挪威等国家。这些国家的人因为其时间观念的影响会更倾向于特定时间只做一件事，集中精力做手头的事情，会更加认真地对待截止日期和计划，专心于工作和任务，严格遵循计划，并强调准时。比如，日本、韩国的文化就更偏向于单向时间观，因此他们非常看重准时这个概念。在日本，超过所约定的时间赴约是非常不礼貌的行为，他们甚至认为超过一分钟即被认为不够准时。同样地，德国也更偏向于单向时间观，认为人们应该要提前10分钟抵达预定的会议地点会面。相反地，拥有多向时间观的人认为同一时间可以同时完成几件事。他们更倾向采用更随性灵活的方法来安排时间。这样的文化往往不太注重对每一刻时间的精确说明和安排，更注重传统和关系，而不是任务本身。对于拥有多向时间观的人，时钟、表及日历对精确时间和日期的划分对他们来说不如季节的循环、农村和社区生活的不变模式以及各种节日的日历重要。这种时间观在拉丁美洲、非洲和亚洲的很多国家中很常见。还有一些文化下的时间观介于单向时间观和多向时间观两者之间，包括俄罗斯、南欧和东欧、中欧的大部分地区，有时这种文化时间观被称为可变单时文化。

然而无论是拥有哪一种时间观的人，都认为在某项决策所需要花费的时间与其重要性是成正比的。尤其在当今全球化的世界中，对文化的时间观误解可能会导致人们无法理解其他文化下人们的意图。例如：拥有单向时间观的人可能会认为拥有多向时间观的人比较散漫、懒惰、不负责任，因此认为他们不值得信赖；而拥有多向时间观的人可能会认为拥有单向时间观的人过于执着于规则和形式，不够灵活融通，不好相处。因此了解不同文化的时间观对于成功处理各种商业情况都至关重要。

不同文化下的时间导向[16]：不同的文化下，人们看待时间的方式也可以划分为以下三种类型的时间导向：过去导向、现在导向及未来导向。

拥有**过去导向**文化的人们看待时间的方式相对来说比较悠闲，具有数百年历史的国家，如印度和中国，一般都以过去为导向。这些文化中时间的范围很广，有学者猜测这些过去导向文化的人因其在有着数千年文化历史底蕴的环境下生活，在把时间拉长来看之后，以分钟甚至小时的尺度来测量时间似乎就有点微不足道，因此人们相对地认为精确的时间不那么重要。以印度为例。印度的火车晚点是比较普遍的现象。

拥有**现在导向**文化的人们看待时间的方式相对来说更注重活在当下，为今天而活，而不是为了昨天或者明天。现在导向时间观的人们更多的是寻求当下的刺激和快乐，倾向于享乐主义，为快乐而生活。与过去导向的文化不同，现在导向的结果是短期思维方式，而很少关注未来或过去。拥有现在导向时间观的人希望通过各种方式来提高当下的生活和感受，或者通过改变来产生短期即时的结果。例如，拉丁美洲和非洲的很多国家，以及法国都是更面向当下的、拥有现在导向的文化。

拥有**未来导向**文化的人们看待时间的方式相对来说更加严肃和清晰。未来导向的文化从长期目标的角度来安排和看待生活，并且为了未来的成功愿意牺牲短期快乐和满足；拥有这样时间导向的人的价值观也更多是基于目标设定和目标实现。未来导向文化下的人们往往充满自信，也愿意并倾向于与他人竞争。人们为自己寻求更美好的未来，重视规划和投资，并朝着目标努力。典型的拥有未来导向的文化包括如美国、新加坡、瑞士、荷兰等。

而不同的时间导向与文化价值观相结合，在很大程度上决定了所述社会中个人的生活方式。比如，拥有未来导向时间观的文化在看待时间上是一种重视忙碌的文化，它将忙碌和内卷的生活方式跟成功、地位和重要的事物联系起来。倾向于按照时间和计划来生活。

1.4.2　空间

不同文化下的消费者除了对时间的认知存在不同而导致其在各种消费决策中有不同表现外，在空间的实际利用上，不同文化下的消费者对如何使用空间以及赋予空间使用的意义也不同。比如，对空间的认知不同，那么对不同空间的利用，包括对办公室的使用和产品的放置空间的利用就构成了非语言沟通的一种形式。在一些文化下人们按照职位高低来分配办公室的空间。在中西方文化中，对左右谁为尊的看法也各不相同。一般而言，涉外礼仪以右为尊,中国礼仪以左为大。在接待来宾，举办宴会或者会议时，为不同文化下来的宾客安排就座等就应根据具体场合分析其非语言沟通中对空间的解读和认知。

消费者在消费场景中所需要的个人空间也是不同的。个人空间即在不同的情境下他人离个体多远或多近才使个体感到比较自然的空间距离。在北欧的一些国家，无论是个人交谈还是商务交谈彼此间距离都会远一些。正常来说，0.45 米内是非常亲密的空间，他人的介入会使之感到不安全、不舒服；1.2 米是比较亲密的空间，也是好朋友和自己的交谈空间；3.6 米是和认识的人的社交距离（图 1-3）。在中国，人们所需要的个人空间较北欧的很多国家而言偏小，因此在营销环境和生活环境中，人们之间的相处所需要的空间也相对来说更小。

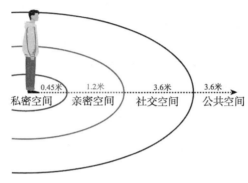

图 1-3　不同空间的范围

1.4.3　事物、象征

不同文化下某些符号、数字、颜色、手势等的象征含义各不相同，但也有很多标记可以跨越文化，在多个国家传递相同或类似的信息。

如宝洁公司的洗好（Cheer）洗衣粉。洗好洗衣粉在最初的产品中是采用的白色颗粒，但是销售效果并不理想。当宝洁公司将其换成蓝色颗粒时却大卖，其中的原因即是基于颜色的非语言沟通：人们容易将蓝色与"干净""有效"联系起来，认为蓝色颗粒的洗好洗衣液更加干净、更加有效。从此可以看出非语言沟通中的颜色对于营销的重要作用。同样地，事物在不同文化下的含义也不相同，而不同文化赋予各种事物包括产品等不同的涵义，也影响消费者在不同文化背景下如何购买产品，以及购买什么样的产品作为礼物送给他人。

为了更好地理解非语言沟通中不同事物在不同国家和地区所具备的不同的象征意义，以下列举部分不同文化下手势、颜色、符号等的象征含义（表 1-6）。

表 1-6　不同手势、颜色、符号等的象征含义

手势、颜色、符号	象征含义
点头和摇头	大部分国家点头表示认同，摇头表示反对，而印度、斯里兰卡、巴基斯坦、尼泊尔、阿尔巴尼亚、伊朗、希腊的部分地区点头表示反对，摇头表示认可
Ok 手势	大部分国家用 Ok 手势表示同意、认同，但该手势在巴西、土耳其带有辱骂的含义，该手势在日本代表金钱的意思

续表

手势、颜色、符号	象征含义
紫色	在很多拉美国家，紫色与死亡联系，而在中国和西方其他国家中紫色通常象征高贵、声望、和高雅
蓝色	在荷兰蓝色有女性化含义，在瑞典和美国则有男性化和男子气概的意思
红色	在乍得、尼日利亚和德国，红色表示倒霉和不吉利，在中国、丹麦、罗马尼亚等国，红色则是吉利喜庆的颜色
黄色	黄色在墨西哥是死亡标记，而在法国则表示忠诚
书写的颜色	在韩国人们不用红色笔写名字，因为其意味着是死者，而在俄罗斯，紫色笔墨是官方用色
数字6	在中国"6"是吉利的数字，而在西方国家"6"为不吉利的数字
数字4	中文里数字"4"发音听起来像"死"，在很多说中文的文化中被认为是不吉利的数字。因此，很多说中文的国家，包括新加坡、马来西亚等的建筑物没有第四层，在建筑物的电梯里或者楼层标识中都不包括4号。但在德国，数字"4"被认为是幸运的，因为它与象征着幸运的"四叶草"有关
百合	在英国百合喻示死亡，在俄罗斯代表纯洁，在中国它与"百年好合"相联系
月亮	在中国月亮和圆满、团圆等积极意义相联系，在西方一些国家中则将月亮和消极意义相联系
打钩和画圈	大部分国家打钩表示正确，而日本画圈表示正确

1.4.4 契约、友谊

消费者心理契约是指在消费品市场上，企业和消费者心理契合时，消费者以企业所做出或暗示的承诺为基础、对企业和自身的义务（或权利）的感知和信念。消费者心理契约可以用于研究企业与顾客之间内隐的、非正式的、未公开说明的相互期望和理解。契约在商业行为中的作用不同，各种文化下商业契约何时算完成的观点不同。消费者在不同文化价值观的影响下所形成的心理契约也不尽相同。

研究发现，消费者在社会关系中，将与他人，包括与商家和品牌的关系以不同的社会规范来划分和对待，而不同的社会规范影响消费者个人对对方的行为的期望及对实际发生的行为的反应和评价。一般而言，可以将社会关系按照不同心理契约的维度划分为**交换关系**（exchange relationships）和**共有关系**（communal relationships）。[17]交换关系是非个人的，基于交换关系中的交易需要受交换条件的约束，在这种关系中的个体关心的是他们各自所期望获得的回报，或给予对方自己之前所得到的利益的回报。与之相反的是，共有关系通常是基于友谊的，与友谊相随的权利与义务是非语言沟通的另一种形式。在共有关系中的社会规范则是根据对方的需要提供相应的帮助，对对方表现出关注与爱护。在共有关系中，友谊的维系和加强是更为重要的，自己获得或失去利益不会改变自己对他人的需求做出回应。尽管在共有关系中的个人通常会回报他们从对方那里获得的好处，但他们的回报通常是出于欣赏和友谊的维系，而不是出于义务。在营销服务场景中，消费者与服务提供商的友好关系有时可以减少消费者因服务失败而体验到的负面情绪。尤其是当消费者关注自己在与服务提供商的友好关系中的义务时，他们对服务提供商的失败服务具有更高的容忍度。然而，当消费者将注意力集中在服务提供者应当响应他们需求的义务上时，他们与服务提供商的友好关系反而会使得消费者对服务失败的反应更加消极。也就是说，友谊在商业环境中并不总是有益的。

不同文化中的人也拥有不同的友谊观。如果询问西班牙的朋友是选择钱包里有 100 元还是生活中有 100 个朋友更好时，他可能会选择 100 元高于选择 100 个朋友。然而正如在俄语中的一句老话"与其有 100 卢布，不如有 100 个朋友"所说，俄国人则更可能选择友谊。俄语中也将"友谊"一词解释为"一种建立在相互信任、感情和利益统一基础上的亲密关系"。

牢固的友谊对健康和整体身体状况有积极影响。来自哈佛大学的研究团队也发现，幸福感最重要的来源是良好的亲密的人际关系[18]，因此，拥有亲密的友谊使人们更健康、更快乐。然而，高度重视的友谊也有阴暗的一面。例如，对友谊的重视会从生活延展到职场和工作中，而可能导致职场中出现裙带关系和不公平的现象。当谈到职位空缺，高度重视友谊的文化下的人们则更可能以友谊的方式来思考和招聘员工。

1.4.5　礼仪

礼仪是指社交场所沟通的行为方式，不同文化下的礼仪的不同，意味着营销人员在设计营销方案和销售过程中都需要根据当地文化下合乎礼仪的沟通方式来进行。

1.4.6　送礼

礼物是在社会交往中，一种不可缺少的维系人们关系情感的重要工具，是送礼人向收礼人传递信息、情感、意愿的一种载体，可以加强给予者和接受者之间的社会联系[19]。礼物有时涉及对互惠的期望[20]，有时是爱和感情的无私表达[21]。另外，礼物也被用来庆祝节日或重要的日子，如情人节的玫瑰或生日礼物，象征着对对方的祝福。礼物也可以是非物质的，中国古代有"千里送鹅毛，礼轻情义重"的说法，表示礼物的价值在于送礼者的善意和心意，而非礼物本身的物质价值。赠送礼物一向被认

趣味阅读 1-1　常见的不同文化下礼仪区别

为是一种比单纯购买更友好的相处形式，然而，对当代礼物交换实践的研究往往显示参与者（包括送礼者和收礼者）之间存在的矛盾、焦虑、冲突等情绪。

心理学研究发现，人们送礼的出发点是好的，但是如果没有送出合适礼物，往往不能达到预期的效果，甚至会带来一些不良的后果，非但不能增进双方的感情，反而会起反作用。针对这一问题，可以从礼物本身、主体因素（包括送礼人和收礼人）及时间等其他因素来了解影响人们送礼的因素。

1. 礼物因素

1）引起热情的礼物和带来满意的礼物

对于收礼人来说，引起最热情的情感反应的礼物并不一定会带来最大的满足感。例

如，相比起一束盛开的鲜花，一个人可能会更满意地接受一种具有持久装饰价值的室内植物，但在收到前者时，我们会自发地表达更热情的情感反应（如明亮的微笑或喜悦的尖叫）。但是消费者往往会容易选择能引起对方热情反应的礼物。**微笑寻求假设**（**the smile-seeking hypothesis**）对此的解释是，当送礼人对收礼人情感反应的信念与他们对收礼人满意度的信念相冲突时，送礼人的选择将更多地依赖于预期的对方的情感反应，这种对"微笑反应"的关注是因为送礼人将这种情感反应认为是对方满意度的直接体现。探讨情感体验是如何由个体对外部和内部事件进行评估和解释而产生的**评估理论**（**appraisal theory**）也表明，个人对刺激的情感反应被视为内部评价过程的显性信号。特别是在送礼过程中，情感反应的自发表现往往先于社会互动中整体满意度的交流。因此，消费者在选择礼物时，更偏向那些会马上引起对方积极情绪的礼物，这样能为消费者带来及时、自动和可评估的满足感，这可能比最终了解到对方对礼物感到满意更有激励作用。但是，当消费者得知自己不在送礼时露面，也就是说他们看不见对方打开礼物当下的情感反应，这时"寻求微笑"的动机就会减轻，他们可能就转向那些会带来满足感而不只是会引起热情反应的礼物[22]。

营销建议：营销人员应考虑到"微笑寻求"动机对于消费者的影响，避免设计"昙花一现"的礼物，在设计和包装产品时，尽量将那些具有持久性价值的产品的外形、颜色、风格等，设计得更加独特、美观，让消费者更有把握获得对方的"微笑奖励"的同时，让收礼人感到满意，也让这份礼物既能在当下成为对方笑容的"捕捉器"，又能在之后的日子里成为双方感情的"催化剂"，长久地增进双方的亲密关系。

2）体验性礼物和物质性礼物

一件物品通常会被赋予不同程度的表面价值和情感价值。**表面价值**（**superficial value**）是指物品因满足接受者喜好而产生的价值，强调产品本身的品牌（brand）、构成（factor）、外观（appearance）等，常见的如喜欢的歌星的海报/剧照、外观可爱的咖啡杯、包装精美的巧克力等。**情感价值**（**sentimental value**）是指物品因连接着重要人物、特殊事件、特殊时间而承载着的情感带来的价值。这种物品通常承载着一个人生活的正面、积极的成分，常见如毕业照、婚戒、毕业赠言等。

对现实生活中实际礼物交换的实验进一步表明，无论送礼人和收礼人是否一起感受一件体验式礼物，体验式礼物比物质礼物都更能加深双方的情感，增加关系强度。这种关系改善，来源于收礼人在消费体验式礼物时被唤起的情感强度，而不是在收到礼物的当下。因为对于收礼人来说，相比起一件物质性礼物，拥有一场"体验"会更加快乐，并且这种快乐的情绪会更持久[23]。因此，给予对方体验式礼物，是一种高效的亲社会消费形式[24]。

营销建议：对商家来说，特别是那些销售体验、服务的公司，应该为消费者创造更便捷的购买体验式礼物的机会。例如，旅行社可以推出适合新婚夫妇的"蜜月旅行"系列项目，包括冲浪、岩洞探险等体验项目，或者情人节推出烛光晚餐、陶艺手工等浪漫体验项目，方便伴侣或者家人朋友进行选择。

另外，研究表明，消费者会因为害怕礼物不被喜欢而去挑选那些普适的、看起来更容易被喜欢的礼物，从而忽略了对方的真实需求[25]。因此，营销人员可以在宣传或者购买环境中，强调"共同的经历"或者一些特殊时间，使消费者回忆起与收礼人共同经历的事件，引导消费者大胆购买具有情感价值的礼物，帮助消费者跨出送礼"安全区"，在收礼人心中留下更加深刻的印象，更好地维系双方的感情。

3）"模糊"的礼物和"明确"的礼物

消费者会容易选择一份非常理想（desirable）但不实用（feasible）的礼物，他们希望收礼人打开礼物时会感到非常的惊喜，相比之下，收礼人非常关心自己使用或享受礼物的能力，他们更喜欢实用性更高或更容易掌握的礼物。这体现了送礼人与收礼人在礼物可取性和可用性之间进行的权衡存在差异。从解释水平理论的角度出发，由于送礼人通过更高水平的解释来考虑礼物，以抽象的视角认为，一件非常理想、不容易获得的礼物更能体现他们对朋友的关怀，朋友收到会更快乐。但是收礼人在做出对礼物的判断时更多地依赖于低水平的解释理论，更具体地解释这件礼物，因此更看重礼物的可用性。比如，比起"有着高度美学效果，但是并不便携"的艺术笔，一支"墨水寿命长，可伸缩便于携带"的实用笔，更受收礼人欢迎[26]。并且，相比起那些不是自己明确要求的礼物，收礼人更喜欢自己明确要求的礼物。但是送礼人会倾向于送出不是对方明确要求的礼物。对于这种出乎意料的礼物产生意见分歧的原因是：消费者认为出乎意料的礼物会显得更周到和体贴[27]。

营销建议：营销人员应该引导消费者明智地关注收礼人关于礼物的真实需求或明确要求，鼓励消费者在挑选礼物时进行低水平的解释。例如，营销人员可以鼓励消费者想象是自己在使用这份礼物，通过描述自己使用该产品的场景和感受，让消费者进入更具体的解释水平，更好地匹配收礼人的解释水平，从而让消费者尝试选择实用性更高、更能满足对方真正需求的礼物，使对方更快乐，也更能促进关系。在送礼人收礼人双方都在场时，营销人员还可以尝试鼓励收礼人更直接、清晰地提出关于心仪礼物的想法，诱导他们列出一个详细的礼物清单，而不只是一个泛泛的"礼物清单"，有效促进送礼的过程。

4）成本高的礼物和成本低的礼物

值得注意的是，体贴度和价格并不一定能预测对方对礼物的享受程度，也不会被对方所仔细地掂量。消费者一般认为，自己准备礼物的努力程度在对方对礼物的评估中起着重要作用，但收礼人通常不会进行这个方面的考虑；并且消费者更容易受到礼物价格的影响，倾向于挑选价格更高的礼物，希望礼物被打开时给对方留下深刻印象，但是对方不太会如消费者所愿，认为昂贵的礼物就是一份体贴的礼物[28]。原因可能是消费者在无形中通过赠送对方高价礼物展现出一种炫耀性姿态，而不是一种慷慨的形象。

营销建议：营销人员应注意提醒消费者，如果你想送一份别人会喜欢的礼物，那么你应该专注于买一份真正能被对方所欣赏和珍惜的礼物，而不只是在意它是否是一份表达体贴的礼物。很多时候，我们眼中为了这份礼物所付出的努力和金钱，在对方眼中只是一种"模糊"的不确定因素。并且，高价礼物更容易让对方产生强烈的负担感，因为作为回报需要购买更贵的礼物，会一定程度地减少对方从接受礼物中获得的快乐。事实上，过去的研究发现，慷慨地送礼会引起人们对送礼者的怨恨，而不是感激。

5）常规性礼物和反差性礼物

在挑选礼物时，消费者会首先考虑对方的独特爱好与个人特征，更倾向于送给对方为其量身定制的礼物。例如，一个喜欢看话剧演出的人，熟悉他的喜好的朋友们纷纷送他话剧演出票。消费者通常认为赠送符合对方爱好的独特礼物会显示出自己的体贴和细致，并显示自己对对方的了解程度，但是效果可能并不会那么好。研究表明，收礼人更能意识到自己有着丰富的、多样化的需求和想法，因此与常规的礼物（符合自身爱好的礼物）相比，他们会更喜欢那些具有反差性的礼物（不太符合一贯爱好的礼物）[29]。

营销建议：营销人员可以在宣传语中提醒消费者，收礼人并非一直关注自身的喜好与需求，他们更偏好能展现不一样的自己的礼物。与其花费大量时间定制礼物、重复对方的兴趣爱好，不如将注意力放在关注对方是否会从礼物中获得不一样的经验和能力。商家也可以将作为礼物的一件商品/体验包装为一种新颖的经历，吸引消费者为对方选择这种"反差性"礼物，让对方有机会体验人生更多的可能性，挖掘自己更多面的潜能，展现不同的形象。

2. 主体因素

1）双方亲密度和关系依赖度

一项 2019 年在中国进行的研究进一步探讨了礼物–形象一致性对于收礼者对礼物欣赏的影响，结果表明，送礼人与收礼人对礼物–形象一致性的认识存在差异，与收礼人形象特点一致的礼物，更能增加收礼人对礼物的喜爱；而送礼人往往偏好送出与自己形象特点一致的礼物，对于这样的礼物，收礼人没有那么喜欢[30]。文章表示，收礼人更青睐与自己形象一致的礼物是因为人们希望得到和自己的形象、信念、情感相一致的反馈，从而保持并强化自我概念。因此，如果收到的礼物符合自己对自己的认识与期待，会让人觉得自己被对方所理解和接纳。另外，随着亲密程度和/或收礼者的关系依赖性的增加，礼物–收礼者的形象一致性对礼物欣赏的影响逐渐减弱；相反，随着亲密程度和/或收礼者的关系依赖性的降低，送礼者的形象一致性对礼物欣赏的影响会变得更强。

营销建议：营销人员可以尝试与顾客进行沟通，帮助顾客评估收礼人的形象和特点，并通过顾客的讲述，推断双方的亲密程度和收礼人对这段关系的依赖性程度，引导顾客选择合适的、适合这段关系的礼物，在亲密程度高和/或收礼人对关系依赖性高的情况下，减轻顾客的购物负担；在亲密程度一般和/或收礼人对关系依赖性不高的情况下，帮助顾客选择更符合对方形象和认知的礼物，有效保持或促进关系。这不仅有助于商店推销能调节人际关系的商品，增加销售的可能性，更能在顾客心中留下良好的印象，增加对营销人员服务的好感和对商品的满意度。

2）双方的社会距离和社交风险

社会距离（social distance）表示人际关系密切程度，两人间的互动频繁且强烈说明社会距离小。研究表明，人们更倾向于给自己关系亲密的朋友送**体验性礼物**（experiential gifts：个人经历的无形事件，如音乐会门票、烹饪课体验），而对于关系普通的朋友，则更倾向于选择**物质性礼物**（material gifts：随时间推移可保留的有形产品，如墨镜、钱包等）。当体验性礼物可以由消费者与其朋友共同分享时，社会距离对消费者礼物选择偏好的影响会更加明显，当体验性礼物不可分享时，社会距离依然会对消费者的礼物选择偏好产生影响。

社交风险（**social risk**）指因礼物与礼物接受者的喜好不一致而导致人际关系受损的风险。当体验性礼物所承载的社交风险较高时（如面部按摩体验券），消费者更倾向于将它送给亲密朋友而非普通朋友，但是当体验性礼物所承载的风险较低时（如不限类别的按摩体验券），社交距离对消费者礼物选择偏好的影响就降低了。也就是说，当体验性礼物很可能与礼物接受者的个人品位不符合时，消费者会尽可能避免将这类礼物送给自己不是很了解的普通朋友，但如果这种社交风险降低，消费者也会倾向于给普通朋友赠送体验性礼物。[31]

营销建议：商家应意识到，体验式的礼物仍然不是消费者常见的需求，长久以来人们购买礼物往往秉持着"给予意想不到的东西"的标准，然而提供体验并不一定是意料之外的惊喜或利基业务，而且我们一般认为，对方对一份体验的看法可能会随着时间的推移而改变。因此商家应采取一系列策略让消费者认识到体验式礼物的反馈效果是更好的，此外应提供更多消费者能接触到体验式礼物的机会，特别是那些具有低社会风险的礼物，并且降低购买体验所需的经验知识，让体验式礼物被更多地选择。

3. 时间因素

在亲密关系中，赠送的礼物象征着对彼此关系的承诺。[32]有研究表明，比起普通礼物，女性更喜欢男朋友送给自己浪漫的奢侈品做礼物。许多男生也会为了显示自己的大方和对女生的爱意，给女朋友买奢侈品手链、项链、包包等十分贵重的礼物。然而，并不是在任何时候，贵重礼物都会讨人喜欢，特别是在不同时期的恋爱关系中，礼物拥有不同的象征意义。这里将恋爱关系分成了三个阶段来讨论"赠送礼物的象征意义"这个问题。

在追求期，赠送对方一份精心准备的礼物，实际上是在传达一种承诺信号，即"我愿意为你付出"。在传统认知中，贵重的物品可以显示一个人的财富、地位和能力，这对于男性在择偶方面是很有利的。研究显示也确实如此，在追求期，礼物是否有实用价值不是那么重要，综合金钱、时间、精力等因素，能否表现出追求者"沉甸甸"的心意是关键因素。这是因为浪漫关系具有排他性，被追求者会选择最优的追求者。因此，追求者所送礼物的成本在一定程度上和他们的承诺强度挂钩，只有送出最高成本的礼物，才具有最高承诺强度，追求者才能在所有（包含潜在）追求者中博弈成功，获得收益，而不是白白损失为了赠送礼物而付出的时间、金钱、精力等成本。

在刚建立关系的初期，根据 2020 年发表在《实验社会心理学杂志》（*Journal of Experimental Social Psychology*）的另一项研究结果，在刚刚建立恋爱关系时，女性更喜欢普通礼物，而并非奢侈礼物。因为在恋爱关系建立之初，奢侈礼物经常被解释为对关系权力平衡的威胁，相比之下，在已建立的关系中赠送的奢侈品礼物更有可能是关系奉献的信号。

在承诺期，对于确定了关系的伴侣来说，赠送礼物又有了别的意味。和友情一样，爱情也会产生利他的关系，从短期来看，这种关系会造成短期的成本和收益的不平衡，但是从较长的时间来看，一段持续、稳定的关系能使人不断获得回报。此时，保持关系就变得非常重要，赠送礼物就在其中起到了一个传递信号的作用——向对方传递自己愿意继续保持关系的信号，研究表明，较高的**关系流动性**（rational mobility），即伴侣建立新的社交关系的可能性越高，越会导致夫妻间频繁地赠送礼物。[33]

趣味阅读 1-2 常见的不同文化下送礼区别

营销建议：商家在营销环节应善于观察和总结对方的关系进展和亲密程度，包括彼此性格倾向，有针对性地提供礼物方案，可以根据恋爱或是婚姻的不同阶段，推出不同规格的产品或体验服务。例如，手表品牌可以为刚确定关系的情侣、热恋中的情侣、订婚夫妇提供不同价位的纪念款，并通过一些标语或广告词吸引消费者的注意。

小结：赠送礼物是一种无私的情感的表达，表达了人与人之间最温馨最美好的心意，又包含了互惠的信号。但消费者们经常在挑选礼物时陷入误区，消费者应认识到最好的礼物不一定是最贵重的，好的礼物应该是被对方真正所需要的；礼物不一定是实质物品，也可以是一场体验；礼物不一定是外表出众的，还可以是便于使用的；礼物不一定是符合对方平时喜好的，也可以是更丰富多样的。消费者们根据与对方的关系程度及交往时间而选择不同的礼物。没有所谓的"完美礼物"，礼物只是表达情感的工具，并不是最主要的衡量感情的尺码，消费者们在选择礼物时应放下包袱，凭借对对方的了解，一定可以挑选出让对方印象深刻的好礼物。

1.5 跨文化营销

跨文化营销是针对目标群体的文化价值观和需求而改进产品的营销行为。在互联网出现之前，只有少数成功的公司需要全球营销战略。21世纪后互联网的出现使各种规模的公司都可以通过公司网站、电子商务平台、各种社交媒体网站和各种应用程序发起全球营销活动。然而，在规划全球营销战略时，认为每个市场都有相同的特征和痛点是一个典型的营销错误。在一个国家起作用的营销战略在另一个国家可能并不起作用。因此，对目标市场文化的了解和判断是全球营销战略至关重要的一步。企业在调整公司的整体营销战略和品牌风格时，到底应该是标准化还是本土化是一个关键的营销策略问题（见图1-4）。

图 1-4 跨文化营销策略：本土化和标准化

1.5.1　跨文化营销策略：标准化还是本土化？

本土化的全球战略旨在通过根据当地文化和特征来量身定制适合当地消费者的产品和体验来获得当地品牌知名度，将当地新市场里的潜在客户转化为客户，获得竞争优势。

本土化的营销战略首先都会在公司对新市场进行市场调研，甄别出产品最适合的市场后，关注和调查当地市场里的客户，了解他们的需求和信息处理特征。在此基础上，制作能解决这些市场的需求和痛点的营销战略，并在策划和执行营销企划时，使公司产品和品牌的信息能以清晰并准确的、适应当地文化特征和条件的方式传达给目标市场的消费者。咖啡连锁店星巴克在全球范围内就做出了很好的本土化营销的示范。例如，星巴克在各地都提供了本土化的菜单，在中国市场推出星冰粽和茶饮，来满足每个市场不同的口味需求，并将门店的装修风格与当地文化相融合，根据当地消费者的审美喜好进行设计。

然而，本土化并不总是必要的，有时品牌在全球营销战略时采用了全球标准化战略。全球标准化战略是指企业向不同国家或地区的所有市场提供质量、规格、设计和其他特征都一致的产品或服务，并传播相似的营销信息，开展一样的营销活动等。如同一品牌在全球不同国家和地区使用统一的品牌名称、相似的产品、相同的包装、一致的产品和营销信息、相似的定价并同步发布产品。比如，奔驰和波音就采用了全球标准化战略，以全球一致的方式销售汽车和喷射机。同样地，阿迪达斯和可口可乐在不同地区、语言和文化之间为消费者创造了一致的品牌体验。因此，无论是哪个国家和地区的消费者在消费和感知这些品牌时所得到的消费体验与感知到的品牌形象基本是一致的。

因为全球标准化战略不受文化约束，具有高规模的生产和经济效益，因此其优势主要体现在成本方面。另外全球标准化战略也有质量优势：标准化产品和服务往往更加具有高度一致性和可靠性。其标准性的产品设计，也更能让消费者对其产生更好的记忆和感知，从而增加消费者偏好。例如，瑞典家具零售商宜家采用了全球标准化战略策略，将其生产和营销重点都放在其简单实用的家具、年度目录和仓库商店上。消费者对宜家的产品质量也因其标准性和一致性而更加信赖，消费者也更容易形成对宜家品牌的记忆和感知（如一想到宜家，就联想到简单实用的家具）。

需要注意的是，尽管通过标准的产品和计划可以获得明显的经济效益和效率，但从市场营销的角度来看，全球标准化战略下过于统一的产品或服务可能在当地市场上不太受欢迎。奢侈品在全球通常都是一样的，汽车轮胎、牙膏和厨房用具等实用物品更适合标准化战略。但洗发水和个人护理用品等产品需要考虑到肤质类型、肤色等因素才能令人满意。可口可乐的甜味度在不同的国家有所不同，服装制造商必须根据西方人和亚洲人不同的身体比例对所设计服装的尺寸等进行调整。既然选择本土化或全球标准化是成功的跨文化营销战略的一个重要组成部分，那么针对不同的产品和品牌，针对不同的消费者，企业需要考虑以下因素来决定选择本土化还是标准化战略。

首先，在家外使用的产品（如汽车）往往比在家中使用的消费品（如洗发水、个人护理用品或零食）更不受文化的影响和约束，因此也更适合使用全球标准化战略。同样地，科技产品也不如消费品那样受文化的影响多（如电脑等产品通常是基于性能优势来进行销售，而性能优势在全球范围内是共通的，不受文化影响的），因此也更适合使用全球标准化战略。

其次，相对于受文化价值观影响更多的年长者，年轻人及在不同国家旅行或生活的消费者受当地文化影响相对较小，也更能接受标准化的产品。

最后，对于大多数产品，市场营销组合不同要素的标准化程度的难易程度也不太相同，如产品定位等战略要素比促销等执行要素要更容易实现标准化。

所以，本土化与全球标准化不同的是，本土化为每个市场提供了更为差异化的营销方法；全球标准化节约了产品的差异化设计、节省了额外的宣传策划等方面的人力和物力，因此有显著的成本效益，能节省费用。但是，全球标准化战略的成功与否取决于不同文化下的消费者对该品牌的印象和感知。因此企业需要先对各个市场或目标群体进行调研，了解当地消费者对产品或品牌的印象和想法。如果各国家和区域之间对该产品或品牌的使用和理解没有太大差异，那么全球标准化战略则是可行的。

1.5.2　产品进入外国市场的考虑因素

（1）考虑在同一地域的消费者在文化层面是同质的还是异质的。因为营销活动经常是在特定的地域范围内、在一定的政治经济体制下展开的，法律和营销渠道会促使营销人员在以上方面展开思考。因此也会形成一个假设：地理或政治的边界就等于文化的边界。但非常遗憾的就是这个假设很多时候是错误的。很多时候，同一地域的消费者可能并不是同质的，因此，有些类型的产品不适宜进行公开推广。

（2）考虑在某种特定文化下，产品能满足何种需要。即便是同样的产品，在不同文化下满足消费者的需求可能也是不同的。例如，在美国，很多人购买摩托是为了显示自己的身份地位、性格象征（如购买哈雷摩托），但是在很多地方人们购买摩托车大部分是为了满足交通需求。

（3）考虑对某种产品有需求的消费群体是否有能力购买。这就需要企业对受众进行人口特征的提取、信贷方式的统计，了解同类产品的价格等。

（4）考虑具体哪些价值观与本产品的购买和使用有关。价值观对拥有、购买产品和促进产品使用方面的影响都需要尽心充分地探究。例如，无印良品带给消费者的感知是具有简约、不奢华、低调平实、环保的价值观，那么崇尚这些价值观的人群对无印良品则会更加喜爱；而崇尚传统与变化、文化与创意结合的价值观的消费者则更可能热衷于故宫文创等产品。

（5）考虑当地政治法律对某些产品和营销内容的限制和要求。例如：中国广告法律要求不能使用极限词语，如世界级、最好、第一、首选，因此自称"啤酒之王"的（king of beer）的百威在进入中国时就将广告词换成了"敬真我"；尼泊尔对黄金的管控比较严格，因此游客佩戴黄金首饰和现金时都需要特别注意。

（6）考虑在该国或地区营销该产品是否会引起伦理或道德上的问题。比如，奇趣蛋在美国是违禁品，因为里面的附赠玩具容易被小孩误吞，危害小孩性命。口香糖不得在新加坡销售甚至带入境。一旦被发现就是高额罚款。而加拿大政府2004年立项不允许销售或拥有婴儿学步车,因为他们认为婴儿学步车对婴儿有害,会给婴儿身心发育带来严重影响。

（7）考虑应该以什么方式传播关于产品的信息。当今全球营销战略的一个重要部分是数字化。这主要分为自有营销渠道、付费营销渠道和盈利营销渠道。这要求企业需要对可利用的媒体、媒体受众、产品需要、产品涉及的价值观、文化中的语言和非语言元素进行考量。考虑到其产品和市场的性质、组织结构及文化和传统,公司必须决定哪种方法或方法组合最能满足其战略目标。

参考文献

[1] 李永强, 陈锟. 原产地效应及其在国际营销中的作用[J]. 电子科技大学学报(社科版), 2004(4): 36-39.

[2] DURAIRAJ M. Country of Origin as a stereotype: effects of consumer expertise and attribute strength on product evaluations[J]. Journal of Consumer Research, 1994(2): 354-365.

[3] 杨晨, 王海忠, 王静一. 树木还是森林: 消费者思维模式对新兴国家负面原产国效应的影响机制研究[J]. 南开管理评论, 2016, 19(2): 157-169.

[4] 汪涛, 张琴, 张辉等. 如何削弱产品来源国效应: 产品信息呈现方式的影响研究[J].心理学报, 2012, 44(6): 841-852.

[5] LEE L. Emerging research themes on the Asian consumer[M]//The Psychology of the Asian Consumer. Routledge, 2015: 19-32.

[6] HOFSTEDE G. Culture's consequences: International differences in work-related values[M]. Sage, 1984.

[7] HOFSTEDE G H, HOFSTEDE G. Culture's consequences: Comparing values, behaviors, institutions and organizations across nations[M]. sage, 2001.

[8] MASUDA T, NISBETT R E. Attending holistically versus analytically: comparing the context sensitivity of Japanese and Americans[J]. Journal of personality and social psychology, 2001, 81(5): 922-934.

[9] MONGA A B, JOHN D R. Cultural differences in brand extension evaluation: the influence of analytic versus holistic thinking[J]. Journal of consumer research, 2007, 33(4): 529-536.

[10] BASU M A, ROEDDER J D. Cultural differences in brand extension evaluation: the influence of analytic versus holistic thinking[J]. Journal of Consumer Research, 2007, 33.

[11] CHIU LH. A Cross-cultural comparison of cognitive styles in Chinese and American children[J]. International Journal of Psychology, 1972, 7(4): 235-242.

[12] AAKER J L, LEE A Y. "I" seek pleasures and "we" avoid pains: the role of self-regulatory goals in information processing and persuasion[J]. Journal of consumer Research, 2001, 28(1): 33-49.

[13] CHAN H, WAN L C, SIN L Y M. The contrasting effects of culture on consumer tolerance: interpersonal face and impersonal fate[J]. Journal of Consumer Research, 2009, 36(2): 292-304.

[14] ZHANG J, BEATTY S E, WALSH G. Review and future directions of cross-cultural consumer services research[J]. Journal of Business Research, 2008, 61(3): 211-224.

[15] KLUCKHOHN C. Values and value orientations in the theory of action, in T. Parsons and EA Shils (Eds.) toward a general theory of action, Harvard University press, Cambridge, MA[J]. 1951.

[16] KLUCKHOHN C. Mirror for man: the relation of anthropology to modern life[M]. London: Routledge, 2017.

[17] BATSON C D. Communal and exchange relationships: what is the difference?[J]. Personality and Social Psychology Bulletin, 1993, 19(6): 677-683.

[18] WALDINGER R J, Cohen S, Schulz M S, et al. Security of attachment to spouses in late life:

concurrent and prospective links with cognitive and emotional wellbeing[J]. Clin Psychol, 2014, 3(4):516-529.

[19] SCHWARTZ B. The social psychology of the gift[J]. American journal of Sociology, 1967, 73(1): 1-11.

[20] GOULDNER A W. The norm of reciprocity: a preliminary statement[J]. American sociological review, 1960: 161-178.

[21] BELK R W, COON G S. Gift giving as agapic love: an alternative to the exchange paradigm based on dating experiences[J]. Journal of consumer research, 1993, 20(3): 393-417.

[22] YANG A X, URMINSKY O. The smile-seeking hypothesis: how immediate affective reactions motivate and reward gift giving[J]. Psychological Science, 2018, 29(8): 1221-1233.

[23] NICOLAO L, IRWIN J R, GOODMAN J K. Happiness for sale: do experiential purchases make consumers happier than material purchases?[J]. Journal of consumer research, 2009, 36(2): 188-198.

[24] CHAN C, MOGILNER C. Experiential gifts foster stronger social relationships than material gifts[J]. Journal of Consumer research, 2017, 43(6): 913-931.

[25] GALAK J, GIVI J, WILLIAMS E F. Why certain gifts are great to give but not to get: a framework for understanding errors in gift giving[J]. Current Directions in Psychological Science, 2016, 25(6): 380-385.

[26] BASKIN E, WAKSLAK C J, TROPE Y, et al. Why feasibility matters more to gift receivers than to givers: a construal-level approach to gift giving[J]. Journal of Consumer Research, 2014, 41(1): 169-182.

[27] GINO F, FLYNN F J. Give them what they want: The benefits of explicitness in gift exchange[J]. Journal of Experimental Social Psychology, 2011, 47(5): 915-922.

[28] FLYNN F J, ADAMS G S. Money can't buy love: Asymmetric beliefs about gift price and feelings of appreciation[J]. Journal of Experimental Social Psychology, 2009, 45(2): 404-409.

[29] STEFFEL M, LE BOEUF R A. Overindividuation in gift giving: shopping for multiple recipients leads givers to choose unique but less preferred gifts[J]. Journal of Consumer Research, 2014, 40(6): 1167-1180.

[30] LUO B, FANG W, SHEN J, et al. Gift–image congruence and gift appreciation in romantic relationships: the roles of intimacy and relationship dependence[J]. Journal of Business Research, 2019, 103: 142-152.

[31] GOODMAN J K, LIM S. When consumers prefer to give material gifts instead of experiences: the role of social distance[J]. Journal of Consumer Research, 2018, 45(2): 365-382.

[32] YAMAGUCHI M, SMITH A, OHTSUBO Y. Commitment signals in friendship and romantic relationships[J]. Evolution and Human Behavior, 2015, 36(6): 467-474.

[33] KOMIYA A, OHTSUBO Y, NAKANISHI D, et al. Gift-giving in romantic couples serves as a commitment signal: Relational mobility is associated with more frequent gift-giving[J]. Evolution and Human Behavior, 2019, 40(2): 160-166.

即测即练

自学自测　扫描此码

第 2 章

群　体

本章要点

本章的主要学习目标包括：

1. 理解群体、参考群体的类型与作用；
2. 掌握群体对个体造成的影响和驱动原因；
3. 理解意见领袖的含义和其在团队沟通中的作用；
4. 理解口碑传播和产品创新的概念，掌握其对营销策略的影响；
5. 掌握产品创新与消费扩散的过程。

开篇案例

阿希从众实验

阿希的从众实验（Asch conformity experiment）是所罗门·阿希（Solomon Asch）在 20 世纪 50 年代进行的一项经典的社会心理学实验，旨在探究个体的观点和行为是否受到群体的观点和行为的影响。阿希的实验中通常有多名实验参与者，其中一名是真正的实验者，其余是知晓实验真正目的且配合实验人员的同伴们。在实验的开始，实验者给参与者们展示一幅图（见图 2-1），要求他们在一行标准长度的线条中选择与参考线相匹配的另一条线。在前几个轮次中，同伴们会选择正确的线条，但是在接下来的几个轮次中，同伴们会有意选择错误的线条。实验者被要求在这些轮次中与同伴们一起进行选择。

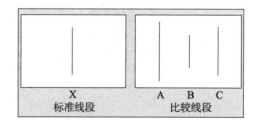

图 2-1　标准线段（左）和比较线段（右）

结果显示，在被同伴们选择错误的情况下，大多数实验参与者也会选择错误的线条，尽管他们本来能够做出正确的选择，这呈现出明显的从众效应（conformity effect）。

为什么参与者如此轻易地被群体影响而做出错误的判断？一部分实验参与者在实验结束接受采访时表示，他们因为担心被群体内的其他人认为自己"奇怪"，而给出了与群体答案一致性的反应。也有一部分实验参与者认为，他们相信群体中其他人给出的答案是正确的。

阿希从众实验的结果充分地显示出群体的影响所导致的人们的从众行为。从该实验结果可以看出，人们出现从众行为有以下三个原因：第一，人们因为想融入群体而做出符合社会规范的一致性行为（规范性影响）。第二，人们相信群体比自己更了解当时的情况，从而做出与群体一致性的选择和行为（信息性影响）。第三，价值表达对人们选择造成了影响。

资料来源：

[1] Larsen, K. S. (1990). The Asch conformity experiment: Replication and transhistorical comparison. Journal of Social Behavior and Personality, 5(4), 163.

[2] Abrams, D., Wetherell, M., Cochrane, S., Hogg, M. A., & Turner, J. C. (1990). Knowing what to think by knowing who you are: Self‐categorization and the nature of norm formation, conformity and group polarization. British journal of social psychology, 29(2), 97-119.

2.1　群体的概念和分类

所谓群体，从广义上来说指两个或更多的人所结合成的集体。同一群体中的人们共有价值观念和信念，群体内部成员之间有一定的内隐或明确的行为上互相依存的关系。而人们作为群体生活中的消费者，其消费行为也在很大程度上受到群体的影响。因此，对群体的概念、分类，以及群体对消费者的不同作用的理解也是理解消费者行为的关键。

理解群体概念的同时，我们需要注意"参考群体"在概念上和"群体"的区别。群体是由两个或两个以上具有一系列共同规范、价值观或信念的个人组成，彼此之间存在着隐含的或者明确的关系，因而其行为是相互依赖的。**参考群体**（**reference group**）是指那些对一个人的态度和行为有重要心理影响的群体或群体成员，是个体用来指导自己行为的团体[1]。参考群体包括社会的、经济的、职业的等不同类型的团体。它可以小到只有几个人，也可能大到一个大的群体。参考群体对个体的影响主要是为个人提供价值观念和观察评价外部事物的准则。聚焦在消费者行为上，参考群体的影响主要体现在消费者参照其他人对产品与品牌的购买、使用及评价做出自我消费决策[2]，具体表现为：遵从参考群体成员的期望，或通过观察参考群体，从参考群体处收集的信息来了解产品和服务，并以此为基础做出决策[3]。

经典与前沿研究 2-1　动态群体决策中，"随大流"还是"走更少人走过的路"？

在生活中，我们绝大多数人同时隶属于许多不同的团体。例如，我们既可以是家庭里的一名成员，同时也是学校班集体的一名学生，以及兴趣社团的一名成员，等等。不同团体并不总是作为参考群体起作用，个体在具体的情境下与某一具体团体积极地融合时，此参考群体的成员身份才会影响个体的行为。而随着当下处境的变化，个体也可能出于当时情况下的身份以其他不同的参考群体来指导自己的行为决策。

团体与参考群体可以根据不同的要素划分成不同的种类。常用的有三种划分标准，分别是成员资格型、接触型和吸引力型。

（1）成员资格型：成员资格型的划分是两分法，即划分一个人是或不是某个团体的成员。

（2）接触型：接触型的划分基准为团体成员相互之间人际接触的频繁程度。接触型一般可以区分为两类：基本团体和次要团体。基本团体指与那些人们有频繁人际接触的团体，而次要团体指与人们仅有有限人际接触的团体。

（3）吸引力型：吸引力型的划分基准为团队的成员资格受到他人仰慕的程度。仰慕团体或渴望团体是指人们没有成员资格但希望加入的团体，对个体有强大的影响力。

不同参考群体的影响对于营销人员非常重要，具体表现在以下几个方面。

第一，代言人。可以用代言人来代表目标消费者所仰慕的参考群体，在产品和消费者所仰慕的参考群体间建立联系，提高目标消费者对产品的态度。

第二，广告中的参考群体。准确地联系参考群体。要想在广告中恰当地代表目标消费者，就必须准确地显现目标消费者所联想到的参考群体的特征（如衣着、发型和行为方式等）。

品牌社区（brand community）。品牌社区是一个专业的、不受地域限制的社区，它是基于品牌崇拜者之间的一系列结构化的社会关系而形成的。品牌社区代表了一种生活在消费环境中的人际交往形式，是明确以品牌为中心的商业社会集体。品牌社区与传统的社区一样有以下三个标志，即同一品牌社区的成员拥有共同的品牌意识、拥有相似的使用消费产品等与品牌相关的仪式和传统，以及对于品牌具备同样的道德责任感。而每一个品牌社区都会因为其所处的商业环境和大众传媒的社会风气而形成其各自特有的性格和结构。围绕一种商品或服务而形成的品牌社区，将品牌最忠实的消费者聚集在一个地方，可以有效地帮助品牌与消费者之间进行更好的对话，加强人们的相互联系和人们与品牌的联系，而消费者也时常通过品牌社区在网上围绕品牌创造价值。由于品牌社区里的人通常对品牌的产品或服务非常熟悉，企业可以通过品牌社区分享和测试新产品，并收集反馈以进行改进[6]。

2.2 群体的影响：从众性和依从性

外在因素中社会因素使得消费者出现**从众性**（conformity）和**依从性**（compliance）。

2.2.1 从众性（行为一致性）

2.1.1 节中的阿希从众实验展示了群体影响下的从众性行为。**从众**是指改变自己的行为以匹配他人反应的行为。群体行为的一致性在很大程度上是基于个体在相应的社会处境中以参考群体的标准来规范和指导自身的行为而出现的。参考群体的标准不仅仅是针对群体中的某一个人，而是针对群体中的所有人都适用的有关行为方面提出的要求的总和。比如，一个人的参考群体是学生，那么学生这个身份对他的影响则会要求他按时上课、按规定完成学业等。那么以学生作为参考群体的个体就会以学生这个身份来规范自己的行为，做出符合这个身份的一致性的表现和行为。

在消费领域，从众表现在消费者在品牌和产品选择上表现出与参考群体中其他成员选择的一致性和同一性。然而，团体并不总会影响消费者对产品和品牌的选择，影响参考群体对个人影响力的因素主要有以下几点。

（1）个人对保持群体身份、被群体所接纳的意愿。人们对该团体仰慕的程度，即参考团队的成员资格受到仰慕的程度越高，该团体对个体的影响力越大；同样，个人对团体的忠诚度越高，该团体对个体的影响力越大。

（2）消费者认为参考群体在多大程度上能够控制奖赏或惩罚。参考群体能够控制奖赏或惩罚的程度越高，个人受参考群体的影响越大。

（3）该行为与团体的相关性。若某一产品和品牌与参考群体的关系越紧密，消费者越可能会消费此产品和品牌。

（4）产品的需要程度和使用可见性。产品需要程度越高、参考群体对产品选择的影响越弱，反之越强；而产品使用和消费的可见性越强，参考群体对品牌选择的影响越强，反之越弱。

（5）消费者个体在购买产品和品牌时对产品和品牌的信心也会影响参考群体对个人决策的影响程度。

2.2.2 依从性

除了从众性外，个体在群体中也会呈现出依从性和抵抗性[7]。**依从**是指针对特定类型的请求给出的特定类型的回应或默许。该请求可能是外显的、明确的，如在挨家挨户地推销活动中的销售行为，或者慈善捐赠活动中直接定向募集资金；该请求也可能是内隐的、含蓄的，如在不直接要求购买的情况下不断宣传某产品。但无论请求是外显的还是内隐的，个体都意识到对方期望他以对方期望的方式做出回应。消费者按照他人的要求来做出决策和行动时，消费者表现出受到群体影响的**依从性**。而当消费者感知到自己的选择自由受到威胁而做出与群体要求相反的决策和行动时，消费者表现出逆反的抵抗性。

2.3 参考群体的影响

一般来说，参考群体对个人的行为产生**规范性影响**、**信息性影响**和**价值表达性影响**[8]。

2.3.1 规范性影响

规范性影响（**normative influences**）又叫功利性影响，是指个人为了获得赞赏或避免惩罚而满足团体的期望。当个体为了追求群体认可而仿效群体的行为时，即受到群体的规范性影响。群体内部通常有内隐的、非正式的规范，或明确的、正式的规则。而参考群体内正式或非正式的规范与规则对群体成员的行为有着极大的规范性影响。在规范性影响下，群体会让群体内部的个体产生与群体内部其他人趋于一致的压力。通常群体的规范性影响是指对那些符合群体规范和规则的人进行赞赏，对那些不符合群体规范和规则的人进行处罚。对犯规最严厉的处罚就是取消其资格。例如，如果一个学生经常无故缺席或破坏课堂纪律，基于群体的规范性影响，此学生可能会被予以警告处分直至情节严重时开除学籍。正如2.2.1节阿希从众实验中很多实验参与者提到他们并不真正认为群体中其他人的答案是正确的，但为了避免被群体内的其他人认为自己"奇怪"而改变了自己的答案，这种一致性的行为正是群体规范性影响的结果。

在营销领域，营销人员经常试图利用群体行为一致性的方式给消费者施加影响促使人们消费某种产品和品牌。同样地，大量的广告也试图告诉人们若不消费和使用某品牌的产品会导致受到相关参考群体的"惩罚"（如被排斥），或告诉人们若消费和使用某品牌的产品会得到相关参考群体的奖赏（如被喜欢或接受）。这些例子都比较典型地利用了群体的规范性影响。

社会规范的影响范围非常广泛，人们的一系列行为，包括消费产品的品类选择、产品回收循环利用、乱扔垃圾等行为都会受到社会规范的塑造。社会规范可以被再细分为：①**条令性规范/禁令性规范**（**prescriptive norms**），即告诉人们哪些是社会所允许的行为，哪些是不提倡不允许的行为；②**描述性规范**（**descriptive norms**），即告知人们在群体中他人通常都是如何行动的社会规范[9]。

经典与前沿研究 2-2 不同参考群体的规范性影响

然而，参考群体的规范性影响并不总是起作用。只有当人们关注到参考群体具体的社会规范时，才会用此社会规范来指导自己的行为。鉴于此，相关社会规范要起作用，必须让此规范在当时的情境中凸显出来。

2.3.2 信息性影响

当个体出于规避风险的目的，将参考群体的信息作为有用信息予以参考时，则受到**群体的信息性影响**（**informative influences**）。在消费领域表现为个体寻求参考群体的意见和建议，对参考群体的消费行为进行观察和学习。

传统媒体往往通过一种直接的、有指向性的方式传递信息，如电视广告或杂志插页广告里常常描述某群体的人或专家都在使用某种产品或品牌，或者他们对某产品或品牌的评价积极，点明或提醒消费者应该与广告中的群体做出同样的选择。这种过程既包括了决策者对亲朋好友或者权威群体的服从（即规范性影响），又包含了决策者对信息本身有用性的判断和吸收（即信息性影响）。但随着网络媒体的出现，越来越多的信息变得无从溯源，对于这种非直接、非实名、非指向性的信息而言，人们往往更容易受到信息性影响。[11]

信息从参考群体传达给消费者有以下三种方式。

（1）消费者有意识地去寻求所需要的信息来帮助自己做出行为决策。例如，人们通过社交媒体和各种应用软件等主动搜索相关信息，借鉴和模仿参考群体的行为。

（2）消费者接触到的信息有可能是偶然传递的结果。例如，人们可能偶然在广告或网络上看到自己仰慕的参考群体的信息并用其指导自己的行为决策。

（3）参考群体直接、主动地给消费者传播信息。如亲朋好友、意见领袖等对产品和品牌的口碑传播通常是参考群体成员主动给消费者传播相关产品和品牌信息。另外传统媒体和新媒体上的很多广告和品牌赞助视频等常以参考群体对产品进行直接的宣传和推荐的方式出现。

群体规范性影响与信息性影响的区别：规范性影响是个体对群体行为的服从，带有一定程度的强制性，是个体为了避免惩罚或为了获得群体的奖赏、融入群体所做出行为决策，而个体对群体规范或接收到的信息本身并不一定认同。同时规范性影响也是群体对其所属成员行为合适性的期待，它是群体为其成员确定的行为标准。当个体为了追求群体认可或与群体规范保持一致的目的而仿效群体的行为时，其主要受到规范性影响。信息性影响则是个人理解群体的行为所涵盖的信息，并接受和认可其信息，它强调个体对信息的接受和认可，并且因为从参考群体处得到的信息而改变自己行为态度的过程。

需要注意的是，即便从参考群体处接触到相关产品和品牌信息，消费者是否会受到群体的信息性影响以及受影响的程度有多少还需考虑以下几个因素。

（1）消费者与参考群体中其他成员的相似性。消费者与参考群体的其他成员越是相似，消费者会更认为参考群体提供的信息是有用的、可以参考的。

（2）施加信息性影响的团体成员在所传递信息领域的专长性。参考群体的成员对产品类别或品牌越是熟悉，具备越多专业知识储备时，对消费者的信息性影响越强。

（3）消费者对产品品类或品牌本身的熟悉和了解程度。研究证实消费者会更容易在自己不熟悉的领域受到参考群体的信息性影响。

2.3.3 价值表达性影响

消费者跟随他人的行为和意见来调整和改变自己行为决策的另一个原因则可能是受到了参考群体的**价值表达性影响**（**value-expressive influences**）。价值表达性影响指个体利用群体来构建或强化自我概念。参考群体的价值表达性影响具备的显著特征是消费者需要与参考群体建立一种心理联系，这种心理联系的建立要么是基于消费者为了与该参考群体的成员相似，要么是因为消费者喜爱该参考群体[12]。具体而言，消费者根据参考群体中的他人的消费行为和意见来表达个体所期望的社会群体身份，以此来实现和强化消费者个体的自我定义；又或者消费者可以模仿参考群体的具体消费者行为来购买和消费某种产品或品牌，以此在社会中表达自己对参考群体的喜爱。

一项经典的消费者行为研究表明，人们参与某些特定产品和品牌消费的部分原因是为了表达自我、构建自我概念和创造个人身份[13]。而参考群体的品牌使用是品牌意义的一个关键来源。消费者将参考群体和参考群体使用的品牌进行关联，并通过选择与他们当前的自我概念或憧憬的自我概念相关的品牌，将这些品牌意义从品牌上转移到自己的自我概念上[14]。例如，篮球队的成员可能更愿意选择耐克、李宁等品牌而不是骆驼、马汀博士（马丁靴品牌）等品牌，是因为前者显然更符合他们作为篮球队员的身份。而若自己喜欢的球队成员大多用李宁这个品牌的产品，那么消费者也就会更多选择此品牌。消费者通过使用与自己所属的或所向往的参考群体的形象相匹配的品牌，与这些群体建立心理联系，而消费者在价值表达性的群体影响下就会和参考群体使用一致的产品和品牌。值得一提的是，无论是对于拥有相互依赖的自我建构还是独立的自我建构的消费者（请参考 1.3.2 节中相关概念的解释说明），消费与参考群体形象一致的品牌都能增强消费者自我概念和品牌概念之间的联系。然而，当消费与非参考群体形象一致的品牌时，相对于拥有相互依赖自我建构的消费者，拥有独立性自我建构的消费者因为有更强烈的需求想要表达自我概念和价值观与非参考群体是不同的，因此他们更不会将自我概念与非参考群体形象一致的品牌做出联系，尤其是当品牌更具价值表达意义、更能够传达用户价值观信息时，以上效果更强。如拥有独立性自我建构的篮球队成员穿马汀博士的马丁靴时，也更不太可能将马汀博士这个品牌所具备的追逐个性的品牌个性融入自我概念中去。

此外，另一项针对消费者收入和职业对品牌选择影响的研究显示，教师和家庭主妇比学生更容易受到参考群体的信息性影响，而学生和家庭主妇比教师更容易受到参考群体的价值表达性影响。[15]

2.3.4　群体影响的三大驱动力

群体之所以会对个体造成规范性影响、信息性影响，以及价值表达性影响，使得人们出现从众性和依从性，是基于以下三种核心驱动力：基于获得社会认可来获得归属感的目标，对现实的准确解释并做出正确决策的目标，以及保持积极的自我概念的目标。[11]

1. 获得归属感的目标（goal of affiliation）

人是社会中的人，无法脱离他人一个人生活成为一片孤岛。各种关于人类基本需求的理论都告诉我们，与他人建立并维持有意义的社会关系是驱动人们行为的一个根本需求。因此，获得归属感这一目标从根本上激励人们去获得他人的认可，融入群体。群体的规范性影响起作用的驱动力便是人们为了避免受到群体的惩罚和孤立，为了获得群体中其他成员的认可和接受，而根据社会规范来指导自己的行为，以此来融入群体。例如，为了让自己被学校的老师同学所接受，能更好地融入群体，学校的学生们一般都会遵守学校的规章制度，避免出现违规的行为。第一章中提到的入乡随俗，也在一定程度上体现了人们为了能融入当地群体而根据当地的社会价值观和规范来指导自己的行为。

除此之外，获得归属感的目标也会驱动个体为了向自己仰慕的群体表达喜爱而受群体的价值表达性影响。具体而言，人们可

经典与前沿研究 2-3 社会拥挤对品牌依恋的影响

能采取与参考群体一样的行动，如使用同样的产品或品牌来向外界展示自己的群体身份并想以此与仰慕的参考群体建立密切的联系。

消费者的群体归属感和自我满足需求并不是完全对立的。消费者可能同时在单一选择的不同维度上追求同化和差异化的目标[11]。例如，人们会选择相同的品牌，以与他们想要的群体一致，但选择独特的颜色，以区别于他人。[16]

2. 准确性目标（goal of accuracy）

个人受到群体影响而出现从众性和依从性的另一个驱动力是人们有对现实进行准确认识和解释、做出正确决策的需求。此需求使得人们产生以最有效和高效的方式来行动的目标，即准确性目标。而对于实现准确性目标，对信息的接收、理解就显得尤其重要。然而个人的认知总是有局限的，尤其当人们因接收到自己不熟悉和不理解的信息而感到不确定、无法做出准确决定的时候，便可能会依赖于群体中的他人，试图根据他人对信息的判断和处理来指导自己的决策和回应。比如，当购买自己不熟悉的品类时，消费者常常更加容易寻求和依赖群体中他人的意见来指导自己具体的购买行为。

3. 保持积极的自我概念的目标（goal of maintaining a positive self-concept）

人们行为和决策受到群体影响的另一大驱动力是个体保持积极的自我概念的需求。我们每个人都有感知自己是有价值的需要，而为了增强、保护或修复自己的自尊，人们需要通过与自己的行为、陈述、承诺、信仰和自我归因的特征相一致的行为来增强自我概念，而其中一种方式则为遵从他人的信念和行为，通过获得社会中他人认可的方式来肯定个体积极的自我概念。同样，基于这个需求，人们也更可能积极地展示对自己仰慕的、有积极形象和身份的参考群体的喜爱，以获得与仰慕群体的联系，以此来增加自己的积极自我概念。比如，喜欢看书的消费者可能会消费自己喜欢的作家所使用的文具品牌、看的书籍或与其相关的其他产品，试图以此来建立和自己喜欢的作家的联系，增强自我概念。日常生活中，也有一些消费者因为仰慕拥有高社会经济地位的群体的身份，而超出自己的消费能力去购买价格昂贵的奢侈品。显然，以这样的方式去保持积极的自我概念是虚无的、不可取的。

另外需要注意的是，肯定个体的自我概念这一目标也可能会驱动人们抵抗从众行为。因为人们除了拥有归属需求需要和他人建立联系保持一定的一致性之外，也会追求个体的独特性。比如，一项研究表明那些具有充足的成就感的个体更有可能会专注于自我价值体系，为了保持积极的自我概念而拒绝遵从他人的意见和影响。

聚光灯效应（spotlight effect）

群体对个体的影响和社会心理学中的**聚光灯效应**高度相关。聚光灯效应也称社会聚焦效应，是指人们高估别人对自己关注的倾向。正如心理学家基洛维奇（Gilovich）和他的合作者们在一项实验中展示，当他们的实验参与者穿了一件印着奇怪图案的 T 恤衫在操场上走了一圈后，参与者总错误地认为操场上至少有一半的人注意到了自己穿了一件奇怪的衣服，然而实际上只有 20% 左右的人真正注意到了他们[18]。由此可见，人们经常（错误地）认为别人正在关注着自己，就如同自己是舞台剧上的主角一般，从头到脚被聚光灯聚焦。也正因为如此，人们常常会在群体中改变自己的行为。在公共场合中，消费者可能因为聚光灯效应而试图通过他们所消费的产品和品牌给别人留下某种印象，也就是心理学中常讲到的**自我呈现**（**self-presentation**）。人们在不同的群体成员面前所呈现的自我可能截然不同。比如，一个人和好友在一起时的语言交流和神态表情等非语言交流，以及其所消费和使用的产品和品牌（如服饰打扮等）可能和他在老师面前都有差别。这并不意味着这些不同的自我形象的呈现是虚假的；相反，每一种自我呈现都可能代表了自我概念或自我身份中的不同方面，都是为了符合所在情境中自我对参考群体和自我概念的理解。

2.3.5 参考群体的无意识影响

尽管人们在群体三大驱动力的影响下常常会有意识地做出与群体一致性的行为，然而参考群体的影响也可以是无意识的。比如，人们有时候会无意识地模仿他人的面部表情和动作，并且有研究发现这样无意识的模仿行为可以增加模仿者在被模仿者眼中的亲

经典与前沿研究 2-4　参考群体的体型对食物选择的影响

和力。在消费者领域，研究发现当人们在观察到他人在消费某种产品时，自己也会更愿意去消费同样的产品，且人们并不会意识到自己的行为受到了他人的影响。[19]此外，当销售人员向消费者介绍新产品时，悄然地模仿消费者的一些细微动作和表情也可以增加消费者对新产品的喜爱程度及对此产品的购买和使用意愿。由此可见，社交模仿确实可以加强群体间个体的社会联系。在营销领域，模仿产生的亲社会性增加也可能会同时增加消费者和营销人员互相之间感知到的亲和力，从而增加消费者和销售人员之间的有效互动。

2.4　群体影响与营销策略

2.4.1 参考群体影响基础上的营销策略

通过以上章节，我们了解到群体对个人具有的不同影响及其影响的驱动力，即参考群体对消费者产生规范性影响、信息性影响和价值表达性影响，而这些影响是基于人们保持积极的自我概念的目标、准确性目标以及获得归属感的目标。那么，这些群体影响对于营销实践来说有什么具体的启示？营销人员在此基础上应如何制定相应的营销策略呢？

在广告策略的制定中，营销人员常常引入群体的信息性影响、规范性影响或价值表达性影响。比如，王老吉的"怕上火，喝王老吉"和大宝的"要想皮肤好，早晚用大宝"的广告系列都是利用的参考群体的信息性影响，以满足人们准确性的目标。而去屑洗发水、除臭剂、漱口水等个人清洁产品广告，以及公益广告中（如公共场所禁烟广告）常常使用参考群体的规范性影响，在广告中个人若不遵循社会规范会受得相应的处罚。例

如，广告中描绘若不使用相应的个人清洁产品或违背公共规范（如在禁烟区吸烟）就会受到群体中他人的异样眼光和排斥。而针对群体身份做文章的广告常常是利用了群体的价值表达性影响，如百事可乐的"新一代的选择"、海澜之家的"男人的衣柜"等则是为了满足目标消费者保持积极的自我概念的目标。

接下来，我们简单列举一些基于群体影响的比较常见的营销策略。

1. 逐步升级的策略（foot-in-the door technique）

逐步升级的策略旨在让另一个人同意一个大的请求之前，首先让他同意一个适度小的、对方大概率会做出肯定回应的请求。相反，如果人们一开始就直接提出大的请求，他们则可能被直接拒绝。逐步升级的策略因此是一种说服策略，其依据是当一个人遵守一个初始的小的请求，那么他就更有可能同意接下来提出的一个更大的请求。这种技术是通过利用人们对一致性的基本需求和保持一致的积极自我概念的目标，在两方之间建立联系来发挥作用的一种策略。比如，在繁忙的街道上推销或电话销售中，销售人员经常以问一个小问题开始对话，然后再要求人们购买产品或注册付费服务等。

2. 留面子策略（door-in-the-face technique）

与逐步升级的策略正好相反的是留面子策略，通常是当人们想向他人提出请求但又担心对方可能会拒绝此请求时，先提出一个较大的请求，在对方拒绝后，转而提出一个较小的要求。那么人们在刚开始拒绝了大的请求后，则会更容易接受随后提出的较小请求，对后面较小的请求给予积极正向的回应。在营销领域的具体表现为：营销人员首先提出一个较大的、消费者不太可能直接接受的请求（如呼吁消费者为了某件慈善活动捐赠较多金额或贡献较多的时间或精力），然后再提出一个较小的、较合理的请求,以增加消费者对后面较小请求的同意（如捐赠较少金额或贡献较小的时间或精力）。留面子效应是基于人们强大的互惠（reciprocity）规则上的。互惠规则表明，如果有人为我们做某事，我们就会觉得有义务为他或她做某事作为回报。如果朋友送给我们一个节日礼物，我们觉得有义务给他回送一个节日礼物作为回报或补偿。想象一个公益活动倡导您捐赠100元，当您拒绝后，对方再要求您捐赠10元，是不是比直接第一次就倡导您捐赠10元可能更有效？因为在拒绝对方后，人们会更加觉得有义务为他做一些事情作为补偿。另外，与100元相比，10元这样的请求显得格外小，因此，互惠规则（当请求者从一个大请求转移到一个较小的请求时，我们感到有从"不依从"到"依从"的对等义务）也会让人们产生对比效果，使得人们在接受大的请求之后更容易接受显得更微不足道的小请求。

3. 多少不限策略（even-a-penny-helps technique）

一般而言，尽管提出一个很小的请求通常比提出一个较大请求更能让人依从，但小的请求也往往会带来困扰，即小的请求通常也只会带来很低水平的回报。如在捐赠的情境下，若要求的捐赠金额很小，对方实际给予的则相应地也很少。而多少不限的技术则可以在一定程度上避免小请求带来的这方面的困扰。多少不限的技术是通过暗示人们微小的帮助是可以接受的，尽管不一定是理想的，使被请求者很难拒绝提供一定程度的帮助，并且提供的帮助也不太可能特别小。如在一项实验里当人们被要求为一个慈善服务机构捐款时，在呼吁提供标准捐款金额的请求后面紧跟着一句话，"即使是一分钱也会有帮助，"即能显著增加人们捐款的频率和捐款的总额[21]。多少不限的技术表明，对比直接请求微不足道的帮助，对人们提出合理化的请求（如告知人们微小的帮助也可以帮上忙）有可能实现较高的依从率，使人们不太可能拒绝援助或提供不合标准的援助。因此，这种技术是一种有效的说服技巧。

4. 那不是全部的策略（that's-not-all technique）

人们通常试图正确地理解、评估和响应他人提出的请求。然而较短的思考时间会导致人们因缺乏深思熟虑而无法做出合理的判断。因此，营销人员采用的一种"那不是全部的策略"即是利用人们有限的能力，在提出要求或者试图说服消费者时，在首先提出要求但消费者还未对此做出回应前，又立即追加信息改变原本提出的要求，以此来增加当前给出要求的说服力。比如，营销人员以一个初始价格给消费者提供一种产品，在初次报价而消费者还未做出决策前，立即降低刚给出的初始价格，或不改变初始价格但在此基础上增加额外的产品，使得消费者可能会因为降价或额外的"礼物"而认为当前的要求合理、交易有吸引力，而因此更愿意购买该产品。此策略可以分为两种形式。第一种形式是降价策略，即为产品定价时，以高价开始，并在消费者响应之前立即降低价格来促进交易。例如，销售人员告诉消费者某产品的价格是 20 元，但今天的价格降到 15元。以此方式来增加消费者的购买意愿。另一种形式，即增值策略，即试图通过在不改变最初价格的情况下提供额外的产品，使交易更具吸引力。例如，销售人员告诉消费者某产品的价格是 20 元，但今天购买还可以额外得到免费的价值 5 元的赠品。这种策略在很大程度上依赖于人们自动的社会反应，因此，当消费者没有时间对销售人员所给出的信息做出仔细思考的时候，"那不是全部的策略"的效果更好。

2.4.2 意见领袖和影响者

1. 意见领袖

你有没有这样的经历：当你想要购买某种产品但又犹豫不决具体选择哪一样产品时，你会选择去自己常用的社交网络平台上看喜欢的博主的频道看看他有没有相关推荐，或者问问周围对此类产品更了解的朋友的意见，又或者上网看看相关领域专家的帖子？正如我们在第 1 章提到的，人们有做出正确决策的需求和准确性的目标。而市场上充斥着关于产品和服务的各种信息，在人们的时间和精力有限的情况下，人们便会因为无法做出正确决策或无法相信自己能做出正确决策而选择依赖他人。尤其当对某一领域的产品或服务的选择不太确定时，人们更会依赖他人对相关的产品信息做出筛选和评价，并以此为依据来做出自己的消费决策。

意见领袖（opinion leader）是能够通过自身的意见去影响人们决策的个人或组织。意见领袖基于自身的技能、知识、个性或其他特征，对他人施加社会影响。意见接收者认可意见领袖并信任他们，并对他们在特定领域给出的意见给予高度的重视。因此，他们已经在特定领域、特定市场或行业中建立了自己的权威，可以影响公众舆论。营销人员也试图识别意见领袖，并将他们的营销努力瞄准意见领袖，寻找意见领袖合作，为产品背书。这种合作关系既能提高品牌的知名度，也能在企业和影响者的用户之间建立信任。

意见领袖可以是任何人。比如，在每个家庭中也经常会有特别有影响力的人，他是评价和选择某个领域的产品或服务的关键影响人物。例如：家里购买科技类产品时都由他来参考具体产品并给出购买建议；而另一个家庭成员可能是家里公认的美食家，家人都信任他的口味和厨艺，因此出门点餐时都会征求他的意见，这让他在食物方面成为意见领袖。同样，当大众崇拜知名的公众人物时，公众人物也成为人们的意见领袖，会对人们的购买行为产生很大的影响。曾经品牌只专注于通过广告进行营销，公司的首席执行官和高管甚至不参加任何新闻发布会。然而，目前公司层面也意识到了意见领袖对消费者的消费决策有很重要的影响，像埃隆·马斯克、董明珠这样的公司首席执行官也开始成了自己领域的意见领袖，为自己的产品及品牌曝光引流，使品牌在市场上更快速地传播，提升品牌知名度。因此，意见领袖既可以是朋友、家人、演员、体育健将，又可以是公司首席执行官或某一领域的高手极客。

意见领袖往往是在人们交换意见和信息时出现，又或者是作为正常的群体成员相互作用的副产品出现。当然，意见领袖也时常主动提供相关信息。

在当前互联网时代，有些意见领袖以影响他们的受众为职业，以博主、行业分析师，或顾问的身份，通过密切关注某个特定的话题，亲身体验自己感兴趣领域的各种产品，不断提高自己的判断能力，并分析、介绍和推荐相应的行业和与该行业相关的产品。当某一意见领袖通过其在相关领域的信息和经验的积累，获得消费者的信任，其所塑造出的个人品牌效应对一群人的购买行为产生较大的影响时，其被称为**关键意见领袖**（**key opinion leader，KOL**）。

意见领袖通常具有以下特征。

（1）对某一类产品有着更加长期和深入的介入，即"持久介入"，因此在自己领域的专业知识渊博，经验积累多。

（2）他们解读媒体信息，并将其与更广泛的人群联系起来。

（3）他们具有乐于分享的品质，经常在社交媒体上与粉丝分享他们的知识。

（4）意见领袖较一般人更合群和健谈。

（5）意见领袖常常具有独特的个性，愿意以与众不同的方式行动。

（6）他们受到追随者的尊敬和信任。

（7）意见领袖是他们各自领域的影响者，对受众的选择有很强的影响力。他们影响追随者对特定品牌、产品或服务的选择。

（8）意见领袖被认为是某一特定领域的专家，在自身的领域有较大影响力，然而在其他领域的影响则是有限的。

2. 影响者

社交媒体促进了影响者（influencer）在网络中的出现和崛起，扩大了意见领袖的定义。不同于传统的意见领袖，影响者在特定行业的专业知识和经验并不是必要条件。换句话说，影响者不是通过行业专业知识的积累来获取他人的信任并影响他人，而是通过社交网络和社交媒体，树立自身品牌吸引追随者并扩大影响。这些影响者通常与他们的追随者之间有一种比较紧密的联系，也因此在受众中比传统广告建立了更高的信任。

3. 意见领袖与营销策略

意见领袖是接收、解释和传播产品等营销信息给其他消费者的先行者。当消费者对相关产品的知识储备较低、对产品使用或购买的介入程度又很高时，常常会寻求意见领袖的意见，并以他们的意见来指导自己的购买和消费行为。因此企业可以利用意见领袖的影响力，将自己的品牌和产品等信息更有效地传达给潜在目标消费者，建立与客户的信任、促进销售。具体来说可以参考以下几个方面。

（1）代言：邀请意见领袖和影响者来宣传或代言产品是最常见的方式之一，也是一种有效地提高产品和品牌影响力的营销策略。

（2）样品：产品样品的赠送活动并不完全是随机选取，很多时候是针对意见领袖进行的。样品寄给在该领域有影响力的意见领袖可以加大产品信息的信任度和传播力度。

（3）零售与优惠：零售商也常常给细分市场的意见领袖提供优惠，吸引意见领袖试用产品并对产品进行宣传。

（4）预发布和首映式：电子产品在发布前会向技术极客或具有强大社交影响力的意见领袖赠送赠品或样品，旨在为产品真正引入市场的阶段创造积极的口碑并引起更多人关注。同样地，电影首映式往往会邀请电影评论家参加，这同样也是在利用意见领袖广泛的影响力。

（5）营销调研：营销调研的重点应放在意见领袖身上，如产品使用调查、赠送样品使用、广告稿件的事先测试、消费者或目标群体媒体、偏爱调查，等等。尤其考虑到时间成本和经济成本，市场调查的重点应放在意见领袖身上。

（6）产品质量和顾客抱怨：营销人员需要特别注意来自意见领袖关于产品和品牌的消极评价。

2.4.3 口碑传播与口碑营销

目标消费者与朋友、家人、同事、邻居或与其他消费者之间交流关于产品、服务或品牌的相关信息被称为口碑传播（**word-of-mouth communication，WOM**）。在营销领域，常见的利用参考群体的信息性影响来增加产品和品牌在消费者中的口碑传播的营销手段即为口碑营销。

由于消费者对产品或服务的购买在很大程度上受到朋友、家人或所信任的人的影响，很多企业都会利用口碑和社交媒体的力量打造和宣传产品形象和品牌。

然而什么时候口碑传播的影响力更大？由于口碑传播是建立在参考群体的信息性影响上的，当口碑营销是针对消费者相对不熟悉的、专业性较强的产品类别时，以及当口碑营销包含更具体的、专业可信的产品信息时，口碑营销效果是最好的。

利用口碑的力量来增加产品和品牌的宣传和推广的口碑营销有多种不同的方式，下面列举几种比较常见的口碑营销的方式。

（1）悬念式营销（teaser campaigns）：顾名思义，悬念式营销通过使用悬疑的、神秘的广告来引起消费者的兴趣和好奇心，以吸引消费者进一步关注和参与。悬念式营销可以有多种形式。例如，社交媒体上不透露产品细节，只告知模糊的、不完整的信息使得消费者对其产品捉摸不透却充满好奇。悬念式营销中的悬念需要是能够引起目标消费群体好奇的，是他们感兴趣且乐于讨论的。我们熟知的好莱坞英雄大片《复仇者联盟4：终局之战》（以下简称《复联4》）就运用了设置悬念的方式来进行影片宣传，先是官方声明绝不剧透，然后在电影宣传过程中设置较长的时间线，阶段性公布预告片、花絮和彩蛋以保持电影的悬念，不完整的剧情信息吊足了影迷胃口。《复联4》的悬念式营销让电影热度持续高涨，即使没上映便凭借物料多次登上热搜，在中国的映前预售票房就高达7.74亿元人民币，多项数据刷新了中国影史纪录。我国职场社交平台"脉脉"也通过悬念式营销，使用神秘广告来引起消费者的好奇心，引发了大众讨论，并促使消费者进一步参与其中。

（2）游击式营销（guerrilla marketing）：游击式营销是一种使用非常规手段或场地的促销策略，以富有创意和非传统的策划方案来吸引用户的注意力。具体而言，游击式营销的目标是通过在普通或日常的地方执行不寻常和意想不到的营销活动，引起消费者的注意，希望他们对策划的产品或品牌的营销方案内容感到惊奇，以至于想要告知他们的亲朋好友。游击营销可以帮助企业向尽可能多的人宣传企业、产品和品牌。例如，知名运动品牌彪马在20世纪90年代末就凭借出色的游击式营销在世界运动型品牌市场占据一席之地，与同类竞争对手在广告和宣传上投入大笔资金不同，彪马将营销经费投入到了一系列低价且富有创意的营销活动上，在2002年用远远低于竞争对手的营销经费，赞助了一次以"节俭"为主题的运动鞋设计比赛，一些比赛作品被炒到了很高的价格，还有的甚至被艺术馆收藏，引起了巨大反响。同样，2007年，手机品牌诺基亚也在街头开展了类似的低成本创意营销活动，与较高档的手机发布会不同，营销人员没有坐在高级会议厅里向社会各界展示新品，而是十分接地气地穿着鸵鸟玩偶服在大街上拿着诺基亚手机放音乐，与路过的年轻人互动，来展示手机的高播放质量，这种宣传方式也让新品得到了大面积推广。

（3）蜂鸣式营销（buzz marketing）：蜂鸣式营销指用于吸引消费者和其他有影响力的人的注意力并引起大众讨论的营销策略，其特点是放大营销信息，扩大影响范围，让更多的人开始谈论营销的品牌或产品。蜂鸣式营销可以通过博客、电子邮件甚至在聚会上传播信息来实现。通常大多数品牌都从邀请品牌大使或者代言人开始他们的蜂鸣式营销，如通过明星代言品牌来吸引更多的人关注和讨论。蜂鸣式营销因此常常涉及培养意见领袖作为品牌大使，并让他们向社区中的其他人传播有关产品或服务的信息。比如，企业通过征集志愿者试用产品，然后让他们根据亲身体验向其他人推广产品。其他方式的蜂鸣式营销，如有特色的标语等也同样可以吸引人们去讨论品牌和产品，达到宣传效果。宝洁加拿大公司曾经就为了宣传Cheer品牌清洁剂，聘请一批临时演员打扮成家庭主妇，让她们在各大超市聚集在一起议论该品牌清洁剂如何好用，吸引前来购物的消费者，向其传播品牌信息。另一个我们熟悉并且典型的蜂鸣式营销案例是李佳琦式的网络直播带货，李佳琦通过使用直播产品，直接展示出产品的真实效果，如口红上色情况，得到了众多消费者的青睐，加上互联网快速传播和覆盖面积广的优势，"李佳琦直播间"迅速走红，成为众多消费者购买产品的渠道，甚至诞生了一句名言："没有人能空着手离开李佳琦直播间"，因此众多品牌也与李佳琦合作，利用其意见领袖的影响力向消费者推广产品。

（4）病毒式营销（viral marketing）：病毒式营销旨在通过口耳相传或通过互联网、社交媒体、电子邮件等使得产品、服务和品牌的信息在人与人之间传播和共享。病毒式营销的目标是激发个人向朋友、家人和其他有联系的人分享产品和品牌的营销信息，从而使其信息接收者的数量呈指数级增长。互联网和社交媒体的出现大大增加了病毒式消息的增量和扩散。例如，2014 年夏天的冰桶挑战以互联网为依托，在极短的时间内就风靡全球，挑战者在网络上发布被冰水浇遍全身的视频，然后点名其他人参与，该活动在网络上迅速传播。

需要额外注意的是，网络的普及和社交媒体的出现使得各种产品和品牌的信息对于消费者来说都更容易获得，也因此放大了口碑营销的作用。社交媒体和各种网络信息平台也为营销人员提供了了解消费者反馈的机会。但其中的消费者信息隐私问题和其中涉及的忧患是作为当代社会和有职业道德的营销人员值得思考和注意的道德伦理问题。

此外，口碑传播并不总是正面的，**负面的口头传播（negative word-of-mouth，NWOM）**带来的负面作用往往影响更大。因为消费者对负面的口碑传播的权重往往比正面评论更重，而负面的口碑传播会降低公司广告的可信度、影响消费者对产品的态度及他们购买产品的意图。比如，在影视行业高速发展的今天，对于电影来说，口碑也是十分重要。铺天盖地的宣传有时甚至抵不过网友的一句好评，而正所谓"好事不出门，坏事传千里"，负面评论对于电影的影响是巨大的，它直接影响着消费者观影的兴趣和最终的电影票房。

2.5 群体影响与产品创新和消费扩散

创新（innovation）指的是个人或群体认为新颖的思想、技术或产品。而创新产品和服务在市场上扩散、被消费者接受的过程实质上也是一种群体影响的过程。

一般而言，消费者对于新产品的反应并不完全是个人化的，消费者个体会观察群体中他人的反应，从朋友和其他参考群体处了解新产品或新服务，主要途径包括：观察他人所使用的产品或服务，参与使用产品或服务、向朋友或参考群体征询意见和征集信息，包括产品的价格、服务、分销信息等，同时，消费者也为群体中的他人提供有关产品的信息或建议。

在群体的影响下，不同的消费者采用新产品或服务的速度并不相同，而**创新扩散（diffusion of innovation，DOI）**理论则对从新产品或服务被引入市场开始到被市场中大部分消费者广泛接受的过程进行了系统的分析和解释。

创新传播理论由传播学家和社会学家埃弗雷特·罗杰斯（Everett Rogers）于 1962 年提出[22]。该理论分析描述了新技术和新产品是如何随着时间的推移在整个社会和文化中进行传播的，并解释了不同阶段不同消费者为什么接受新技术和新产品。在当前科技不断发展，新的技术和产品不断涌现的情况下，理解和应用这一理论对企业理解和促进消费者采用新产品和新技术，进行新产品的营销策划，以及开发市场份额尤其重要。

2.5.1　创新扩散过程

新产品、新服务或新想法从推出到被消费者接受和采用并不是一夜之间就能实现的。人们通常需要经过一个过程去理解和接受创新的想法或产品，这个过程包含不同的阶段，包括从第一次接触创新产品相关的信息，然后对这些信息进行处理、学习和评价，再决定是否接受和采用，到最后采取实际行动。

创新产品从开始发布到其分布到整个市场的方式和过程则为创新扩散过程。如果以时间为区分，将采用创新产品的群体累积数量按百分比绘制出来，典型的创新扩散过程则显示为一条 S 形曲线。除了典型扩散外，其他类型的创新扩散还包括快速扩散和缓慢扩散（见图 2-2）。

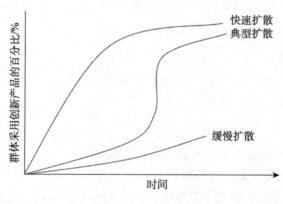

图 2-2　创新扩散类型

创新传播的阶段可以被大致分为五段，来阐明创新产品如何传播以及为什么传播。该五阶段的模型可以帮助我们了解为什么某些创新产品的市场表现良好而有些产品会失败。这五个阶段中，前两个阶段解释了创新产品信息的传播，最后三个阶段是产品实际采用的阶段。这五个阶段如下。

（1）知识或意识：当一个人开始接触到创新技术、产品或服务的信息，意识到创新的阶段。在这个阶段，人们开始接触到创新相关的信息，明白这个创新的功能。

（2）说服或兴趣：当一个人开始寻求更多的关于某创新技术、产品或服务的信息，对其产生兴趣，并形成了较为积极的态度的阶段。

（3）决策或评价：当一个人权衡利用创新的利弊，对其进行评价，决定采用还是拒绝创新的阶段。

（4）实施或试验：当一个人将创新付诸实践的阶段。在这个阶段，他们仍在确定它的用途并运用它。

（5）确认或采用：当一个人基于运用创新后得到积极结果的强化，最终决定是否继续使用这项创新的阶段。这一决定可能受到群体的影响和驱动。

2.5.2　决定创新扩散的速度的因素

不同的创新产品的扩散速度并不相同，而决定创新扩散速度的有以下五个主要因素。

1. 目标群体类型

目标群体对于创新产品的接受能力不同。目标群体在人口统计上的差异，受教育水平、所在区域的工业化和技术发展程度等都会影响创新扩散。比如，与年长消费群体相比较，年轻人更愿意去尝试和接受新产品和新技术。因此，目标消费群体是年轻消费群体的创新产品相较于目标消费群体是年长消费群体的创新产品而言，扩散速度也就更快。

2. 营销努力

营销努力指公司致力于推广其产品和服务所使用的资源的多少。通过各种营销活动，公司可以创造并增加消费者对其产品的兴趣和需求，让受众了解创新产品，在潜在消费群体中获得知名度，从而增加产品的扩散速度。

3. 所满足的需要

创新产品和服务在多大程度上准确地满足消费者的需求也会影响创新产品的扩散，并直接影响创新扩散的速度。

4. 决策类型

决策本身的大小，参与决策的人数，个人决策或是家庭或组织决策也会影响创新扩散速度。同样类型的创新产品，若目标消费群体是个体，只需要个人做消费决策的产品，就比目标消费群体是以家庭或组织为单位、需要多人做决策的产品的扩散速度会更快。比如，针对单身人士推出的科技类产品就比针对家庭类推出的科技类产品的扩散速度会更快。

5. 创新属性

产品和服务的创新属性在很大程度上决定了创新扩散的速度。而产品和服务的创新属性又包括以下五点。

（1）兼容性：兼容性是指创新被消费群体认为与现有的社会文化价值观、过去的经验和信仰，以及消费者的需求保持一致的程度。越是兼容的创新，越能被潜在的消费者群体接受和采用。例如，共享经济中的各种共享产品可以节约公共资源和自身资源，这样的创新性符合人们的文化价值观，也更容易被接受。

（2）相对优势：相对优势是指一项创新被认为比它所取代的理念或产品更好的程度，以及更能满足相关需求的程度。例如，一项新技术能提高产量和质量，或增加收入，或能节省时间、劳动力和成本，能减小风险，又或能满足更多需求，等等，这些都可以增加创新产品的相对优势。一个社会系统的消费群体所感知到的创新的相对优势，与创新的采用率呈正相关。

（3）复杂性：复杂性是指一项创新被认为难以理解和使用的程度。有些创新对消费者来说意义明确、便于理解和使用，而有些则不然。创新产品越是难于理解和使用，扩散速度越慢。

（4）可观察性：可观察性是指创新的结果对他人可见的程度。有些创新想法和产品所带来的结果和好处很容易被他人观察到，也就更容易描述和展示给其他人，而有些创新则很难描述给其他人。消费者越容易观察到使用创新产品的好处，创新产品扩散得就越快。

（5）可试性：可试性是指在有限的基础上对一项创新进行测试、试验或试用的程度。有些创新比其他创新更难进行试验或试用。而影响可试性的关键因素则为产品的试用风险，其中又包括经济风险、身体风险和社会方面的风险。而影响消费者对风险的感知取决于三个因素：创新产品无法产生预期效果的可能性、不能产生预期效果的后果、可修复性。越容易在低成本或低风险的条件下试用的创新产品，产品扩散得就越快。例如，消费者对无人驾驶汽车所涉及的各种类型的风险感知的总和，将直接影响无人驾驶汽车在市场上的扩散速度。

2.5.3　创新产品不同时间点采用者的特点

在创新扩散的过程中，人们的接受速度并不相同，一些人比其他人更快速地进入到接受和采用阶段。而这些较早采用创新想法和产品的人与较晚采用创新的消费者具有不同特点。因此，对于市场营销者来说，了解每个细分市场的特征是非常重要的。在向目标消费群体推广一项创新产品和服务时，只有在了解了各个创新扩散中不同阶段目标消费群体的特点后，才能更好地识别和招募有影响力的早期采用者，并针对不同阶段的消费者制定不同的策略来吸引消费者，帮助消费者加速接受新产品和服务。

创新扩散理论根据人们采用创新产品的相对时间，将创新产品的采用者划分为五种不同类别，分别是：创新者、早期采用者、早期多数者、晚期多数者和落后者。尽管大多数消费者都倾向于属于中间类别，但正如前面所提到的，了解不同类别的目标消费群体的特征对推广任何一项创新产品和服务都是有必要的。

在针对不同时间段创新产品的采用者进行分类并绘制相应的扩散曲线后，我们可以得到以下曲线（倒 U 形，见图 2-3）。

（1）**创新者**：创新者是那些想第一个尝试并获得新产品或服务的人。他们富有冒险精神，对新想法感兴趣，愿意第一个尝试新想法新产品，并且也常是第一个提出新想法的人。创新者对价格不敏感，对风险持肯定态度，作为风险承担者能够应对高度的不确定性。例如，那些为了第一个购买第一次放映的电影而在电影院外过夜的人被认为是创新者。一般而言，创新者社会流动性较大、通常受教育程度较高、更具有社会参与意识，以及比其他消费者更具评价领导的能力。

（2）**早期采用者**：早期采用者是那些对尝试新技术和建立其社会效用感兴趣的人，

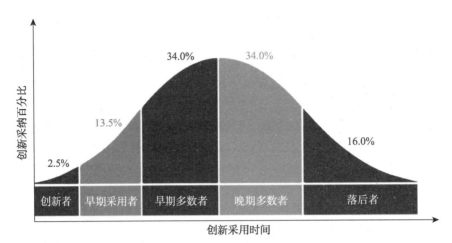

图 2-3　创新采用模型

也被认为是适应变化和接受新想法的人，是采用和消费新产品的积极分子。他们富于探索、意识到改变的必要性，乐于接受新想法和新事物，有求新心理。但早期采用者与创新者的区别在于他们的风险感知更高，关心失败的后果，因此不像创新者那样敢于冒险。例如，那些在看电影前等上几天，花些时间阅读影评的人被认为是早期采用者。

　　早期采用者喜欢担任领导，对早期采用新产品具有一种自豪感，常常被认为是"意见领袖"或"影响者"，是帮助创新产品或服务获得市场接受，扩大创新产品的市场占有率的关键。如果创新产品或服务的早期采用者很少，那么采用该产品或服务的总人数也可能很少。因此识别和招募有影响力的早期采用者，可以帮助消费者更快接受和采用创新产品和服务。

　　（3）早期多数者：早期多数者是那些在主流社会中比一般人先采取新创新，为创新的使用铺平道路的人。早期多数者对创新产品比较谨慎，不会冒险，通常会等到产品或服务经过可信的同行测试或使用后才会采用。但他们模仿性强、同步心理比较典型，愿意跟社会保持一致，跟上潮流。他们的信息来源是群体间的信息交流，通常欣赏且追随"意见领袖"的消费行为，常常是在征询了早期采用者的意见之后采用创新产品，因此比其他普通人相对更早接受新思想和创新产品。例如，那些在电影上映几周后看到电影获得好评并有较高票房再去电影院观影的人则是早期多数者。

　　（4）晚期多数者：晚期多数者是后期才开始采用和接受创新产品和服务的消费者群体。他们被认为是保守的，比较排斥新技术，或对高科技和新技术比较陌生，对成本非常敏感，在购买时非常谨慎。他们对改变持怀疑态度，只有在创新被大多数人接受和采纳后他们才会采纳。此外，后期多数人也往往是受到同行的压力而购买产品或服务。例如，那些等待电影可以在网站上观看的时候再进行观看的消费者可以被视为晚期多数者。

　　（5）落后者：落后者指那些最后才采用新产品或新服务的人。他们非常传统和保守，厌恶改变，规避风险，并习惯于自己的行事方式。落后者会尽量依赖传统的产品或服务，直到它们不再可用。换句话说，他们通常只有在创新席卷了主流社会，使他们的日常生活和工作不能再拒绝使用新产品和服务的时候才会被迫地采用创新。例如，那些终于能在网络或电视上看到一部热门电影的人可以被视为落后者。

以上五类创新产品的采用者在总人群中的分布情况如下：创新者首先代表采纳一项创新的群体中的前 2.5%，其次是 13.5%的早期采纳者，34%的早期多数者，34%的后期多数者，最后是 16%的落后者。需要注意的是，落后者的规模远远大于另一端的创新者。

2.5.4 创新扩散理论与营销策略

创新扩散理论解释了消费者接受新产品或服务的速度。因此，该理论有助于市场营销人员了解趋势是如何发生的，并帮助企业评估新产品引进的成功或失败的可能性。采用创新扩散理论在企业发布新产品时最有用，或者企业需要将现有产品或服务引入新市场时也可以通过运用创新扩散理论，预测哪些类型的消费者会购买他们的产品或服务，并制定有效的营销策略来推动每个类别的消费者对新产品的接受度。

（1）由于**创新者**非常愿意冒险，几乎不需要做什么来吸引这一群体。增加宣传以提高创新产品信息的可及度，尤其突出产品的创新和技术的突破即可吸引这一群体。

（2）**早期采用者**通常会等到得到产品或服务的一些信息，如收到一些相关评价，对产品和服务有一定了解后再进行购买决策。因此，吸引这一人群的战略包括提供操作手册或提供产品或样品试用。

（3）由于**早期多数者**通常需要看到创新有效的证据后才会愿意采用创新产品和服务，因此吸引这一群体的策略包括使用多种媒体、提供并强调创新产品和服务的有效性及优越性的证据。

（4）由于**晚期多数者**采用创新产品和服务的原因是社会的群体压力或因为原来使用的旧产品越来越难取得而需要做出改变，吸引这一群体的策略包括关于提供有多少人尝试过这种创新产品和服务的信息以形成一定的群体影响。

（5）**落后者**是最难被创新产品和服务吸引或说服的。用统计数据增加说服力并利用群体压力可以在一定程度上吸引这一人群。

由于意见领袖对早期多数人有很强的影响力，创新产品在市场上的采用率通常在作为意见领袖的早期采用者开始接受后呈指数增长。这一现象是许多心理因素和社会经济因素造成的，但最基本且最简单的解释是受群体的影响，大多数人都会出现从众行为。因此，利用口碑传播和群体的影响力是提高创新产品在市场上的采用率的有效方式。

营销人员可扩散促进策略：基于影响创新扩散速度的各个因素并针对不同时期进行一一分析并制定策略。如若分析后得出阻碍创新扩散的主要原因是目标群体过于保守，那么可以试着寻找其他细分市场以群体内的创新者为目标进行营销宣传。若营销不够，公司可以增加推广的力度。通过各种营销活动，公司可以创造并增加消费者对其产品的兴趣和需求，让受众了解创新产品，在潜在消费群体中获得知名度，从而增加产品的扩散速度。同样地，强调并细化创新产品可以满足的消费者需求，若产品的决策类型为多人的情况下化解不同决策人员可能出现的冲突，对创新属性的增加和强化，如降低价格减少风险等增加相对优势，降低使用复杂性，增加试用机会等方式都是促进扩散的有效策略。

参考文献

[1] WHITE K, DAHL D W. To be or not be? The influence of dissociative reference groups on consumer preferences[J]. Journal of Consumer Psychology, 2006, 16(4): 404-414.

[2] 周元元, 胡杨利, 张琴, 等. 时间压力下你想听什么? 参照组影响对冲动购买的调节[J]. 心理学报, 2017, 49(11): 1439-1448.

[3] ESCALAS J E, BETTMAN J R. You are what they eat: the influence of reference groups on consumers' connections to brands[J]. Journal of Consumer Psychology, 2003, 13(3): 339-348.

[4] DAN A, JONATHAN L. Sequential choice in group settings: taking the road less traveled and less enjoyed[J]. Journal of Consumer Research(3): 279-290.

[5] FESTINGER, LEON. Informal social communication[J]. Psychological Review, 1950,57(5): 271.

[6] MUIZ A M, O'GUINN T C. Brand community[J]. Journal of Consumer Research, 2001, 27(4): 412-432.

[7] CIALDINI R B, GOLDSTEIN N J. Social influence: Compliance and Conformity[J]. Annu. Rev. Psychol. 2004. 55: 591-621.

[8] WHAN P C, PARKER L V. Students and housewives: differences in susceptibility to reference group influence[J]. Journal of Consumer Research, 1977(2): 102-110.

[9] CHILDERS T L, RAO, A R.The influence of familial and peer-based reference groups on consumer decisions[J].Journal of Consumer Research, 1992, 19(1) :198-211.

[10] GOLDSTEIN N J, CIALDINI R B, GRISKEVICIUS V. A room with a viewpoint: using social norms to motivate environmental conservation in hotels[J]. Journal of Consumer Research, 2008, 35(3): 472-482.

[11] 李小磊, 周颖, 潘黎等. 参照群体对储蓄和消费决策的信息性影响研究[J]. 中国地质大学学报(社会科学版), 2014, 14(2): 118-124, 140.

[12] BEARDEN W O, ETZEL M J. Reference group influence on product and brand purchase decisions[J]. Journal of Consumer Research, 1982, 9(2): 183-194.

[13] JONES E E, PITTMAN T S. Toward a general theory of strategic self-presentation[J]. Psychological Perspectives on the Self, 1982, 1(1): 231-262.

[14] ESCALAS J E, BETTMAN J R. Self-construal, reference groups, and brand meaning, oxford academic[J]. Journal of Consumer Research, 2005, 32(3): 378-389.

[15] REHMAN A, JAMIL S A. Influence of income and occupation on consumers' susceptibility to reference group demands on brand choice decisions[J]. International Review of Management and Marketing, 2016, 6(2): 376-382.

[16] MI L, ZHU H, YANG J , et al. A new perspective to promote low-carbon consumption: The influence of reference groups[J]. Ecological Economics, 2019, 161: 100-108.

[17] HUANG X, HUANG Z, WYER JR R S. The influence of social crowding on brand attachment[J]. Journal of Consumer Research, 2018, 44(5): 1068-1084.

[18] GILOVICH T, MEDVEC V H, SAVITSKY K. The spotlight effect in social judgment: an egocentric bias in estimates of the salience of one's own actions and appearance[J]. Journal of Personality and Social Psychology, 2000, 78(2): 211-222.

[19] TANNER R J, FERRARO R, CHARTRAND T L, et al. Of chameleons and consumption: the impact of mimicry on choice and preferences[J]. Journal of Consumer Research, 2008, 34(6): 754-766.

[20] MCFERRAN B, DAHL D W, FITZSIMONS G J, et al. I'll have what she's having: effects of social influence and body type on the food choices of others[J]. Journal of Consumer Research, 2010, 36(6): 915-929.

[21] CIALDINI R B, SCHROEDER D A. Increasing compliance by legitimizing paltry contributions: when

even a penny helps[J]. Journal of Personality and Social Psychology, 1976, 34(4): 599.

[22] ROGERS E M. New product adoption and diffusion[J]. Journal of Consumer Research, 1976, 2(4): 290-301.

即测即练

自学自测  扫描此码

第 3 章

消费者行为与社会福祉

本章的主要学习目标包括：

1. 了解什么是亲社会行为，熟悉亲社会行为的分类；

2. 理解亲社会行为的影响；

3. 掌握影响消费者亲社会行为的因素；

4. 理解绿色消费的概念，提高对自然的保护意识；

5. 掌握影响消费者绿色消费的因素；

6. 提高应用影响亲社会行为和绿色消费的相关因素来制定有效、健全且有益的营销活动的实操能力；

7. 提高洞察消费者个体行为从长期来看对社会和对环境影响的判断能力，树立消费者个体行为如何影响社会和自然的整体思维能力。

开篇案例

一款教中国消费者更环保的应用：蚂蚁森林

2016 年 8 月，为了培养和激励用户的低碳环保行为，支付宝在公益板块正式上线"蚂蚁森林"应用，用户绿色出行、减纸减塑、节能降耗、循环利用等低碳行为所节省的碳排放量被计算为"绿色能量"。同时，依托于支付宝的社交功能，用户除了获得自身低碳行为产生的绿色能量之外，也能收取好友的绿色能量，并用其浇灌及养大虚拟树。绿色能量越多，虚拟树成长得越快。虚拟树长成后，用户就能申请在荒漠化地区种下一棵真树，或者在生物多样性亟需保护的地区"认领"一平米保护地。之后，企业捐资给公益机构，实施生态修复及生物多样性保护项目。用户会得到相应的勋章奖励以及平台和公益组织认证的相关证书。

"手机种真树"这一亮点很快吸引了用户注意，环境保护变得可视化，同时借助于支付宝庞大的用户基础，蚂蚁森林推出的公益活动迅速得到普及。除此之外，蚂蚁森林连接了阿里生态的各类服务，用户使用 40 多种低碳生活场景服务，均可积攒绿色能量。

蚂蚁森林参与感极强的公益体验和养成系游戏，激励了大量用户为环保事业做出贡献，在看得见或看不见的地方，用户正在用真实行动保护地球。蚂蚁森林走在"互联网+公益"的前沿，在 2019 年 9 月 19 日，获得联合国"地球卫士奖"。

资料来源：

IT 之家（2021），"全国低碳日：支付宝蚂蚁森林开启绿色能量行动"，青岛软媒网络科技有限公司，https://baijiahao.baidu.com/s?id=1709037664393044336.

曾宪天（2022），"你每天在蚂蚁森林积攒的能量，最后真的被用到了保护环境上吗？"，ZAKER 资讯，https://baijiahao.baidu.com/s?id=1733956653336514662&wfr=spider&for=pc.

消费者不仅会通过消费增加自己的福利，有时也会通过消费增加他人福利或社会福祉。如消费者可能会为陌生人捐赠，主动地帮助他人，也会自发组织或参与环保活动，等等。从企业层面而言，成功的企业需要勇于承担并正确履行企业社会责任，能真正造福社会的商业企业有助于社会的良性循环，企业自身也才能真正长久发展。这一章节聚焦于消费者通过消费增加社会福祉的亲社会行为及绿色消费行为，了解并学习影响消费者行为中的亲社会行为及绿色消费的因素，提高洞察消费者个体行为对社会与环境影响的判断能力和整体思维能力，并通过增加对消费者和企业在增加社会福祉上的理解和认识，提高应用相关理论来制定有效、健全且有益的营销活动的实操能力。

3.1　亲社会行为的概念和类型

3.1.1　亲社会行为的概念和分类

"亲社会"起源于社会学领域，是"反社会"的反义词。在心理学和社会学中，**亲社会行为（pro-social behavior）**被解释为积极的社会行为，是指个体做出的使他人、群体或整个社会受益的行为。亲社会行为主要包括分享、合作、帮助、捐赠、环保或安慰他人等积极的、有社会责任感的行为[1]，其最终目的是使他人获益。

根据受益人的不同，亲社会行为可以分为社会福利或环境福利。人们通常理解的亲社会行为中受益人为他人的为社会福利类型，而受益人为环境福利的消费行为为人们通常提到的绿色消费。

按照捐赠内容的不同，亲社会行为可以分为金钱捐赠、时间捐赠、书籍捐赠、捐血、器官捐赠等，其中最常见的捐赠类型是时间捐赠和金钱捐赠。慈善捐款和志愿服务也是较常见的两种助人行为。时间捐赠和金钱捐赠都是为了帮助或支持他人和社会，在一定程度上两者也是可以互换的。但这两种捐赠行为与捐赠者的不同认知心态有关。具体来说，考虑做慈善事业需要花费的时间会带来一种幸福感，而考虑要花多少钱会产生一种价值最大化的心态，和幸福与给予之间的联系较少。研究表明，越是认同道德规范和原则，认同道德观念和道德行为的人越有可能向慈善机构捐赠时间，而不是金钱。[2]而人们通常对时间捐赠和金钱捐赠有不同的看法：人们对时间的捐赠往往有着更善意更积极的看法。同样地，当一个企业履行企业社会责任而对社会进行实物和时间的捐赠，而不是同等价值的货币捐赠时，消费者对该公司会有更积极的评价。

目前研究显示，人们对时间捐赠的态度比金钱捐赠更积极的原因可能在于，时间与幸福、健康、敬畏、自我效能感等与心理福祉相关的抽象概念联系紧密[3-5]，捐赠时间比捐赠金钱更能让人们以更全面的方式考虑他们与他人的社会联系。而金钱使人感到自我满足，也使人们心理上的社交需求下降，从而减少助人行为和利他行为，对亲社会行为产生消极影响。这是因为人们的大脑中存在着"**市场规范**"（**market norm**）和"**社会规范**"（**social norm**）两种不同的思维机制。在遵从市场规范时，人的行为由计算的思维方式主导，强调得失和个人利益；在遵从社会规范时，人的行为由公序良俗、道德准则所主导。研究表明，金钱会激活人们价值最大化的心态，为了自身利益，他们增加对不道德行为的包容，并认为这是获得成功的必行之事。[6]

因此，直接向人们要求捐款可能会适得其反，因为这种方法会把人们的注意力集中在金钱上，而避免由金钱的概念所引起的负面反应、有效地募集捐款是慈善组织面临的主要挑战。研究表明，可以通过拟人化手段来对金钱施加温暖感知，增加捐款行为[7]。例如：比起请求人们捐赠 100 元人民币来帮助那些有需要的人，或描述一定数额的捐赠资金将如何帮助某一特定的慈善事业，可以让潜在的捐赠者把捐赠的钱作为一个人，并考虑这个人可以如何帮助其受益人；此外也可以将货币人性化演绎，表现出拟人化的形象纳入宣传推广中。这里的拟人化是指将人类特有的特征赋予非人类的生物或事物。金钱拟人化是指金钱被赋予人类特征的现象，这种现象在很多国家和地区都有体现，如过去的中国人将钱称为"孔方兄"，澳大利亚人将五美元的钞票称为"粉红女士"。

从亲社会行为所反映的对不同消极状态的反应，亲社会行为可以分为帮助、分享和安慰三种类型，这三种亲社会行为分别为：①满足他人工具性的需求；②提供个体所需资源；③减轻或消除他人的消极情绪。具体而言，帮助是当某个体或团体在实现目标的过程中遇到困难时为其提供身体力行的帮助行为，如为遗失物件的他人寻找物件；分享是当某个体或某团体无法获得特定的资源时为其提供其所需资源的行为，如为缺乏经济资源或教育资源的人提供自己的经济和教育资源；安慰是指当他人有了情绪困扰时为其缓解消极情绪状态的行为，如为正在经历消极情绪的个人提供语言上的安抚或给予其拥抱以宽慰他人[8]。

3.1.2 亲社会行为的影响

从社会视角层面来看，亲社会行为是社会公益和社会责任的象征，更是社会和谐发展与建构的基础。经济学家和社会学家提出，无论是个体还是企业组织，在经济交流中采取合作行动可以互相创造或传递价值，具备并建立信任的能力可以帮助个体和组织具备更强的社会适应性。事实也确实如此，纯粹的利己行为可能会在短期内增加个人或企业的利益，但从长远来看，纯粹的利己行为是短视，对个人和企业可能会带来更糟糕的结果。只有具备长线思维、整体思维，真正为消费者和社会创造并传递价值的企业才能长久发展，而社会也只有在人们处于互相支持且稳定的文化经济环境中时才能持续地蓬勃发展。

从消费者个体层面来看，亲社会行为虽是针对他人、社会、环境福利的行为，其除了能为受助者带来福利，还能为助人者带来积极的情绪与更高的自我评价，提升助人者自尊，实现个体自我满足，对个体的自我发展和自我价值有重要意义。从消费者的人际层面来看，亲社会行为也是人与人之间在交往过程中维护良好关系的重要助力，有助于增进人际交往，促进人际适应和人际和谐。从社会层面来看，亲社会行为是社会公益和社会责任的象征，更是社会和谐发展与建构的基础。

3.2　影响消费者亲社会行为的外部因素

随着城市文明的进步和人们素质水平的提升，越来越多的消费者开始加入志愿大军，利用自己的闲暇时间为社会做出一些贡献，不仅服务了社会，也有利于自己的身心健康。相关组织与机构也尝试采用各种策略进一步激励人们参与亲社会行为。然而影响亲社会行为的因素并不是单一的，而是受到了来自外部环境因素和消费者个人内部因素的综合性影响。影响亲社会行为的外部因素包括文化和家庭、群体和社会阶层，以及情境，内部因素包括助人者特质、受助者特质，以及情感等。

3.2.1　亲社会行为与文化和家庭的影响

个体所处的文化和家庭影响着人们的亲社会行为。人们从童年开始就在自己所处的文化大环境中和家庭小环境下受到社会规范的教导，如互惠规范和社会责任规范。父母会教授子女相应的社会规范和亲社会行为，以便让子女更好地融入所处的社会环境。有学者认为，这些规范在人们社会化的过程中可以内化到群体和子群体中，以增加社会凝聚力和亲社会行为。从父母处习得相应的社会规范和文化价值观而帮助他人的孩子更加可能增加自身的关系价值，而在这个过程中父母给子女提供支持的行为以及所体现出的亲社会价值观、帮助他人的一些育儿技巧往往也会培养孩子的亲社会行为。

处于不同文化的消费者由于接收到的文化价值观不同，其所表现出来的亲社会行为也不同。由于个人主义文化下的个体更关注自我目标，强调个体的独立性与自我控制，而集体主义文化中的个体更重视群体间的联结，强调个体间的义务和社会规范，因此相对于在个人主义文化下的个体，集体主义文化下的个体更可能展现出亲社会行为，并会参与到生态资源保护之类的亲环境行动及绿色购买行为中。比如，一项最新的研究发现重大公共威胁，疫情的严重程度会唤起集体主义文化下的消费者对潜在捐助者的内群体认同，以此增加人们对他人的捐赠意愿。[9]

经典与前沿研究 3-1　如何唤起灾区以外的潜在捐助者的关注，增强捐助意愿？

文化和家庭等外部因素对个体的亲社会性影响相对稳定且不易发生变化，因此对消费者亲社会行为的理解必须考虑这些因素。慈善人员进行募捐地区的选择时也须考虑当地的社会、文化规范，如是否公正、是否利他、是否开放合作，进而选择更利于自己开展亲社会活动的地区，以更快地实现自己的募捐等活动的目标。同时，营造一种合作、公正、互惠互助的环境也有助于短期内启动个体的直觉思维，促进亲社会行为，在此过程中也要尽量减少对消费者自愿性的干预[10]。

由于社会、文化等对个体亲社会行为的影响，首先，学校和家庭德育教育应有意识地强化个体的道德强度，日积月累的道德观点表达与道德示范是提升个体道德强度的主要策略。其次，道德身份的内在化倾向是个体道德行为形成的重要原因，学校和家庭要引导个体对道德行为进行合理归因和自我调节，防止道德教育的外在化和形式化。再次，学校和家庭要通过具体道德实例培养个体感同身受的情绪反应和同理心，以有助于个体进行换位思考，增强个体的共情反应能力。最后，学校和家庭应全面培养和训练个体的道德强度、道德身份和共情，以促进个体道德行为，同时也为中国文化背景下社会道德氛围和伦理文化的形成奠定基础。

3.2.2 亲社会行为与群体的影响

消费者受到群体影响所产生的从众行为不仅会使得消费者在消费行为上产生与群体的一致性，从众心理也会影响亲社会行为的出现。群体通常会通过社会规范的影响以及价值表现的影响触发消费者的亲社会行为。基于模仿理论的研究认为，由于人类倾向于模仿他人的行为和说话方式，因此当一个人看到周围的人都表现出亲社会态度或行为时，他/她会不由自主地模仿，从而产生亲社会的从众效应[11]。这一过程可能涉及群体的社会规范的影响，即个体在群体中为了获取奖励或者规避惩罚而遵循社会规范，避免做出偏离群体的行为。根据归属感需求理论，互惠性利他行为可能是群体或社区中的一种社会规范，因此人们会参与并展现出亲社会行为以感到被群体或社区接受。而互惠利他主义可以内化在新的群体中，以培养亲社会行为。互惠性利他行为也被认为有助于群体内个体对彼此的接纳，因此群体成员会帮助更多的其他人。因此，在亲社会实践中可以通过保持活动的公开可见性，如公开已捐赠人数等刺激个体的从众心理，进而使其做出亲社会行为。

另外，模仿他人所产生的亲社会行为也可能是受到群体的信息性影响，即消费者个体受他人的亲社会行为背后的亲社会价值观影响，并将其内化为自己的价值观后产生的结果。基于动机改变理论的研究也认为，人类做出亲社会从众行为不仅只是简单地模仿，而是发现并接受了他人的亲社会动机，并因为他人的亲社会动机使得自己的深层动机发生变化，进而转变了自己对于亲社会行为的态度。因为，人们可能会因为他人的善举而感动，继而激发自己的亲社会行为。

上述群体对亲社会行为的影响对于更加信任他人的个体和具有更高人际敏感性（即对他人的情绪与行为的直觉敏感度高）的个体会更为突出。因为更加信任他人的个体更容易遵从群体的选择，而具有更高人际敏感性的个体则更想要避免遭遇社会排斥。因此，这些个体都更容易受到群体的亲社会行为的影响而表现出亲社会从众行为。

人们对于不同的团体所展现出的亲社会行为也受到内群体和外群体的影响。一般而言，人们更倾向于帮助内群体中的个体，即自己认为所属的同一团体的个体。这是因为所属同一团体的个体会引起人们更强烈的亲密感和责任感的认知及情绪唤醒，因此人们愿意付出更多的时间和努力去帮助内群体的个体。此外，遭遇到社会排斥则会降低亲社会行为发生的可能性。研究表明，当个体感受到社会排斥时，他们在面对慈善捐助和灾后援助时更加冷漠，不愿意与他人合作。这是因为遭遇社会排斥会降低人们对他人的同理心，亲社会倾向也由此会被个人感知到的社会排斥感削弱。[12]

因此，营销人员应该重视亲社会行为中的从众效应，利用社会影响刺激个体的亲社会行为。但同时也要注意道德问题，注意保护个体的隐私信息，不能给个体造成过大的社会压力。

3.2.3　亲社会行为与社会阶层的影响

社会阶层是另一个塑造人们亲社会倾向的因素。社会阶层指个人所拥有的资源，如收入、受到的教育、工作和职业，以及对个人对自身社会地位的自我认知[13]。社会阶层反映了个体所拥有的权力[14]、财富和财务状况、文化资本和社会资源[15]。尽管拥有较低社会经济地位的消费者拥有更少的资源、面临更多的生活挑战、对生活拥有更低的个人控制感，但他们与拥有较高社会经济地位的消费者相比，更能够产生对他人困难的共情和理解，并将导向他人的福利作为适应他们面对具有各种挑战的生活和环境的手段，也更加依赖于他们的社会纽带的力量。而拥有较高社会经济地位的消费者更加依赖于他们的物质和经济资源来应对生活中的问题和机遇。因此，与拥有较高社会经济地位的消费者相比，拥有较低社会经济地位的消费者通常表现出更多的慷慨行为，对陌生人更信任，也对陷入困境的他人有更多的帮助行为。研究表明，不同社会阶层的消费者在面对紧急或者不紧急的亲社会事件时，也会有不同的捐赠偏好[16]。在社会经济条件高度不平等的环境中，处于低社会阶层的个体更倾向于在发生紧急事件时捐赠，如捐赠物资或者帮助修建庇护所等对人类生存至关重要的、更基础的需求；而处于高社会阶层的个体更倾向于向非紧急事件捐赠，如涉及文化、体育活动等鼓励更高层次的需求的满足。这是由于不同社会阶层对于需求的稀缺性有不同的经历和理解。比如，处于低社会阶层的消费者经历更多的是食物、住所等的稀缺，而处于高社会阶层的消费者经历更多的是文化、精神上的稀缺。这些不同的稀缺性经历影响着消费者对人们未被满足的基本需求的内在同情心，即低社会阶层的消费者更同情那些基本生存需求未被满足的受难者，而高社会阶层的消费者则更同情那些非基本需求未得到满足的受难者，进而体现出了不同的捐赠偏好。由于同情是不同社会阶层消费者捐赠偏好不同的内在影响机制，如果当紧急事件也能唤起高社会阶层的消费者的同情，那么高社会阶层的消费者也会向紧急事件捐赠更多的资源。

3.2.4　影响亲社会行为的情境因素

人们的亲社会行为受到众多的情境因素的影响，包括旁观者效应、捐赠成本、物理环境等。

1. 旁观者效应

影响个体亲社会行为最常见的现象为旁观者效应（bystander effect）。旁观者效应指在紧急情境下，如果有许多的旁观者在现场，个体帮助他人的可能性则会降低。现场的旁观者数量也是影响个体帮助他人的因素，有越多的旁观者在场时，就越多分散个体察觉到的责任感，那么个体提供帮助的可能性就越小，或者在帮助之前延迟时间越长。比如，当人行道上出现需要帮助的陌生人时，若旁边没有其他太多可以提供帮助的人，人们则有更大可能为其提供帮助。然而若周边有许多其他可以提供帮助的人，那么大部分路人则更可能会选择离开。因此，旁观者的存在可能会以消极的方式干扰亲社会行为。[17,18]

2. 捐赠成本

助人成本的高昂程度会影响消费者亲社会行为的长久性。成本高昂（如花费了大量时间、金钱、精力）的亲社会行为会让消费者感知到自己的亲社会身份，也就是感知到自己是一个亲社会的人，从而令消费者会在之后的行为中做出更多的亲社会行为。这是由于一个人的行为可能会成为一个人身份的标志，而成本较高的亲社会行为更容易让人们具备道德一致性，即在做了好事之后保持自我是有道德的自我身份认知，并以此指导自己之后的行为，按照道德的自我这一身份所具备的规范行事。相反，如果是无成本的亲社会行为，则消费者并未能感知到自己的亲社会身份，进而在之后的行为中并不会有增加的亲社会行为，甚至还会减少自己的亲社会行为。这一现象也称为道德许可，即当自己对某事有一个明确的道德标准之后，无成本的亲社会行为并不能让他/她感知到自己的亲社会身份，反而会认为自己已经帮助过别人并达到了自己的道德标准，那么后续的行为中就没有必要再帮助别人了[19]。

亲社会行为的成本高昂也为相应的企业和非营利组织提供了营销启示。具体而言，营销人员可适度提高消费者亲社会行为的成本感知，如设置可见的志愿时长，突出时间成本感知，或者进行公开而非私密的募捐，体现社会成本。另外，在一些购物网站购物时，消费者付款的订单页面有选项涉及是否愿意向某些慈善项目捐赠规定数目的金额，营销人员可适度提高需捐赠的金额（金钱成本）。但要注意适度及自愿的原则，不能给消费者带来过大的损失或代价。

3. 物理环境

物理环境也会影响人们的亲社会行为。不同的天气、城市规模的大小及噪声水平对助人行为都有影响。人们在晴天比在雨天、在白天比在夜里对抛锚的汽车司机更可能给予帮助。在宣传环境中，宣传广告的颜色也会影响亲社会行为。橙色背景下的负面慈善呼吁和蓝色背景下的正面慈善呼吁会增加捐款[20]。因为蓝色和橙色分别与正面和负面的慈善诉求不一致，这种不协调增强了人们对慈善呼吁的关注，进而加强了他们对呼吁的情感反应，进而增加了慈善捐款。

3.3 影响消费者亲社会行为的内部因素

除了上述外部因素外，消费者的亲社会行为也受到助人者特质、受助者特质、情感等内部因素的影响。

3.3.1 影响亲社会行为的助人者因素

助人者的个人特质，即年龄性别、人格等也会影响人们的亲社会行为。

（1）年龄和性别。一般随年龄增长，人们的道德标准会增长，而随着道德标准内化水平的增高，个体会更积极地助人。在性别差异上，对于有陌生人在场并且危险性较大的环境，男性的助人意愿更积极，而女性在具有安全性的环境中帮助他人的意愿更大，并且女性在长期照顾他人方面和亲密关系里较男性更愿意提供帮助。

（2）人格特质。个体的人格特质和亲社会行为有着显著的关系，其中随和性被认为是与内在亲社会动机联系最紧密的人格特质。除了随和性，充满爱[21]或自豪感[22]、富有责任感、有强烈的社会动机、相信自己有影响力、能够同情理解他人等人格品质和利他行为正相关。具有感恩品质的个人，也会更愿意参与亲社会行为[23]。而害羞的人更有可能在自己不会暴露情况下帮助别人。

（3）其他特征。记忆力与道德行为相关，那些受童年记忆影响、唤起道德纯洁的个体会更多地从事亲社会行为。[24]研究发现，记忆效能较低，也就是说健忘的人会表现出更少的亲社会行为，因为亲社会行为对记忆效能较低的个体的自我概念（self-concept）影响较小（即自我诊断较少，自我概念中与道德和亲社会相关身份的部分更缺乏）。[25]另外相较于心情不好的时候，心情好的时候人们会更愿意帮助他人。

3.3.2 影响亲社会行为的受助者因素

影响亲社会行为的受助者因素包括以下几点。

（1）**受助者与助人者的相似性和亲密关系**。人们更倾向于帮助与自己相似的个体或同一团体的个体，与自己相似的个体和所属同一团体的认知会引起个体更强烈的亲密感、责任感和情绪唤醒。研究发现，如果捐赠者与受助人之间有联系，如受助人是捐赠者身边的人（如同事、家人、朋友、熟人、远亲、家人、配偶等），捐赠者会更有可能进行捐赠，且这种捐赠可以延伸到其他的与受助人有同样经历或困境的人身上。例如，如果捐赠者认识的人曾患有阿尔茨海默病，那么该捐赠者也会更倾向于向帮助阿尔茨海默症的慈善事业进行捐赠或给予帮助，这是因为捐赠者与受助人之间更近的社会距离可以引发更强烈的同情，这种同情可以延伸到那些与受助人同样不幸的更多的受害者/受助人身上[26]。

经典与前沿研究 3-2　住宅流动性、全球身份和对遥远受益人的捐赠

另外，捐赠者与受助人之间的关系越亲密，那么他/她对同样不幸的其他受助人的同情和捐赠/帮助的程度就会越大。这也可以解释为什么不同的人会向不同的慈善事业捐赠，因为人们身边曾有人遭受过某类不幸，人们会将这种同情延伸到遭受同样不幸的其他人身上，进而做出亲社会行为。

互惠利他主义认为人们得到与自己相似的个体或同一团体的个体帮助的可能性也更

大，从而增加了彼此的生存机会。因此个体会付出更多的时间和努力帮助与自己相似的个体或更亲密的个体。例如，同卵双胞胎（共享 100%的基因）比异卵双胞胎（共享 50%的基因）更有可能互相帮助。根据归属感需求理论，互惠性利他行为可能是社区中的一种社会规范，因此人们会参与这种行为以感到被同一团体的人们（即内群体成员）所接受。互惠利他主义也可以内化在新的群体中，以培养亲社会行为。互惠性利他行为有助于群体内部个体间的接纳，因此成员会更多地帮助他人。而当个体感受到社会排斥时，人们会减少自己与他人同属于同一群体的感知，因此遭遇社会排斥的个体在面对慈善捐助和灾后援助时更加冷漠，更不愿意与他人合作。

（2）**帮助值得帮助的人。**人们不是对所有困难中的人都予以同情的，同情是有"正义感"的。研究指出，人们更倾向于帮助被不可自控因素影响的那些人[28]。例如，大学生们更愿意把租金借给一个由于生病而借钱（不可控因素）的人，对于因懒惰（可控因素）或是应该对自己所处的困境负有责任（赌博等）的人，就不那么愿意捐赠。我们更可能会同情那些并不是因为他们自己的错而遭受痛苦的人，而讨厌或恼恨那些应对其所遇难题负责任的人。

（3）**感恩品质。**感恩品质代表着个体认识到了他人的善行在自己获得的积极体验和结果中所起的作用，并以感恩的情绪做出回应。一个具有感恩性格或者说感恩倾向的人如果经历了一件积极的事情，他/她会更强烈地感激且可能每天会多次表示感激。同时，具有感恩品质的人会对自己的家庭、工作、生活及其他各种好处心存感激，也会感谢更多的人（比如，人们获得一份好工作时，会感谢许多其他人，如父母、朋友、导师等）。感恩也能对亲社会行为造成影响，因为它是对其他人为自己的福利做出贡献的行为的反应，并可能反过来刺激个体为他人做出贡献。因此，研究表明，具有感恩性格的人（相比那些感恩倾向低的人）更倾向于亲社会，他们更加和蔼可亲、不太关心物质追求、更外向、更随和、更理性、更宽容大度、有更强的向他人提供帮助和支持的倾向。[23]

（4）**宜人性和责任心。**宜人性是指人们善良、温柔和慷慨的程度。与不太和蔼可亲的人相比，更和蔼可亲的人表现得更亲社会，攻击性更小，在同情等方面得分更高。宜人性的两个子维度是"温柔"与"利他主义"，前者定义为同情和关心他人的态度，后者是指无私地关心他人。有责任心的个体往往会更可靠，具备有组织、尽职尽责的倾向，而这样的特性使得有责任心的个体对他人有更好的认识，并因对他人的需求有更多考虑而呈现出更多的亲社会行为。

（5）**自尊。**尽管过高的自尊可能对人际关系有害，但总体而言，较高的自尊使人们能够更多地关心他人，因为他们自己的需求已经得到了照顾和满足。这一观点反映在自尊与参与亲社会和社区活动之间的强烈正相关[29]。

3.3.3 影响亲社会行为的情感因素

情绪唤醒是亲社会行为的一个重要影响因素。慈善呼吁经常利用情感因素来增加人们的亲社会行为意愿。比如：展示需要帮助的贫困儿童的照片，并伴随着讲述贫困儿童的故事，诱导观众的内疚情绪及同情心；通过怀旧情绪的诱发，引导人们产生同情心，增加捐款意愿和行为；等等。这些情绪状态除了积极的情绪，还有消极的情绪，如羞耻/羞愧、尴尬等。另外，一些混合情绪也会影响亲社会行为，如能同时唤起悲伤和希望情感的故事。以下为影响亲社会行为的一些具体的情感。

（1）同理心（empathy）。也被称为"移情""共情"，包括从自身的角度看待他人、理解他人对情况发生的看法，以及他人在认知和情感上对某种情况做出的反应。同理心允许我们代入到对方的立场去评估一种情况，将心比心，想象这件事在影响我们自己，而不是对方。过去的许多研究已证明，消费者的同理心会增加亲社会行为倾向。**共情利他假说**，又称同理心利他假说（empathy altruism hypothesis）提出，同理心激励个体通过利他主义来帮助他人，重点关注有需要的他人的福利。[30]亲社会组织也常常使用会唤起消费者同理心的宣传内容。例如："为贫困山区孩子捐赠衣物"的公益活动宣传语为："当别的孩子在父母怀里撒娇的时候，他们小小年纪就要帮助家里年迈的爷爷奶奶干活；到了冬天，别的孩子坐着有暖和空调的车到学校，他们只能穿着单薄的衣服独自走很远的山路去上学……衷心希望您捐赠出不需要的冬衣、玩具，帮助留守儿童度过一个温暖而充满爱的冬天！"正是由于同理心在引导人们产生亲社会行为的过程中提高消费者自身对该行为的需求感，以及自己与该事件的相关性，营销人员在使用同理心策略时，需要避免空洞的宣传内容，减少描述宏大的主题，应从细节入手，突出目标事件与消费者的联系，表现该事件在消费者的生活中起到的作用，拉近消费者与事件主题的关系，让消费者更积极地参与到亲社会行为中去。营销人员可以尝试在接近目标事件的地方或时间点进行亲社会行为的诱导。例如，在地震容易发生的地方，人们更容易与在地震中遭遇损失或灾害的捐助对象建立联系，因此增加自己支持救援和捐赠的意愿，以帮助他人共渡难关。

（2）怀旧（nostalgia）。在共情的基础上，研究者进一步证明了怀旧这种特殊的情绪，也能激起人们的捐助意愿。怀旧，是一种苦乐参半的复杂情绪，是一种对个人经历和珍贵的过去的情感渴望，是一种社会情感。怀旧会再现我们与他人有意义的联系，是一个增加社会联系和安全依恋的过程，反过来又为同理心、帮助他人的意愿和帮助行为提供了基础。它一定程度上会简化、美化我们的过去。因为随着时间的推移，我们会无形中在某种程度上"加工"过去的事件，来塑造象征社会联系和安全依恋的怀旧记忆。研究证明怀旧能通过增加同理心来促进慈善的意图和实际行为。个体回忆怀旧的事件激起了自身的怀旧情感，使自己更愿意捐钱，并且捐献的金额也更大，同时也更愿意参与志愿服务并花费更多的时间在上面。这一结果不仅体现在人们的主观意愿上，更体现在人们的主观行动中。[31]因此，营销人员可以试着将唤起人们怀旧情感的事件内容与慈善目标相匹配。例如，让消费者怀念他们小学或大学的校园环境及当时读书学习的时光，慈善呼吁可以是为翻修小学或大学里的大楼筹集资金。

另外，由于童年记忆可唤起消费者的道德纯洁，从而对亲社会产生正向的影响[24]，慈善广告或宣传的设计也可以加入相应元素，尤其是那些受助人为儿童的慈善事业，营销人员可以通过文字或者图像的形式诱导消费者看到儿童照片回忆起自己的童年，进而促进他们的亲社会行为。

（3）**敬畏（awe）**。敬畏是一种对感知上的巨大刺激的情绪反应。比如，人们通常会对自然奇观、美丽的艺术等非社会刺激产生敬畏，这些刺激往往超越了个体当前的参考框架。当个体经历敬畏感之时，他们的注意力会被转移到比"自我"更广泛的实体或者集体上，从而降低对自己的关注和重视程度，引发"自我渺小感"，进而促进了个体的亲社会行为[32]。也就是说，敬畏有助于将个人置于更广泛的社会环境中，并增强对集体的关注，进而促进个体的亲社会性。

（4）**内疚（guilt）**。内疚通常被视为个人的一种情感反应，当一个人懊悔地注意到自己没有做"应该"做的事情时，如当个人违反了一些社会习俗、伦理道德或法律规定时，就会出现内疚的感觉。"内疚感"也被称为"负罪感"。消费者内疚一共分为四个方面，分别是健康内疚、道德内疚、经济内疚及社会责任内疚。由不参与亲社会行为，如慈善捐款等引起的内疚属于社会责任内疚。内疚诉求经常被营销人员使用，特别是在推销健康产品、金融产品和引导慈善捐赠等方面。营销人员会常常使用内疚诉求性的宣传内容，激发消费者的内疚情绪，从而增加消费者参与亲社会行为的意愿和实际行动。但是，在诉求中有效引发适当程度的内疚情绪是比较困难的。研究发现，高水平的内疚感可能会导致消费者的不顺从和反驳，影响预期的效果，此外如果个人感知到营销人员对情绪的引发意图，对内疚诉求内容的反应很可能是消极的[33]。因此，有效地使消费者产生内疚，导致预期的行动，是一个重要的、困难的，又值得进一步研究的问题。营销人员还可以在引起消费者同理心和内疚的同时，增加消费者的自我效能感。研究表明，同理心和自我效能感会提高预期的内疚水平，减少不良反应，这两者都会导致更强的捐赠意图[34]。因此，增强消费者坚持遵守自己所提倡的亲社会行为的信心，以及增强消费者对自己的问题解决能力的信心，能提升消费者对同情、内疚情绪的适应性反应，诱导消费者让自己符合捐助诉求中所提倡的行为。

（5）**羞耻感（shame）**。羞耻感产生于对自我的负面评价，反映了对核心自我存在问题或缺陷的评价，它能让个体关注他人对自己的想法并且产生被群体接受的意识。除了是一种自我意识的情绪外，羞耻感也被认为是一种能激发亲社会行为的道德情绪。研究表明，内源性羞耻可以促进个体的亲社会行为，而外源性羞耻则不能。所谓内源性羞耻指的是羞耻感的影响是内生的，即与当前决策情况相关。比如，一个人在进行了一场非常糟糕的演讲之后仍在会场，他的自我仍会受到威胁，而羞耻感则会让他做出行动以减轻这种对自我的威胁。所以如果此时，有一位不知名的同事想更换座位，经历内源性羞耻的个体会更有可能接受。反之，如果该个体已经离开会场，上了飞机，有乘客提出更换座位时，该个体则不一定会接受，此时个体经历的是外源性羞耻感。[35]也就是说，当个体的羞耻经历被在场的他人知晓时，个体经历的是内源性情绪，反之则是外源性羞耻。只有内源性羞耻能促进亲社会行为，这是因为个体可以通过遵守亲社会行为准则来应对受损的自我。

（6）**尴尬（embarrassment）**。尴尬是人们在违反社交惯例或扰乱正在进行的社交活动时所感受到的一种情绪，与内疚和羞耻一样，尴尬也是一种自我意识的情绪，因为个体对这种情绪的评价和体验在很大程度上取决于他人的评价。尴尬的个体也会感知到自已的社会身份受到威胁，这使得他们在经历尴尬之后，渴望修复社会关系。因此，尴尬虽然是一种负面的情绪，但也具有重要的社会功能。研究发现，当经历尴尬之时，个体表现出更多的对社会秩序的承诺，并倾向以亲社会的方式对待他人[36]。更具体地说，尴尬的表现表明，人们担心违反规范可能会给他人带来潜在的不利后果，而个体总是倾向于被视为一个正直、利他的社会成员，而关心他人福利、努力不伤害他人是亲社会的基础。所以经历尴尬之时，个体为了维护自己的社会形象或声誉，会以亲社会的方式行事。

（7）混合情绪（mixed emotions）。研究表明，悲伤与希望混合的诉求能激发人们更高的捐助意愿。悲伤是一种常见的人类消极情绪，是对情绪不安或痛苦的自然反应。一方面，基于同情帮助假说，以悲伤主导的捐赠活动会唤起人们的同情和同理心；另一方面，基于激励帮助假说，以希望主导的捐赠宣传会带给人们力量性的积极情绪，研究证明了两种情感混合的宣传框架，有着互补效果，体现了宣传中描述的痛苦可以被改善，会激励人们的捐款行为。[37]

营销建议：可口可乐是一个以其国际营销努力而闻名的品牌典范。尽管可口可乐是一家大型公司，但它专注于小型社区项目，并在小型慈善活动中投入大量时间和金钱。例如，在埃及，可口可乐在贝尼苏伊夫（Beni Suef）的农村建立了 650 个清洁水设施，并为整个中东地区的儿童提供斋月餐。在印度，该品牌发起了"支持我的学校"的倡议，以改善当地学校的设施。更不用说，该品牌坚持销售一种超越文化的情感——幸福。那么如何模仿可口可乐的战略？企业在营销努力中可以尝试通过投资全球社区来提升企业和品牌的价值观。企业可以从小事做起，如每年赞助一次或定期捐款，然后逐步开展慈善活动。企业也可以在营销努力中尝试唤起一种普遍的人类情感。

除以上各种情绪之外，慈善人员还可以通过引导人们进行正念体验，增加助人意愿。正念（mindfulness）在心理学中被定义为对当前时刻的非批判性意识，类似冥想，可以培养一种短暂的状态或稳定的特质。研究发现，正念可以增加工作场所的亲社会行为[38]。首先，正念能放大积极情绪，积极情绪正是亲社会行为的助推器；其次，正念会使人们富有同理心，同理心是感知他人情绪的能力，这能让人们更关注遭受灾难的他人或群体的感受和需求，更耐心地倾听、注意慈善宣传，更加宽容和更愿意接受捐助请求；最后，正念会促进人们换位思考。换位思考是一种考虑他人观点的认知能力，让人们自然地倾向于去考虑他人的观点和需求，能够自发地、主动地投入到助人行为中去。

3.3.4　影响亲社会行为的认知因素

影响亲社会行为的认知因素包括道德身份、助人者对受助人所处困境的判断、助人者的心理所有权水平等。以下是对这些认知因素的具体解释。

（1）道德身份（moral identity）。道德身份是个体道德自我认知的核心，反映了道德品质在个体自我概念中的重要程度，个体道德身份水平越高，道德品质和道德自我意识越强，慈善行为也随之增加。道德身份也代表着一个人广泛的联想认知网络，包括相关的道德特征（如善良）、情感（如关心他人）和行为（如帮助他人），一个道德身份感高的个体非常重视自己能具有这些特征、情感和行为。道德身份能增强共情对慈善捐助的促进作用，具体而言，相比于具有较低水平的道德身份者，具有较高水平的道德身份者更能显著增强其共情对捐助意愿和捐助额度的促进作用。

目前关于道德身份与慈善捐助之间的关系主要有以下几种观点：①道德身份与个体的捐赠、助人、志愿服务等行为显著相关；②道德身份并不纯粹影响道德行为，而是具有情境性，在不同情境下，道德身份具有相对不稳定性。一项研究表明，在他人需要帮助的情境下（如患有真实疾病），强化道德身份有助于激发共情反应，提升慈善捐助。[39]

营销建议：研究表明，激活个人的道德身份能有效地克服"时间厌恶"，增加人们投入时间帮助他人的意愿。道德身份对时间厌恶的影响主要是由两种基本的人类需求驱动的：①对自我表达的需求；②对人际关系的需求。对自我表达的需求是道德身份减少时间厌恶的一个原因，在一切平等的情况下，人们会选择最能反映自身形象的选项。在人们的潜在认知中，与捐款相比，奉献自己的时间能更好地体现自己是善良且富有同情心的道德个体；对人际关系的需求是道德身份减少时间厌恶的另一个原因，因为道德身份鼓励人们与他人建立联系，并且给予时间比捐赠金钱更具联系性。[2]因此，慈善机构在宣传中可以使用一些正向的、美好的、会被用于形容自我道德品质的词语，如"无私""善良"等形容词；通过一些熟知的道德典范人物事迹等手段，激活个人的道德身份，增加对慈善事业的时间贡献。

（2）助人者对受助人所处困境的判断。正如前文所提，人们不是对所有困难都会给予帮助，助人者对受助人所处困境的判断也会影响亲社会行为。一项研究指出，当受助人被认为对他们自身的困境负有责任时，道德身份感高的个体并不会无条件地增加慈善捐赠[28]。高度重视道德的个体会对他人的消极行为尤其是那些违反道德原则的行为更加挑剔。因此，他们更倾向于帮助那些对身陷困境但并不是自己导致困境的受助人，而不是那些可能对自身困境负有责任的人。例如，当捐赠者收到支持艾滋病患者、无家可归者的慈善机构的捐赠请求时，若捐赠者认为这些身陷困境的受助人是因为不可控的外部因素造成的当前困境（如输血导致艾滋病、因身体残疾致使无家可归），此时出于同情的心理，捐赠者更愿意进行捐赠。而若捐赠者认为这些困境是由受助人自己造成的（如无保护性行为造成的艾滋病感染、因懒惰而无家可回），站在正义或者公平的视角，捐赠者并不会进行捐赠，因为他们会觉得此时的捐赠行为是不道德的。综上，受助人对自己的困境是否负有责任会影响到捐赠者的捐助决定。

（3）助人者的心理所有权水平。消费者与所有物之间的关系通常涉及"所有权"这一概念。不同于法律上的所有权，营销领域更多地探讨**"心理所有权"**（psychological ownership）这一概念。心理所有权是一种认知—情感结构，反映了一个人对自己拥有的东西的意识、想法和信念或者说一种心理上的占有感。心理所有权将个体与自己的所有物联系起来，并将自己拥有的东西视为自己的一部分。因此，人们将自己拥有的东西看作是拥有自己特性的物件，反映出自己是谁以及是什么样的人，如人们可以通过自认为属于自己的产品、品牌来表达自我。同时，个人的所有物也能帮助个体建立和确认自己的身份。心理所有权也会提升个体的自尊，从而让个体更多地参与亲社会行为。这是因为个体的自尊与他们所拥有的物品相对于他们所需要的物品的比例成正相关。而心理所有权的提升会让个体感知到更强的拥有感或对物体的专有权，这有利于提升个体的自尊。

由于对自尊的渴望是人类的一个核心动机，所以当个体感知到自尊提升时，会采取行动保护和维持自己的自尊，亲社会行为则是有助于个体维持自尊的一种方式，因为亲社会行为普遍受到他人的赞赏和重视，对他人的积极行为能增强个体积极的自我意识。因此，经历由心理所有权带来的自尊提升的个体（与处于中立状态的个体相比）会更有动力保持当前的较高的自尊水平，进而倾向于做出更多的亲社会行为。

此外，心理所有权对亲社会行为的正向影响对于物质主义和自我敏感性较强的个体更为明显。相对于非物质主义的消费者，物质主义的消费者更倾向于用所有物或财产来判断他人和自己的成功，因此心理所有权对物质主义者的自尊会有更大的影响。同样，个体的自我敏感性也具有差异，它反映的是一个人的自我意识和他/她的物质财富之间的关联程度。自我敏感性高（相对于自我敏感性低）的个体会更强烈地将自己的所有物和自己的身份联系起来，所以其自尊会更大程度受到心理所有权的影响。反之，对于非物质主义者和自我敏感性低的消费者，心理所有权对自尊的影响并不显著，进而在促进亲社会行为方面的作用会被削弱。由于物质主义者过分强调财富价值会削弱社会价值，而自我敏感性高的个体更多以自我为导向，通常不那么愿意做出亲社会行为，所以可以通过提示心理所有权的方式促进这两类消费者做出更多的亲社会行为。值得注意的是，如果个体的所有物带有负面属性，如有瑕疵、存在质量问题等，这时心理所有权并不能提升消费者自尊，进而也不能促进亲社会行为。因为拥有负面属性所有物的消费者更多地想要通过出售或放弃该物品来终止所有权[40]。

3.3.5　小结

总的来说，亲社会行为受文化和家庭、群体和社会阶层、情境等外部因素的影响，也受到包括助人者特质、受助者特质、情感和认知等内部因素的影响，也受到场景、助人者及被助者的特点影响。社会应充分利用群体的作用培养个人的亲社会行为。比如，在群体中通过增强责任心来培养个人的亲社会行为，在工作分配上，把每一项工作落实到个人头上，要求每个人都尽自己的一份力为集体服务，并制定相应的奖惩制度。使人们懂得在工作场合也要相互帮助、彼此关爱，形成责任感。也可以在群体中树立良好的榜样，挖掘明星名人等参考群体和意见领袖身上所具有的良好品格，宣传他们的亲社会行为作为行为示范，如为灾区捐款、参加公益活动、孝敬父母、努力工作、刻苦训练、勇于创新等。同样地，在群体中树立正确的价值观也是增加亲社会行为的重要途径。个人的价值观是个体在社会化的过程中，在家庭和社会群体的影响下，融合了个人所参与的众多社会群体中的价值观念，逐渐建立起来的。在不同的单位集体中倡导以多种形式进行正确的价值观教育，从爱国、爱家、爱人民做起，继承和发扬中华民族的传统美德，践行人类相互帮扶、共同进步的美德。

除了前文中提到的营销建议，慈善组织还可以充分发挥移情和同理心等情感的作用，增加人们的捐助行为，可以通过在群体中进行移情训练来实现。"移情"是个人对他人情绪、情感状态的感知与体验（即对他人的处境感同身受）。移情是人的情感体验，当人的认知与情感不一致时，情感决定行为。一个经受过苦难的人，更会自觉地去帮助与他有过相似经历的人。用移情这种方式引导个体，使利他行为内化，效果比枯燥的宣传和说教更好。

3.4 绿色营销和绿色消费

消费者做出的超越自我利益的行为（即非自利行为）的一种是以环境为主要受益目标的行为，即亲环境行为，包括绿色消费，被认为是亲社会行为的一种，因为个体的亲环境行为可以使得他人受益。人类的生存生活离不开自然，人类生活发展的各方面归根到底都取之于自然。环境不仅影响人类现在的生活，更是对人类未来的生活产生着巨大的影响。因此，亲环境行为，如绿色消费，不仅可以造福他人，也对自然本身和个体有内在价值。绿色消费由此可以被认为是一种专注于帮助环境的独特的亲社会行为形式，代表了综合利己主义和对其他人、其他物种或整个生态系统的关注[41]。而随着公众开始理解并认识到人类的生存是离不开自然的，公众的环保意识和绿色生态意识在近年来不断稳步上升。正因为意识到自然的重要性，越来越多的人比以往任何时候都更重视可持续发展和绿色消费的相关问题。

3.4.1 绿色营销和绿色消费的概念和本质

绿色营销（green marketing）一词被用来描述那些试图减少现有产品和生产系统对社会和环境的负面影响，并推广和促进对环境破坏性较小的产品和服务的营销活动。绿色营销也被称作环境营销、生态营销或可持续营销。绿色营销包括针对消费者的所有营销行动，如产品开发、生产过程的改变、产品包装、定价、销售渠道的建立和维护、宣传推广、广告的制作修改、人员培训的改变等广泛的营销活动，旨在证明公司的目标是使其产品和服务在满足人类需求的同时，对自然环境的有害影响减少到最小。然而，绿色营销并不是一项简单的任务，营销绿色产品和服务需要不同的策略，这涉及消费者本身的绿色消费意愿和绿色消费行为。

绿色消费（green consumption），是指一种以适度节制消费、避免或减少对环境的破坏、崇尚自然和保护生态等为特征的消费行为和过程。绿色消费属于亲环境行为，被认为是一种独特的亲社会行为形式，包括消费者对绿色产品的需求、购买和消费活动，是一种具有生态意识的、高层次的理性消费行为。绿色消费也属于可持续消费（sustainable consumption）的一种，不同的是，可持续消费不仅涉及消费模式的改变，也涉及消费水平的降低，如降低对环境有较大负面影响产品的生产和消费，使用可再生资源制造的产品，减少物质化。在可持续消费中，对商品的所有权不再是消费者欲望和需求的终极表达，消费者从拥有商品到拥有共享技术、资源、商品或服务等。

根据联合国环境规划署的文件，可持续消费的关键要素包括可持续生活方式、可持续营销、可持续采购、清洁生产和资源效率、可持续运输、生态标签和认证、可持续设计、可持续资源管理及废物管理（见图 3-1）。

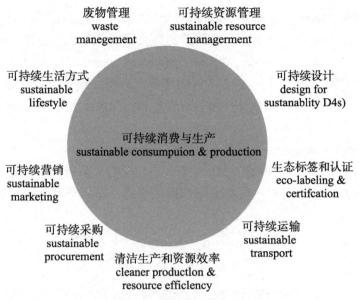

图 3-1　可持续消费的关键要素

　　可持续消费，包括绿色消费行为实质上是保护环境的行为，是消费者在消费过程中关注环保属性或有利环境的行为。自 1992 年地球高峰会议正式提出"永续发展"主题，绿色消费被视为是达成全球永续发展目标之重要工作。中国于 2015 年正式提出绿色发展理念，直至 2016 年将绿色消费和发展列入未来发展目标。近年来，伴随着经济的快速发展，消费者在物质生活得到满足的同时逐渐关注绿色发展问题，绿色消费意识不断增强。随着生产力的发展和社会的进步，我们的消费动机日益多元化，绿色消费是对超前消费、过度消费等消费行为的"抵制"，是对消费者的"呼吁"，它既是一种权益，也是一种义务，它提醒我们环保是每个消费者的责任，参与绿色消费有利于保护自身健康、生态环境，实现人与自然和谐共处。而生活中有许多常见的绿色消费场景。比如：购买原料为可循环材料的产品，少买一次性产品；购买二手或翻新的物品，最大化利用物品；出行尽量步行或乘坐公共交通工具；等等。归纳起来，绿色消费主要包括三方面的内容：消费无污染的物品；消费过程中不污染环境，自觉抵制和不消费那些破坏环境或大量浪费资源的商品等。

　　尽管随着人们环保意识的提升，绿色、环保产品越来越多地进入大众的视野，绿色购买、绿色消费等也逐渐成为人们追求的生活方式，然而不是所有人都会受到绿色理念的号召选择购买绿色产品。目前针对影响消费者绿色消费的研究表明，至少存在包括产品因素、消费者因素、社会因素等多方面的原因抑制或增加消费者的绿色消费行为。

3.4.2　绿色消费的理论模型

　　由于消费者的绿色消费行为受到众多因素的共同作用，不同学者将影响绿色消费的因素进行了理论梳理，形成了关于绿色消费的理论模型，其中包括计划行为理论和计划行为扩展理论，以及消费价值理论。

计划行为理论（**theory of planned behavior**）认为消费者的实际行为由消费者的行为意向（behavioral intention）决定，而消费者的行为意向又受到消费者的态度（attitude）、主观规范（subjective norm）、感知行为控制（perceived behavioral control）等多方面因素的影响[42]。计划行为理论已被应用于各种各样的环保产品和服务中，如绿色酒店和餐馆[43-49]、绿色产品[50-51]，并证明了其在衡量环保购买意愿和行为方面的稳健性和可预测性。

计划行为扩展理论（theory of planned behavior extensions）在原有的模型上增加了感知价值（perceived value）、愿意支付溢价（willingness to pay a premium）两个因素（见图 3-2），认为消费者对绿色产品的态度、主观规范、感知行为控制、感知价值、愿意支付溢价五个方面共同影响消费者的绿色购买意愿（即消费者选择环保产品和服务的意愿和行为）。

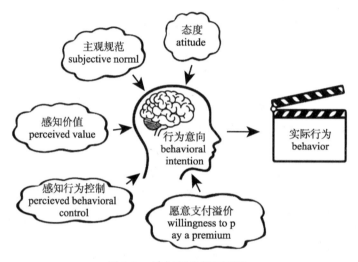

图 3-2　计划行为扩展理论

态度在这里包括行为信念和结果评价，其中行为信念（behavioral belief）是指个体对从事某一特定行为的结果的信念，而结果评价（outcome evaluation）是指个体对该行为可能产生的结果的消极或积极的判断[52]。消费者越是相信个体的绿色消费行为对个体或群体会产生积极的影响，消费者越有可能积极参与绿色消费行为。

主观规范具备社会影响的性质[53]。个体因为各种不同的原因受到社会和群体的影响：人们既希望融入群体，又希望在群体中脱颖而出；希望避免遭到社会中他人的反对，或渴望得到社会尊重；人们也可能将他人的行为视为有效的示范或指标，或者期望与他人互惠。而主观规范是个体在社会中形成的规范信念和其遵守动机共同作用的结果，其中规范性信仰（normative belief）指的是个体对其他人的规范期望，尤其是那些对个体来说很重要的人，包括亲戚、同龄人和邻居等希望个体在特定情况下如何行为的感知，而遵从动机（motivation to comply）指的是个体遵从重要他人意见的愿望[52]。主观规范可以解释人们对采用或不采用某种行为（如购买环保产品）所受到的社会影响。[54]根据原始规范激活模型，规范的激活通常通过消费者对后果意识的激活、对责任归属的意识及个人规范激活来预测社会规范影响下消费者的亲社会和亲环境行为。[55]后果意识涉及在不采取有利于社会或有利于环境的具体行动时，个人是否意识到对其他人或其他事物的有害后果，责任归属是指对不采取亲社会行为的负面后果的责任感的感知[56]，而个人规范表明"履行或不采取具体行动的道德义务"[57]。只有当消费者相信某些行为会对另一个人的福祉产生后果（即对后果的认识）并且认识且接受自身对这些行为负有责任时（即责任归属），社会规范或道德规范才会起作用。正如一项研究所说的那样，使用诸如"这个酒店的75%的客人都重复使用了毛巾"等包含描述性规范的语言更有效地提高了酒店的毛巾重复使用率，对环保产生了正向影响。[58]

感知行为控制是指个人在执行特定行为时所感受到的轻松或困难的感知。[54]感知行为控制是控制信念和感知权力共同影响的结果，其中控制信念（control beliefs）是个体对某些可能会促进或阻碍某一特定行为执行的因素（如时间、金钱和机会）存在的信念，而感知权力（perceived power）则是个体对这些因素在促进或阻碍某一特定行为方面的影响的评价。[52]与之对应的概念是感知有效性（perceived effectiveness），即消费者感知到的行为的有效性或功效，在亲环境行为上，若消费者相信他/她的个人努力可以为环境做出贡献的程度越高，消费者也更可能实施亲社会行为[59]。研究显示，当人们认为自己可以对解决环境问题有所作为时，往往更愿意从事绿色购买行为。

感知价值被定义为对产品效用的总体评估，而这个评估是基于对所得到的和所付出的感知。感知价值中的绿色价值感知与绿色环保产品的购买意愿正向相关[60-61]。

愿意支付溢价是消费者为具备社会责任的产品（如绿色产品）支付溢价的意愿，了解消费者的愿意支付溢价对企业和组织来说很重要，因为产品价格一直被认为是消费者决策过程的重要考虑因素，而高昂的价格也通常是消费者抵制绿色消费的因素之一[62]。首先，绿色产品从材料到认证的过程会产生较高的成本[63]，作为环保产品一般定价较高。其次，绿色产品与传统产品相比可能会在功能性上有所妥协。而消费者不会在选择产品时因为环保而牺牲传统产品在功能上的优质性。[61,64]

尽管许多因素共同作用影响消费者的绿色消费，但在针对产品品类的购买意愿的影响上，各个因素的权重也是不同的。比如，消费者的感知价值对二手时尚产品的实际购买行为影响更大，而主观规范在消费者购买升级时尚产品中起着更重要的作用。[65]

行为意向是个体准备执行某一特定行为的标识，被认为是实际行为的直接前因。[66]当个体对行为的态度越积极，对主观规范越认可，感知行为控制越强，那么个体执行其行为的意图就越强。然而行为意向和实际行为之间是可能存在差距的。比如，消费者们经常表达他们对环境问题的关心和对绿色消费的正面态度，却很少在实际消费行为上做出相应的改变。有研究显示，尽管有环保意识的消费者有绿色消费的意愿，对环保的产品也持有更积极的态度，然而当被迫在产品属性和对环境的帮助之间做出取舍时,他们并不太会为了保护环境而选择牺牲产品属性。

消费价值理论（theory of consumption values）认为消费者行为是各种消费价值的函数，包括功能价值、条件价值、社会价值、情感价值和认识论价值（见图3-3），每一种消费价值都在一定程度上综合影响着消费者行为，而在不同的购买情况下，每一种消费价值的影响都是不同的[67]。

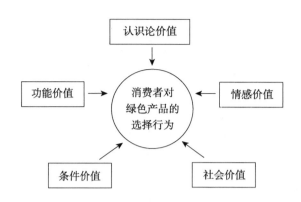

图 3-3 消费价值理论：消费者对绿色产品的选择行为

功能价值（functional value）主要体现于消费者对产品或服务的感知效用，以获得实用或物理性能，如从产品耐用性、持久性、可靠性、价格和质量等感知到的性能价值。功能价值是消费者选择产品的主要驱动力。消费者感知的效用依赖于功能性、实用性或物理性能的替代能力，如可靠性、耐久性和价格。研究证实，消费者在购买可循环使用产品时会仔细地考虑产品价格和质量。大多数消费者不太会在产品的传统属性上妥协，如产品的便利性、可用性、价格、质量和性能。绿色产品必须在这些属性上与非绿色产品相匹配，才能使得绝大多数消费者开始考虑消费绿色产品。

条件价值（conditional value）是决策者所面临的特定情况或一系列环境所产生的可选方案的感知效用。绿色产品的条件价值主要体现在绿色产品的促销活动和针对绿色消费补贴作为一种条件值影响消费者对绿色产品的选择行为上。

社会价值（social value）是指产品或服务从与一个或多个社会群体的联系中产生的感知效用。绿色产品的社会价值主要体现在绿色消费在多大程度上是一种群体规范，能帮助个体融入群体，帮助消费者改善自我形象，以此来影响绿色消费者的行为。

情感价值（emotional value）是一种来源于产品或服务所唤起的情感状态的能力和由此感知到的效用。商品和服务经常与情感反应联系在一起，消费者也可能从绿色消费中提取情感价值，如消费者认为绿色消费可以保护环境而从中感受到的自豪、欣慰等积极情感。

认识论价值（epistemic value）是一种可感知的效用，来源于激发起好奇心、感知到新颖性或满足求知欲的能力。人们有寻求知识、了解规律的驱动力，而消费者决策的每一个过程中都会涉及知识的获取，寻求新的知识也能帮助提高消费者解决问题的能力。在绿色消费中消费者所感知到的新颖性或满足消费者求知欲越强，消费者越可能进行绿色消费。

研究结果表明，产品或服务所具备的功能价值对消费者的绿色消费是必要的[68]。在功能价值的基础上绿色产品或服务若能提供情感价值、条件价值或社会价值中的其中一种或以上，则消费者更有可能进行消费。因此，绿色产品在能提供功能价值的基础上，营销管理人员应该围绕着吸引消费者的情感面、提醒社会后果、满足消费者求知欲和求新欲这几方面的产品价值开发和推广满足消费者期望和欲望的优质绿色产品。例如，在营销沟通策略中，管理者不仅要传达产品本身性能上的特点，而且要传达与产品相关的其他属性，如设计或一些创新。也可以通过宣传告知消费者减少能源消耗对环境的积极影响或有机食品对健康的好处。

3.5 影响绿色消费的外部因素

3.5.1 绿色消费与文化和环境的影响

绿色消费价值观（green consumption values）被定义为通过购买和消费行为来表达保护环境这一价值观的倾向。[69]而绿色消费价值观与对环境和个人资源的使用高度相关，绿色消费价值观越高的消费者对环保产品的偏好越强。而消费者的价值观和道德观在很大程度上受到文化的影响，因此文化在影响绿色产品的消费行为方面发挥着直接和间接的作用。[70]研究发现，集体主义文化价值观对绿色消费价值观有积极的影响。由于拥有个人主义文化价值观的个体更重视实现个人目标，而不是与他人和环境保持和谐的关系，而拥有集体主义文化价值观的个体更看重所在群体的更大的利益，更重视人情的回报、归属感和对传统的尊重，因此，集体主义文化下的人们更会按照群体的社会规范行事，并更加强调他们在与他人的关系中所扮演的角色，更容易形成亲环境的态度，并更积极地保护环境以使得包括他们自己在内的整个社会都能享受好的环境共同繁荣。

基于此，市场营销者和政策制定者在不同文化背景下需要考虑文化的因素来设计和制定有说服力的绿色产品营销。首先，市场营销者和政策制定者向拥有集体文化价值观下的消费者做宣传时，应强调群体利益及与绿色产品消费相关的未来利益，制定有说服力的营销策略。其次，营销人员应该瞄准具有集体主义文化价值观的消费者，采取更多地以受众为中心的方法来制定绿色产品和服务的营销策略以促进绿色消费和消费者的亲环境行为。

而文化之外，消费者所处的环境也在很大程度上通过影响消费者对环境的关注和绿色消费意识，以及消费习惯来影响其绿色消费行为。例如，随着全球资源约束趋紧、生态环境污染愈发严重，人们的环保意识开始急剧提高。人们开始对清新空气、干净饮水、安全食品、优美环境有越来越强烈的关注和需求。消费者对环境威胁的担忧程度直接影响消费者的亲环境行为，包括消费者对绿色产品的购买行为和回收行为等。人们对环境的关注以及对于发展绿色产业的意识得到提升的同时，环保科技也不断进步，专利技术的不断增多以及相关研究的不断深化，也使得绿色产业和绿色产品的竞争力开始不断增强。比如，全球著名运动品牌阿迪达斯一直在研究完全可回收或可生物降解的材料，以减少塑料使用，为对生态环境保护承担更多责任，推出了新一季纯素可持续服饰系列。2022 年春夏系列的运动鞋 Nizza Parley Hi 就采用了创新科技：由海洋回收塑料制成的环保材质，有利于回收再造及返还生态，形成全新的再循环体系，在保护海洋的同时，科技、工艺和设计的结合也维持了消费者对于产品的期待和想象力。另外，阿迪达斯声明会继续大力推进其可持续承诺，将其转化为面向消费者的综合计划，扩大可持续产品的规模，加强对可持续产品的宣传。

3.5.2 绿色消费与社会阶层的影响

消费者的绿色消费行为受到其所属的社会阶层的影响。社会阶层影响消费者的亲社会行为。研究表明，社会阶层与绿色消费之间存在倒 U 形的曲线关系，即中间阶层消费者比上层和下层消费者有更大的绿色消费倾向。[15]这种曲线效应是由同化和分化的双重动机影响形成的。具体来说，绿色产品通常被认为质量较低但成本较高，同时其在本质上是有益于社会的。因此，绿色消费表达了消费者愿意为了环境放弃部分个人利益以增加他人和社会福祉，并促进其提高自我的道德内涵。基于此，消费者可以通过绿色消费表达其对价格和质量的偏好，以及其价值观和社会认同。参与绿色消费的个体也被认为更友好、更有爱心、更合作、更有道德和更无私。这些促进他人的属性有助于一个人融入和同化一个群体。

然而，绿色产品和服务也需要消费者支付更高的成本，要求从事绿色消费的个体对环境问题有更高的认识、具有更高的社会地位和声誉。从这个意义上说，绿色消费也可以促进自我推销，使自己在社会等级中区别于他人。由此可见，绿色消费具有同化与分化的双重功能。而不同社会阶层的消费者在感知绿色消费的双重功能上并不相同。[71]

营销建议：中间阶层消费者相对于下层阶级和上层阶级消费者更倾向于绿色消费，这对全球营销策略具有重要的实际意义。消费者的社会阶层一般可以在市场上被轻易地观察或衡量。营销人员可以通过识别消费者的收入、职业、生活环境、消费能力等方面识别消费者所处社会阶层，还可以从消费者最先看中的产品信息推断出来。

另外，在营销环境中，营销人员还可以使用一些特殊策略对消费者的社会阶层感知进行操纵。比如，通过在广告信息中嵌入启动方法，暂时改变消费者对社会阶层的自我认知，让上层消费者对绿色消费的同化功能降低警惕，下层消费者对绿色消费的异化功能放松关注，实现类似中层消费者的双重动机，来增加消费者绿色消费倾向。

为此，研究人员进一步证明了"权力距离信念"（power distance belief）的调节作用。权力距离信念低的消费者其同化需求会相应减弱，绿色消费倾向增加；权力距离高的消费者会抑制下层消费者的同化需求。因此，政策制定者和市场营销人员可以通过启动低权力距离信念（即强调平等而不是社会等级的概念）来促进下层阶级的同化需求与上层阶级的异化需求，从而提高他们的双重动机，提高他们的绿色消费倾向。在这方面，先前的研究已经确定将权力距离信念作为一种有效的干预变量，可以使用各种策略进行情境启动。此外，不同的文化环境下消费者的权力距离感知有所差异。例如，与美国相比，中国消费者的权力距离感知更高，因此全球营销人员应相应地调整营销沟通方式，以适应当地人的权力距离感知，促进绿色消费。

3.5.3 绿色消费中的产品因素影响

消费者的绿色消费行为还受到各种产品因素的影响，如绿色产品的功能价值和绿色消费体验的无形性。

1. 绿色产品的功能价值

消费者行为会受到很多产品因素的影响，如价格、质量、品牌、可得性、消费习惯等，环保属性只是其中一个可能的影响因素。受限于技术的制约，很多绿色产品在功能、质量等方面的效用可能不如传统产品，因此消费者常常误认为绿色产品并没有非绿色产品的质量好[72]，对绿色产品的性能、功效较为担忧，往往认为追求绿色消费自己需要放弃一部分效用为代价，如更高的成本、更低劣的质量、更不美观的产品外观等，绿色产品常因此在功能价值上不易被感知而阻碍消费者对其进行购买。

营销上企业和营销人员可以强调突出绿色产品的耐用属性等功能价值来增加消费者的绿色消费。研究表明，购买奢侈品是参与可持续消费的一种独特方式，高端产品更耐用，生命周期也更长。[73]现实生活中，尽管消费者们普遍认为高端产品的使用时间更长，但在购买时几乎不会考虑到这一层面，而是更热衷于把预算集中在大量普通商品上，养成了购买一次性服装和配饰的习惯。联合国欧洲经济委员会 2018 年数据显示，快时尚行业已经成为最大的污染者之一，占全球碳排放的 10%和全球废水排放的 20%，超过一半的快时尚产品穿戴时间不到一年，与 15 年前相比，其产品的平均穿戴次数减少了 36%。

面对这一现实，商家要鼓励和引导消费者的产品耐用性意识，拒绝"快时尚"，购买高质量耐用品。商家应积极引导可持续消费、"慢时尚"等趋势，提倡"买得少、买更好"的环保理念，在营销传播环节，营销人员应制定有效的宣传策略，使产品耐用性更加突出和具体，如"用来制作这种外套的纺织品可以使用 15 年"。一些奢侈品牌和高端品牌已经在其网站上专门推出宣传绿色环保概念的页面。例如，Loro Piana 强调了其佩科拉羊毛的非凡耐用性，Cuyana 承诺提供"能持续使用多年"的产品。

2. 绿色消费体验的无形性

在体验方面，绿色消费的独特之处在于，它不仅涉及消费者在购买前的决策阶段，还涉及在购买后的消费和体验阶段。研究发现，当人们停留在绿色消费的决策阶段时，会出现前文提到的绿色产品属性潜在负面影响，当人们跨越了决策阶段，进入消费和体验阶段，即拿到产品并亲身使用的阶段，消费者们会有温暖的感受，这就是"绿色消费效应"（green consumption effect）。有研究表明，"绿色效应"会使消费者在使用产品的过程中，感知到他们的社会价值增加，产生一种积极的温暖感觉，从而增强伴随而来的消费体验的享受性。[74]例如：比起提供传统 3D 眼镜的电影院，在回收 3D 眼镜的影院看电影的消费者享受程度更高；与传统健身房相比，在环保健身房的消费者评价更高；比起在使用塑料筷子吃饭的餐厅，在提供竹筷的餐厅消费的消费者享受度更高。然而绿色消费等亲环境行为的贡献和积极体验都往往相对抽象，难以跟踪和衡量。这使得绿色消费的好处"看不见""碰不到"，消费者很难在这些自己无法触及的问题上采取行动，因此，绿色消费的无形性特点成为消费者选择绿色消费的一大阻碍。

营销建议：营销人员应主动提供"绿色体验"，增加消费者接触绿色产品的机会，提高消费者对绿色消费的评价，突出"绿色"贡献。例如，生产环保耳机的企业可以与唱片店、音响店等合作，让消费者有机会戴上环保耳机试听店内的专辑。

在推广传播方面，营销人员应提供积极、明确的绿色"信号"。营销人员应巧妙地"包装"绿色消费，通过有目的性的宣传语如"寻找独特、真实、绿色的体验"等，让绿色消费成为一种新颖、积极的消费体验。具体来说，可持续性属性包括三个层次：材料的来源、生产过程、使用和处理，这些都可以通过展现绿色关键词来引导、教育消费者。例如，材料的来源（"羽绒制造符合严格的羽绒完整性系统和可追溯性，符合动物保护要求"）、生产过程（"由公平贸易认证的设施制造，具有公平的工资和劳动惯例"）、使用和处理（"认证符合先进废物减少技术的蓝色标准，以减少处理后的碳足迹"）。品牌名称也可以被用作明确具体的线索（比如，一个意大利产品的品牌标签就是"绿色体验"）。[75]

在回收利用环节，商家应当提供便捷的渠道，推动消费者切实参与绿色消费行为。比如，提供转售市场、租赁订阅等绿色商业模式，让产品能够物尽其用，让消费者能切实参与到回收利用的绿色环节中[73]。

除此之外，针对绿色消费的无形性特点，营销人员还可以通过引导消费者关注未来、鼓励消费者消费无形产品（如体验消费、数字化产品消费）等促进消费者投入到绿色消费等亲环境行为中[76]。比如，法国初创公司 Glowee 开发出了一款生物发光的路灯，他们将海里的一种发光细菌"aliivibrio fischeri"储存在盐水管中，这种细菌在正常新陈代谢过程中就会产生光。运行这种生物发光路灯只需要添加含有基本营养素的混合物，再将空气泵入水中提供氧气，这种灯就能持续发出柔和的蓝绿色光，几乎不需要额外的能量，并且这种细菌能持续在实验室中培养，因此相比于普通路灯，生物发光路灯对环境更友好,也将环保产品所带来的无形利益可视化。目前，Glowee 开发的这款路灯已经在法国的一个小镇上投入使用，Glowee 公司的创始人表示其目标是改变城市使用光的方式，创造一种更好地尊重公民、环境和生物多样性的氛围，并将这种新的光哲学作为真正的替代方案。

3.6 影响绿色消费的内部因素

消费者在绿色消费上存在着个体差异，而影响绿色消费行为的消费者内部因素包括消费者的动机因素、认知因素、情感因素，以及消费者的价值观和自我概念。

3.6.1 绿色消费的动机因素

在环境保护和可持续经济增长的大背景下，了解绿色消费者的行为及其动机是一个关键问题。影响消费者绿色消费的动机因素大体包括印象管理动机、无意识的社会模仿和消费者的内外诉求。

1. 印象管理动机

影响绿色消费的一个重要个人因素是印象管理动机。尤其是绿色产品这种体现利他性的产品，在消费者印象管理动机突出时会更受欢迎。有学者发现，有他人在场时，消费者更偏向选择绿色产品。[77,78]这也说明了，参与可持续消费代表着个人为他人利益牺牲的意愿和能力，选择绿色产品作为炫耀性展示的方式，可以建立和维持亲社会的公共形象。

但是，当绿色产品被私下消费时，炫耀性消费的条件受到限制，消费者则需要获取其他的价值[79]。自我信号（self-signaling）的观点认为，私下消费绿色产品时，自我信号可以通过消费者从自我相关信息中获得额外的自我效用来扩展产品的总消费价值，阻止消费者对质量的担忧，促使产品整体消费价值增加，这体现在更高的绿色消费的选择、满意度和支付意愿上。

营销建议：在私下消费情境下，营销人员应该帮助消费者形成积极的自我信号，使消费者增加对绿色消费的满意度。比如，对于私人绿色产品（如绿色清洁产品、洗漱用品或烹饪配料），营销人员应向消费者提供一系列鲜明的产品环保信息，使私人消费的绿色产品的自我推断利益是显著的。瑞典公司 Humble Co.做出了很好的示范，该公司生产和销售使用可持续种植的竹子制成的牙刷和牙具，在牙刷包装上，体现了塑料牙刷是如何污染海洋和垃圾填埋场的，向消费者传递了选择竹牙刷具有自我信号的优势。消费者很可能会将选择绿色产品，作为自己拥有环境责任心的证据，哪怕相比起普通牙刷，竹牙刷价格更贵。

2. 无意识的社会模仿

亲社会性，包括亲环境行为是可以被模仿的结果。被模仿会产生对模仿者的归属感和亲近感，并且被模仿者也被证明确实更愿意帮助他人。而亲社会性对于发展个人与个人的关系、个人与团体成员的关系，以及造福他人和造福社会具有重要意义。巴维拉（Bavelas）等研究人员认为，模仿是一种重要的交流工具，可以与被模仿的人交流彼此的了解和感受，促进关系的融洽。[80]因此，模仿是一种社会黏合剂，有助于将社会中的群体联系在一起并建立彼此和谐的关系。[81]而无意识的社会模仿也在很大程度上以隐形动机的形式影响消费者的绿色消费行为。若周边的人们或参考群体进行绿色消费，消费者也更有可能无意识地购买绿色产品和服务。

3. 内在诉求与外在诉求

绿色消费是于他人有利的行为，也是对环境的承诺。所以，消费者认为绿色可持续性消费通常意味着要抛开自我的需求，优先考虑他人或社会的需求。这种自我–他人的权衡是绿色消费主要的阻碍。[82]因此，不同的诉求类型（利他或利己）会对消费者的绿色消费产生不同影响。一般人们的消费行为存在两种诉求：内在诉求（intrinsic appeal）与外在诉求（extrinsic appeal），内在诉求关注消费者的内在，如是否满足自己内在的利他的动机或自我的环境保护价值观，这些动机通过实现消费者的道德义务，如保护环境，来带给消费者积极情绪；外在诉求则利用促进动机来指导消费者对产品的消费，一般会涉及产品的功能优势或树立社会认可的形象，如获得更好的产品使用体验，又或是向朋友表现出对环境的保护作用来展示更好的自我形象。[83]

研究表明，在消费者群体中，同时满足内在和外在诉求的联合诉求广告的宣传，通过给消费者的内在动机加上外在激励，往往使得人们对企业动机产生负面归因，进而导致购买绿色产品欲望的下降；而对于平时不怎么关注该产品或可持续领域的消费者，利他诉求比利己诉求的广告更有积极的引导作用，促使消费者产生更强的产品购买意向、广告态度和支持性观点。[84]

营销建议：营销人员应注意将广告呈现形式（抽象/具体）与绿色消费的利益诉求（利他/利己）相匹配。绿色产品常常通过广告以不同吸引方式所呈现，虽然信息刺激会影响消费者的绿色消费，但并不是所有信息都有效，信息内容、呈现形式和情境都会对消费者的绿色消费产生影响。广告呈现形式一般分为抽象型和具象型，抽象型（abstract appeal）广告通常使用模棱两可的措辞，并以更模糊或主观的方式描述产品特点；具象型（concrete appeal）广告包含丰富的信息和具体明确的线索，以更确切或客观的方式描述产品特征。

研究表明在绿色产品的利益关联是他人的情况下，抽象广告更能促进绿色消费；当绿色产品利益关联是自我时，具象广告更能促进购买意愿。这告诉营销人员，当销售的产品更符合利他诉求时，用模糊、笼统的宣传语更有效，比如"环保，清洁，污染少"；当产品更符合利己诉求时，用清晰、具体的描述则更有利于销售，如"新有机饮料瓶含有 35%的天然成分，比普通瓶装材料中的塑料部分少 15%"。

3.6.2　绿色消费的认知因素

1. 与绿色产品相关的知识

与绿色产品相关的知识也会影响绿色消费。消费者虽然密切关注环境问题，但却可能缺乏对环境的主观认识。这种信念与知识的不平衡使得消费者在面对信息模糊的绿色产品时，因缺乏相应的知识，会产生错觉和被欺骗感，认为该产品并不符合自己的绿色主张，从而降低消费意愿。比如，研究发现消费者对环境的关心、对环境的主观认识及对生物燃料（biofuels，一种可再生能源）的信念，都会直接或间接地影响人们的绿色消费行为（即使用生物燃料并支付额外费用）。

营销建议：营销人员必须用有效的方法向消费者传达依赖传统能源的影响和成本，以及使用可再生能源的好处，明确、有效地增加消费者的环保知识。比如，通过开展一些知识讲座、主题演讲等公众教育活动，宣传全球变暖、可再生能源等对消费者有着直接影响的环境、资源问题，将复杂烦琐的技术知识转化为形象生动的符号、图片，唤起消费者保护环境的欲望，促进消费者的绿色消费意愿。

2. 刻板印象

消费者对绿色产品和绿色消费存在一些刻板印象也阻碍着消费者的绿色消费。比如：许多保护环境的信息使用的字体风格和颜色被认为更为女性化；许多绿色营销工作的目标往往是女性更密集的领域，如清洁、食品准备、家庭健康、洗衣和家庭维护。事实上，女性们确实在环境领域投入更多的关注，对可持续消费表现出更大的参与意愿，这种现象在不同年龄、不同国家中都已被证实。与女性相比，男性从态度、选择、行为等方面都不太倾向于绿色消费。过去的研究解释，女性在对待环境可持续性方面与男性相比存在巨大差异，主要存在以下几个原因：①女性天性敏感温柔，更具利他主义和同理心，亲社会行为更明显；②由于有着生育繁衍的基因本能，妇女对环境与未来表现出更大的忧虑，对子女的健康与安全更为关切。而布鲁夫（Brough）等人[85]的研究进一步表明，绿色（greenness）和女性气质（femininity）的概念从认知层面是相互联系的，从事绿色消费行为的消费者被视为更女性化，这些绿色消费者也会认为自己的气质更女性化。而男性面对绿色选择时，会受到自己的男子气概被肯定或被威胁的影响。因此，刻板印象是阻碍消费者选择绿色消费的原因之一。

营销建议：营销人员应重视突出产品/品牌的男性化气质。当消费者不那么关心保持男性身份认同时，或者接触到一些强调男性化气质的绿色品牌时，会冲淡"绿色消费者＝女性消费者"的刻板印象，唤起男性消费者的购买欲望[85]。在营销实践中，为减少性别刻板印象的影响，营销人员需合理运用传达男性气质的产品线索，强调某些细分品牌的男性化气质。国外的营销人员已经尝试基于典型的女性产品推出男性气质品牌。例如，无糖汽水是一个传统上被认为更女性化的类别，但一些品牌的无糖汽水最近用"胡椒博士——不为女性打造"和"百事可乐——适合男性的膳食可乐"等宣传语使其产品更具男性化特征。

虽然"绿色消费者＝女性消费者"的刻板印象会阻碍男性消费者选择绿色产品，以保护自己的性别身份，然而在恋爱期间，特别是长期恋爱中，情况又有所不同。博劳（Borau）等人[86]的研究证实了现实中对伴侣有着良好承诺的男性更多地倾向于从事生态友好行为，也证明了参与绿色消费确实能增加长期关系中的男性对伴侣的吸引力。因为在长期关系中，拥有合作精神、温暖情感和利他主义的男性被认为是更理想的浪漫伴侣，这些品质标志着作为伴侣和作为父母的承诺，会让女性对未来产生美好憧憬。

因此，商家应该针对处于长期浪漫关系中的男性消费者，重新定位产品，强调产品的绿色属性（例如，制作环保的订婚戒指、生态旅行），以帮助男性发出利他主义和合作的信号。通过强调"绿色伴侣吸引力"效应，男性将战略性地展示他们的环保取向，提高他们对伴侣的吸引力。商家还可以推出一些针对性广告和环保活动，表明拥有绿色产品（或从事绿色消费行为）的男性被视为更利他、更值得信赖。

3.6.3 绿色消费的情感因素

亲环境行为，包括绿色消费行为可能受到积极和消极情绪的引导，因为积极和消极情绪可以使得个体违反规范的行为本身及行为所造成的严重后果更加突出。例如，考虑负面后果可能会引发负面预期情绪，可以抑制消费者的不道德行为。积极和消极情绪的体验也会帮助消费者为了避免自身行为产生消极后果而遵循社会规范[87]。比如，消费者可能会遵循特定的环保原则进行垃圾分类或者避免购买对环境破坏严重的产品，因为这是社会规范下认为正确的事。在购买过程中（如冲动购物），在使用情况下（如使用对健康有害的产品），甚至在处置过程中（如丢弃可回收产品），消费者都可能会意识到行为不正确而产生内疚感或者负罪感[88]。人们可能认识到自己的行为或不作为是错误的可能性（即购买实质上破坏环境的产品），从而唤起人们的内疚和不愉快的情绪状态[87]。

3.6.4 绿色消费相关的价值观和自我概念

与绿色消费相关的价值观和自我概念是影响消费者进行绿色消费的最根本的因素。

1. 价值观

主流价值观中，"保护环境"和"与自然的统一""世界美丽"表达了人们对保护自然的关注[89]。消费者越是关心环境，就越重视消费特定产品可能引发的对环境的影响，也就更有可能购买对环境破坏较小的产品[90]。因此，价值观影响消费者购买环保产品的意愿[91]和是否会选择绿色消费[92]。

2. 自我概念

消费者选择和消费产品的一个因素是因为产品与消费者的自我概念或理想的自我概念一致，消费者因此可能会策略性地选择特定的产品向别人展示自我。换句话说，消费者可以通过所选择的产品管理他人对自身的印象。

同样地，绿色的自我身份认同（green self-identity）指个体对自己在多大程度上是典型的绿色消费者的总体感知和身份认同，也是自己对自我概念的认识的一部分。越是认为自己是绿色消费者的个人越有可能参与亲环境行为，绿色消费则会作为他们自我身份表达的一种手段[93]。例如，研究发现绿色的自我身份认同在很大程度上可以影响消费者购买和使用电动汽车的意愿[94]。

因此，拥有绿色产品和服务的企业若能有效地创造出企业和品牌关注环境的企业形象，则能为拥有绿色自我身份认同的消费者提供一条向他人表达环境意识，实现理想自我概念的途径，从而使得其产品和服务得到这些消费者的支持。

除此之外，绿色产品的选择还与个人的自我概念清晰度有关。人格研究发现，一些人会比其他人有更清晰、更稳定的自我观点，这个概念被定义为自我概念清晰度（self-concept clarity）。而自我概念清晰度越低的人因为对自我的定义更加不明确，因此会更加倾向于选择那些释放明确的积极自我信号的行为和事物，从而获得更高的自我价值；相对应地，自我概念清晰度高的个体对自我的定义更清晰，这些消费者对自我认识有更高的认知需求，因此会更重视自我推断。研究表明，由绿色产品与标准产品的比较选择所产生的消费者自我价值的提高不仅取决于与选择相关的自我信号的释放（如选择绿色产品而不是传统产品可能向他人释放出个体是具备环境价值观的高道德水平的个体），还取决于消费者的自我概念的清晰度水平。具体来说，选择和消费绿色产品所释放的积极自我信号会提高那些原本自我概念清晰度更低的消费者的消费满意度和支付意愿，但对于自我概念清晰度高的消费者这一影响并不显著。

营销人员应善于运用定向广告，为消费者贴"标签"，帮助消费者构建"绿色"自我定义。区别于传统定点/定时投放的街边广告或电视广告，定向广告是一种广告商针对个人提供量身定制的内容的市场营销策略。广告中介根据消费者正在浏览的在线内容或历史记录等行为数据，了解消费者的兴趣，挑选出他们更有可能感兴趣并做出反应的相关产品，进行广告推送，也就是所谓的"精准投放"。这些广告出现在我们眼前时，我们会或多或少地被其影响，为自己"贴"上标签。多个实验证明，定向广告会引导消费者调整他们的自我知觉（即对自己的看法），以匹配广告所隐含的标签；这些自我知觉进而影响行为，包括对广告中产品的购买意愿和其他与隐含标签相关的行为。比如，看到一个环境友好型产品的定向广告的消费者，将认为自己具有更强的绿色消费价值，而这种对环保的自我认知会增强他们购买该产品的意愿，并提高他们希望向环保慈善机构捐款的金额。

另外有研究发现，那些倾向于用绿色和/或环境标签来描述自己（即具有高环境自我认同）和高度重视环保问题（即具有高环保价值观）的年轻人，更愿意也更热情地参与到绿色消费等亲环境行动中。此外，拥有更高情商的年轻人也更容易参与到绿色消费中，因为他们能更好地理解参与过程中的所有感受，能充分意识到他们参与环境问题并将其转化为实际行动的潜在好处。

因此，营销人员要善于运用定向广告的影响力，及时通过广告让消费者无形中给自己"贴"上环保亲善的标签，或者加强自己对自身原有的"设定"，让绿色产品自然地被消费者接纳，产生购买欲望。

3.6.5 小结

消费者的习惯改变是影响绿色消费的关键因素。许多与绿色消费相关的行为，如食品消费、交通工具的选择、能源和资源的使用等都具有强烈的习惯性。如前文所述，营销人员除了通过提供一系列宣传信息（突出产品绿色属性）、提供体验（接触绿色产品，引发温暖感受）等途径，唤醒消费者环保意识，促进绿色消费意愿，还可以通过有效提示（如告知消费者购买某个产品的行为是利于环境的）、激励（如赠送、社会表扬等）、反馈（比如，

经典与前沿研究 3-3 共享的企业社会责任

对消费者使用水和能源的行为进行信息反馈，并与过去的行为或者他人的行为进行对比）或者惩罚（如对非可持续性产品征税）等措施来强化消费者的环境意识，养成良好的绿色消费习惯[82]。

企业应积极承担社会责任，如减慢产品推新速度，或者重推以往的经典款式，呼吁消费者注重产品持久性，放慢购买频率。一些高端品牌已经开始提倡较慢的时尚周期，以减小现有商品过时和被丢弃的概率。例如，路易威登、古驰等奢侈品牌推出了"减少不必要的产品"理念，放慢品牌设计更新的速度，专注于数量更少、更经典耐看的产品系列[73]。除了谨慎推新，研究表明，一些新兴的高端品牌可以通过材料创造性再利用等方式，实现美学与功效兼顾的保证，有效制造超循环奢侈产品（upcycle luxury products），有利于提高其品牌价值，打造企业绿色形象（green business image）[75]。

在消费者养成习惯、商家自觉承担绿色责任的同时，政府与相关组织也要开展行动。绿色消费包括的内容非常宽泛，不仅包括绿色产品，还包括资源的回收利用、能源的有效使用、对生存环境和物种的保护等，可以说涵盖生产行为、消费行为的方方面面。一是要倡导消费者在消费时选择绿色产品；二是要引导消费者在消费过程中注重对废弃物

的处置；三是要引导消费者转变消费观念，崇尚自然、追求健康，在追求生活舒适的同时，注重环保、节约资源和能源，实现可持续消费。

参考文献

[1] EISENBERG N, MILLER P A. The relation of empathy to prosocial and related behaviors[J]. Psychological bulletin, 1987, 101(1): 91.

[2] REED II A, KAY A, FINNEL S, et al. I don't want the money, I just want your time: how moral identity overcomes the aversion to giving time to prosocial causes[J]. Journal of Personality and Social Psychology, 2016, 110(3): 435.

[3] AAKER J L, RUDD M, MOGILNER C. If money does not make you happy, consider time[J]. Journal of Consumer Psychology, 2011, 21(2): 126-130.

[4] RUDD M, VOHS K D, AAKER J. Awe expands people's perception of time, alters decision making, and enhances well-being[J]. Psychological Science, 2012, 23(10): 1130-1136.

[5] MOGILNER C, CHANCE Z, NORTON M I. Giving time gives you time[J]. Psychological Science, 2012, 23(10): 1233-1238.

[6] 李爱梅, 彭元, 李斌, 等. 金钱概念启动对亲社会行为的影响及其决策机制[J]. 心理科学进展, 2014, 22(5): 845-856.

[7] ZHOU X, KIM S, WANG L. Money helps when money feels: money anthropomorphism increases charitable giving[J]. Journal of Consumer Research, 2019, 45(5): 953-972.

[8] DUNFIELD K A. A construct divided: prosocial behavior as helping, sharing, and comforting subtypes[J]. Frontiers in Psychology, 2014, 5: 958.

[9] 郑春东, 刘宁, 冯楠, 等. 重大公共威胁情境下个体亲社会行为形成机制：以新冠疫情为例[J]. 管理科学学报, 2021, 24(3): 63-79.

[10] 石荣, 刘昌. 基于直觉的亲社会性：来自社会启发式假设的思考[J]. 心理科学进展, 2019, 27(8): 1468-1477.

[11] 魏真瑜, 邓湘树, 赵治瀛. 亲社会行为中的从众效应[J]. 心理科学进展, 2021, 29(3): 531-539.

[12] TWENGE J M, BAUMEISTER R F, DEWALL C N, et al. Social exclusion decreases prosocial behavior[J]. Journal of Personality and Social Psychology, 2007, 92(1): 56-66.

[13] KRAUS M W, PIFF P K, MENDOZA-DENTON R, et al. Social class, solipsism, and contextualism: how the rich are different from the poor[J]. Psychological Review, 2012, 119(3): 546-572.

[14] DUBOIS D, RUCKER D D, GALINSKY A D. Social class, power, and selfishness: when and why upper and lower class individuals behave unethically[J]. Journal of Personality and Social Psychology, 2015, 108(3): 436-449.

[15] YAN L, KEH H T, CHEN J. Assimilating and differentiating: the curvilinear effect of social class on green consumption[J]. Journal of Consumer Research, 2021, 47(6): 914-936.

[16] VIEITES Y, GOLDSZMIDT R, ANDRADE E B. Social class shapes donation allocation preferences[J]. Journal of Consumer Research, 2022, 48(5): 775-795.

[17] OBERMAIER M, FAWZI N, KOCH T. Bystanding or standing by? How the number of bystanders affects the intention to intervene in cyberbullying[J]. New Media and Society, 2016, 18(8): 1491-1507.

[18] OLENIK-SHEMESH D, HEIMAN T, EDEN S. Bystanders' behavior in cyberbullying episodes: active and passive patterns in the context of personal–socio-emotional factors[J]. Journal of Interpersonal Violence, 2017, 32(1): 23-48.

[19] GNEEZY A, IMAS A, BROWN A, et al. Paying to be nice: consistency and costly prosocial behavior[J]. Management Science, 2012, 58(1): 179-187.

[20] CHOI J, LI Y J, RANGAN P, et al. Opposites attract: impact of background color on effectiveness of emotional charity appeals[J]. International Journal of Research in Marketing, 2020, 37(3): 644-660.

[21] CAVANAUGH L A, BETTMAN J R, LUCE M F. Feeling love and doing more for distant others: specific positive emotions differentially affect prosocial consumption[J]. Journal of Marketing Research,

2015, 52(5): 657-673.

[22] SEPTIANTO F, SUNG B, SEO Y, et al. Proud volunteers: the role of self-and vicarious-pride in promoting volunteering[J]. Marketing Letters, 2018, 29: 501-519.

[23] MCCULLOUGH M E, EMMONS R A, TSANG J A. The grateful disposition: a conceptual and empirical topography[J]. Journal of Personality and Social Psychology, 2002, 82(1): 112.

[24] GINO F, DESAI S D. Memory lane and morality: how childhood memories promote prosocial behavior[J]. Journal of personality and social psychology, 2012, 102(4): 743.

[25] TOURÉ-TILLERY M, KOUCHAKI M. You will not remember this: how memory efficacy influences virtuous behavior[J]. Journal of Consumer Research, 2021, 47(5): 737-754.

[26] SMALL D A, SIMONSOHN U. Friends of victims: personal experience and prosocial behavior[J]. Journal of Consumer Research, 2008, 35(3): 532-542.

[27] WANG Y, KIRMANI A, LI X. Not too far to help: residential mobility, global identity, and donations to distant beneficiaries[J]. Journal of Consumer Research, 2021, 47(6): 878-889.

[28] LEE S, WINTERICH K P, ROSS JR W T. I'm moral, but I won't help you: the distinct roles of empathy and justice in donations[J]. Journal of Consumer Research, 2014, 41(3): 678-696.

[29] CHOPIK W J, O'BRIEN E, KONRATH S H. Differences in empathic concern and perspective taking across 63 countries[J]. Journal of Cross-Cultural Psychology, 2017, 48(1): 23-38.

[30] BATSON C D. Prosocial motivation: is it ever truly altruistic?[M]//Advances in experimental social psychology. Academic Press, 1987, 20: 65-122.

[31] ZHOU X, WILDSCHUT T, SEDIKIDES C, et al. Nostalgia: the gift that keeps on giving[J]. Journal of Consumer Research, 2012, 39(1): 39-50.

[32] PIFF P K, DIETZE P, FEINBERG M, et al. Awe, the small self, and prosocial behavior[J]. Journal of Personality and Social Psychology, 2015, 108(6): 883.

[33] COTTE J, COULTER R A, MOORE M. Enhancing or disrupting guilt: the role of ad credibility and perceived manipulative intent[J]. Journal of Business Research, 2005, 58(3): 361-368.

[34] BASIL D Z, RIDGWAY N M, BASIL M D. Guilt and giving: a process model of empathy and efficacy[J]. Psychology and Marketing, 2008, 25(1): 1-23.

[35] DE HOOGE I E, BREUGELMANS S M, ZEELENBERG M. Not so ugly after all: when shame acts as a commitment device[J]. Journal of Personality and Social Psychology, 2008, 95(4): 933.

[36] FEINBERG M, WILLER R, KELTNER D. Flustered and faithful: embarrassment as a signal of prosociality[J]. Journal of Personality and Social Psychology, 2012, 102(1): 81.

[37] HOMER P M. When sadness and hope work to motivate charitable giving[J]. Journal of Business Research, 2021, 133: 420-431.

[38] HAFENBRACK A C, CAMERON L D, SPREITZER G M, et al. Helping people by being in the present: mindfulness increases prosocial behavior[J]. Organizational Behavior and Human Decision Processes, 2020, 159: 21-38.

[39] 丁凤琴, 纳雯. 真实急病情境下共情对大学生慈善捐助的影响:有调节的中介效应[J]. 心理发展与教育, 2015, 31(6):694-702.

[40] JAMI A, KOUCHAKI M, GINO F. I own, so I help out: how psychological ownership increases prosocial behavior[J]. Journal of Consumer Research, 2021, 47(5): 698-715.

[41] BAMBERG S, MÖSER G. Twenty years after Hines, Hungerford, and Tomera: a new meta-analysis of psycho-social determinants of pro-environmental behaviour[J]. Journal of Environmental Psychology, 2007, 27(1): 14-25.

[42] AJZEN I. From intentions to actions: a theory of planned behavior[M]. Springer Berlin Heidelberg, 1985: 11-39.

[43] HAN H, KIM Y. An investigation of green hotel customers' decision formation: developing an extended model of the theory of planned behavior[J]. International Journal of Hospitality Management, 2010, 29(4): 659-668.

[44] CHEN M F, TUNG P J. Developing an extended theory of planned behavior model to predict consumers' intention to visit green hotels[J]. International Journal of Hospitality Management, 2014, 36:

221-230.

[45] CHOU C J, CHEN K S, WANG Y Y. Green practices in the restaurant industry from an innovation adoption perspective[J]. International Journal of Hospitality Management, 2012, 31(3): 703-711.

[46] HAN H, HSU L T J, SHEU C. Application of the theory of planned behavior to green hotel choice: testing the effect of environmental friendly activities[J]. Tourism Management, 2010, 31(3): 325-334.

[47] HAN H, KIM Y. An investigation of green hotel customers' decision formation: developing an extended model of the theory of planned behavior[J]. International Journal of Hospitality Management, 2010, 29(4): 659-668.

[48] KIM Y J, NJITE D, HANCER M. Anticipated emotion in consumers' intentions to select eco-friendly restaurants: augmenting the theory of planned behavior[J]. International Journal of Hospitality Management, 2013, 34: 255-262.

[49] KUN-SHAN W, YI-MAN T. Applying the extended theory of planned behavior to predict the intention of visiting a green hotel[J]. African Journal of Business Management, 2011, 5(17): 7579-7587.

[50] LIOBIKIENĖ G, MANDRAVICKAITĖ J, BERNATONIENĖ J. Theory of planned behavior approach to understand the green purchasing behavior in the EU: a cross-cultural study[J]. Ecological Economics, 2016, 125: 38-46.

[51] YADAV R, PATHAK G S. Young consumers' intention towards buying green products in a developing nation: extending the theory of planned behavior[J]. Journal of Cleaner Production, 2016, 135: 732-739.

[52] AJZEN I. The theory of planned behavior[J]. Organizational Behavior and Human Decision Processes, 1991, 50(2): 179-211.

[53] AJZEN I, DRIVER B L. Application of the theory of planned behavior to leisure choice[J]. Journal of Leisure Research, 1992, 24(3): 207-224.

[54] AJZEN I. Understanding attitudes and predictiing social behavior[J]. Englewood Cliffs, 1980.

[55] SCHWARTZ S H. Normative influences on altruism[M]//Advances in experimental social psychology. Academic Press, 1977, 10: 221-279.

[56] DE GROOT J I M, STEG L. Morality and prosocial behavior: the role of awareness, responsibility, and norms in the norm activation model[J]. The Journal of Social Psychology, 2009, 149(4): 425-449.

[57] SCHWARTZ S H, HOWARD J A. A normative decision-making model of altruism[J]. Altruism and Helping Behavior, 1981: 189-211.

[58] GOLDSTEIN N J, CIALDINI R B, GRISKEVICIUS V. A room with a viewpoint: using social norms to motivate environmental conservation in hotels[J]. Journal of Consumer Research, 2008, 35(3): 472-482.

[59] ELLEN P S, WIENER J L, COBB-WALGREN C. The role of perceived consumer effectiveness in motivating environmentally conscious behaviors[J]. Journal of Public Policy and Marketing, 1991, 10(2): 102-117.

[60] RIZWAN M, BEHZAD M, ALI M, et al. Determinants of customer complain intention: a study from Pakistan[J]. International Journal of Learning Development, 2013, 3(6): 88-105.

[61] CHEN Y S, CHANG C H. Enhance green purchase intentions: the roles of green perceived value, green perceived risk, and green trust[J]. Management Decision, 2012, 50(3): 502-520.

[62] GLEIM M R, SMITH J S, ANDREWS D, et al. Against the green: a multi-method examination of the barriers to green consumption[J]. Journal of Retailing, 2013, 89(1): 44-61.

[63] 凌冰. 从当代包装的视角深化对绿色设计概念的认识[J]. 包装工程, 2013, 34(20): 92-94, 106.

[64] GINSBERG J M, BLOOM P N. Choosing the right green marketing strategy[J]. MIT Sloan Management Review, 2004, 46(1): 79-84.

[65] PARK H J, LIN L M. Exploring attitude–behavior gap in sustainable consumption: comparison of recycled and upcycled fashion products[J]. Journal of Business Research, 2020, 117: 623-628.

[66] AJZEN I. Perceived behavioral control, self-efficacy, locus of control, and the theory of planned behavior 1[J]. Journal of Applied Social Psychology, 2002, 32(4): 665-683.

[67] SHETH J N, NEWMAN B I, GROSS B L. Why we buy what we buy: A theory of consumption values[J]. Journal of Business Research, 1991, 22(2): 159-170.

[68] PARK H J, LIN L M. Exploring attitude–behavior gap in sustainable consumption: comparison of recycled and upcycled fashion products[J]. Journal of Business Research, 2020, 117: 623-628.

[69] HAWS K L, WINTERICH K P, NAYLOR R W. Seeing the world through green-tinted glasses: green consumption values and responses to environmentally friendly products[J]. Journal of Consumer Psychology, 2014, 24(3): 336-354.

[70] TSENG S C, HUNG S W. A framework identifying the gaps between customers' expectations and their perceptions in green products[J]. Journal of Cleaner Production, 2013, 59: 174-184.

[71] YAN L, KEH H T, CHEN J. Assimilating and differentiating: the curvilinear effect of social class on green consumption[J]. Journal of Consumer Research, 2021, 47(6): 914-936.

[72] BHATTACHARYA C B, SEN S. Doing better at doing good: when, why, and how consumers respond to corporate social initiatives[J]. California Management Review, 2004, 47(1): 9-24.

[73] SUN J J, BELLEZZA S, PAHARIA N. Buy less, buy luxury: understanding and overcoming product durability neglect for sustainable consumption[J]. Journal of Marketing, 2021, 85(3): 28-43.

[74] TEZER A, BODUR H O. The greenconsumption effect: how using green products improves consumption experience[J]. Journal of Consumer Research, 2020, 47(1): 25-39.

[75] ADIGÜZEL F, DONATO C. Proud to be sustainable: upcycled versus recycled luxury products[J]. Journal of Business Research, 2021, 130: 137-146.

[76] WHITE K, MACDONNELL R, DAHL D W. It's the mind-set that matters: the role of construal level and message framing in influencing consumer efficacy and conservation behaviors[J]. Journal of Marketing Research, 2011, 48(3): 472-485.

[77] LUCHS M G, NAYLOR R W, IRWIN J R, et al. The sustainability liability: potential negative effects of ethicality on product preference[J]. Journal of Marketing, 2010, 74(5): 18-31.

[78] PELOZA J, WHITE K, SHANG J. Good and guilt-free: the role of self-accountability in influencing preferences for products with ethical attributes[J]. Journal of Marketing, 2013, 77(1): 104-119.

[79] DIXON D, MIKOLON S. Cents of self: how and when self-signals influence consumer value derived from choices of green products[J]. International Journal of Research in Marketing, 2021, 38(2): 365-386.

[80] BAVELAS J B, BLACK A, CHOVIL N, et al. Form and function in motor mimicry topographic evidence that the primary function is communicative[J]. Human Communication Research, 1988, 14(3): 275-299.

[81] LAKIN J L, JEFFERIS V E, CHENG C M, et al. The chameleon effect as social glue: evidence for the evolutionary significance of nonconscious mimicry[J]. Journal of Nonverbal Behavior, 2003, 27: 145-162.

[82] WHITE K, HABIB R, HARDISTY D J. How to shift consumer behaviors to be more sustainable: A literature review and guiding framework[J]. Journal of Marketing, 2019, 83(3): 22-49.

[83] LAROCHE M, TENG L, KALAMAS M. Consumer evaluation of net utility: effects of competition on consumer brand selection processes[J]. Japanese Psychological Research, 2001, 43(4): 168-182.

[84] EDINGER-SCHONS L M, SIPILÄ J, SEN S, et al. Are two reasons better than one? the role of appeal type in consumer responses to sustainable products[J]. Journal of Consumer Psychology, 2018, 28(4): 644-664.

[85] BROUGH A R, WILKIE J E B, MA J, et al. Is eco-friendly unmanly? The green-feminine stereotype and its effect on sustainable consumption[J]. Journal of Consumer Research, 2016, 43(4): 567-582.

[86] BORAU S, ELGAAIED-GAMBIER L, BARBAROSSA C. The green mate appeal: men's pro-environmental consumption is an honest signal of commitment to their partner[J]. Psychology and Marketing, 2021, 38(2): 266-285.

[87] STEENHAUT S, VAN KENHOVE P. The mediating role of anticipated guilt in consumers' ethical decision-making[J]. Journal of Business Ethics, 2006, 69: 269-288.

[88] DAHL D W, HONEA H, MANCHANDA R V. The nature of self-reported guilt in consumption contexts[J]. Marketing Letters, 2003, 14: 159-171.

[89] VECCHIONE M, CAPRARA G, SCHOEN H, et al. The role of personal values and basic traits in perceptions of the consequences of immigration: a three-nation study[J]. British Journal of Psychology, 2012, 103(3): 359-377.

[90] KILBOURNE W, PICKETT G. How materialism affects environmental beliefs, concern, and environmentally responsible behavior[J]. Journal of Business Research, 2008, 61(9): 885-893.

[91] FREESTONE O M, MCGOLDRICK P J. Motivations of the ethical consumer[J]. Journal of Business Ethics, 2008, 79: 445-467.

[92] KILBOURNE W, PICKETT G. How materialism affects environmental beliefs, concern, and environmentally responsible behavior[J]. Journal of Business Research, 2008, 61(9): 885-893.

[93] SHAW D, SHIU E. Ethics in consumer choice: a multivariate modelling approach[J]. European Journal of Marketing, 2003, 37(10): 1485-1498.

[94] BARBAROSSA C, DE PELSMACKER P, MOONS I. Personal values, green self-identity and electric car adoption[J]. Ecological Economics, 2017, 140: 190-200.

[95] GNEEZY A, GNEEZY U, NELSON L D, et al. Shared social responsibility: a field experiment in Pay-What-You-Want pricing and charitable giving[J]. Science, 2010, 329(5989): 325-327.

即测即练

自学自测　　扫描此码

第 4 章

个人信息处理

本章的主要学习目标包括：
1. 理解知觉过程的三个阶段；
2. 掌握消费者感觉和知觉的差异及联系；
3. 掌握五种感官体验对消费者行为的影响；
4. 理解信息处理过程的关键环节；
5. 掌握暴露、关注和解释的产生条件及其影响。

开篇案例

信息爆炸时代的内容营销——以健达奇趣蛋为例

在移动互联网的飞速发展背景下，越来越多的消费者在获取信息的过程中追求"速食化"，也就是尽可能在短时间内获得重要信息。所以，内容营销的重要性日益凸显，优秀的广告内容应该是能在精准满足目标消费者需求的同时做到言简意赅，尤其不能试图让消费者对广告内容进行推理。内容营销效果突出的典型例子：健达奇趣蛋，它是意大利巧克力制造商费列罗集团旗下的一款产品。纵观国际巧克力糖果市场，占据一席之地的有瑞士莲、吉利莲、费列罗、马克西姆等著名品牌，但唯有费列罗率先察觉到了巧克力消费市场有一大空缺，就是儿童的巧克力消费市场。有很多的小孩子想吃巧克力，但是作为家长却不能只考虑到美味，市面上的巧克力是否适合小孩子吃呢？谁都不能给出答案。这个时候，费列罗创立"健达"品牌，专做儿童健康美味巧克力。而健达奇趣蛋更是成了健达系列的爆款产品，年销售量甚至超过35亿个，在孩子们中间瞬间刮起了健达奇趣蛋的热潮。

健达奇趣蛋是由两层软奶油制成的美味甜点，一层是甜奶油口味的，一层是可可口味的。奶油夹心的是两片圆形的巧克力夹心威化饼，里面填满了甜可可奶油，可以和附带的勺子一起吃。其中，半个鸡蛋状容器里装有创造性的玩具，可以激发孩子们的想象力和为其带来几个小时的乐趣。而健达奇趣蛋的内容文案非常简单直入："三个愿望一次满足：美味＋玩具＋＋惊喜"（图 4-1）。

图 4-1　男孩版和女孩版健达奇趣蛋
资料来源：https://v.qq.com/x/page/k0508ku5efs.html.

"美味"和"玩具"是产品描述，玩具对孩童的吸引力往往可能会比巧克力本身更大，通过提供玩具的方式扩大了孩童对这款巧克力的需求，而"惊喜"可以充分地激发孩童的好奇感，就像大人们追捧的盲盒一样，在拆开之前，孩童并不知道里面装的是什么玩具。而且健达奇趣蛋还分为男孩版和女孩版，提供不同类型的玩具。例如，男孩版提供汽车等男孩感兴趣的玩具，而女孩版提供芭比娃娃等女孩感兴趣的玩具。

资料来源：https://www.socialmarketings.com; https://www.ferrero-kinder.cn/cn/zh/kinder-joy.

4.1　信息的性质

在消费者"速食化"获取信息的时代背景下，单纯凭借渠道投放和硬广展现早已是过去式，优质的内容传播已经是品牌影响的主流趋势。而优质的内容营销也并非简单地输出内容，最重要的是做到击中消费者需求。健达奇趣蛋利用"三个愿望一次满足"等言简意赅的内容营销手段，直击消费者的需求痛点，进而品牌传播度得以提高，获得了更多消费者的喜爱。也就是说，虽然消费者是完成其消费决策过程的主体，但并不是构成这个过程的全部内容，消费者在做出最终决策前，还会受到各种各样信息的影响。例如，营销人员通常会通过向消费者提供信息来影响他们的决策过程。因此，理解消费者需要的是什么样的信息，以及他们是如何获取和处理这些信息是非常有必要的。

4.1.1　信息的概念

信息（**information**）是指对消息接受者来说预先不知道的报道。[1]在消费者决策层面，信息可以理解为"由影响消费决策者对某一特定的消费问题和机会有关的不确定因素的性质和范围，包括所知觉的那些事实、估计、预测和关联推导等构成"[2-3]。所谓**事实**就是可以直接观察到的事件或情况。然而，同样简单的事实，由于两人知觉上的不同，可能会引出不同的意思，这也被称作"**框架效应**"（**framing effect**）。**估计**与事实不同，主要靠推理的办法（包括逻辑推理与统计推理），而不是靠直观的办法。但估计与事实也存在相同点，即两者都涉及过去和现在所发生的事情。**预测**却涉及未来，这对消费者来说也是很必要的。为了估计与预测，特别是面对复杂的问题，具体的事实必须与具体的处境相互联系起来（即因果关系），并用于推导其他相似的处境和事实，这一过程就是**关联推导**。

举个例子：存款加息了（事实），可能是由于上半年的物价上涨过快（估计），物价可能要下跌了（预测），而物价的下跌，可能会使今后两个月的商品房价格有所回落（关联推导）。再比如说，当我们购买零食时看到货架上的健达奇趣蛋换新包装了（事实），可能是因为品牌针对奇趣蛋这款产品进行了改进（估计），也可能是因为健达品牌正在进行企业变革（估计），而健达品牌的企业变革可能受到行业竞争的影响，未来其他零食企业可能也会改进产品新包装（关联推导）。

4.1.2　信息的结构特征

存活率为90%和死亡率为10%本质上是一样的，只是表述框架不一样却给人带来了不一样的效果——这就是信息框架的影响。**信息框架**（**message framing**）被认为是在系统处理中影响说服的因素之一[4]，通常被划分为正面和负面框架，即突出从事特定行为（增益）的好处或未能从事特定行为（损失）的后果。例如，意图增强体育锻炼的正面框架可能是"定期锻炼有助于减肥"，而负面框架的信息可能传达为"不经常锻炼会使你体重增加"。

那么，为什么大脑会被框架误导呢？主要是因为思维会自动使用问题呈现出的语境信息，并进行语境化处理，帮助做出决策。语境化处理过程分为决策前处理的输入、锁定、处理环节和决策环节两大处理阶段，各阶段也需要遵循相应的原则。首先，输入时遵循真实原则，"真实原则"强调人类的心智倾向于只表征真实状态（即问题呈现出的语境状态），但不表征非真状态；其次，锁定时遵循接受原则，人们倾向于接受问题呈现出来的框架，换言之，在潜意识里会认为，描述具有不变性，程序也具有不变性；再次，处理时难逃知识的诅咒，个体在遭遇知识的诅咒时，经常会有一种用已知知识对问题进行语境化处理的适应倾向；最后，决策时要看**前景理论**（**prospect theory**），该理论指出在不同的风险预期条件下，人们的行为倾向是可以预测的，获得收益时小心翼翼，而面对失败时愿意冒险。

除此之外，自我建构、消费者参与和产品知识是调节信息框架在广告态度、品牌态度和购买意向等维度上产生的说服力的三个消费者特征[5]。各种研究表明，负面信息通常会比正面信息产生更大的影响[6-7]。例如，当人们仔细评估信息时，即高介入水平时，负面信息比正面信息更有效[8]。因为在有效处理下，负面信息能比可比较的正面信息提供更丰富的信息，而个体通常倾向于将其某个内部标准或参照进行比较[9]。但是，负面信息具有的高信息量和高感知的特点促使个体投入更多的注意力，可能超出个体的专业知识范围，所以正面框架信息在不强调细节处理时（即低介入水平时）更具说服力[10]。

同时，在不同的信息处理情境下，负面和正面框架产生的影响也不同。当采用促进焦点时，正面框架更具有影响力，而采用预防焦点时，损失框架反而会更具有影响力[11-12]。

如今，天花乱坠的商业广告对我们的判断力进行了多方面多角度的干扰。这就更要求消费者在挑选商品的时候拨开商家迷惑人的层层面纱，对接收到的信息理性分析再做出决策。对消费者而言，至少有四次机会让决策最优化以避免框架效应：一是输入时学会假设，即对输入内容进行质疑，寻找"非真状态"，重新表征出来；二是锁定时探索新框架，通过改变描述的方式或者改变程序的方式；三是处理时趋向陌生化，对所有框架内的知识进行陌生化处理，常用的方式为去意境化；四是决策时选择最优方案。

经典与前沿研究 4-1　健康在左，不健康在右？

4.1.3　信息量

消费者处理信息的能力都是有限的，因此存在着信息超量的潜在危险。**信息过载（information overload）**的发生是当消费者面临着太多信息，以致他们无法处理或处理不了时，取而代之的是他们被信息压垮了，不是延期就是放弃购买决定、简单地做随机的选择，或只是利用所有可利用信息中的次理想部分。

经典与前沿研究 4-2　描述性规范更有效？

社交媒体环境中主要有三种类型的过载：信息、通信和社交过载[28]。个体在使用社交媒体时有时会遇到需要反应和帮助的社交请求（如"能帮助我填写这个在线问卷吗？"和"你能给我介绍一个女朋友吗？"等）[15]，而当社交网络所要求的远超过个体能够舒适提供的东西时，消极的环境会刺激其产生对社交情境失去控制的感觉[16]，这一现象就被称为"社交过载"。

那么，消费者能处理和利用多少信息呢？对此没有一个总的原则和答案。消费者团体、营销人员及有关的政府部门都希望产品的装潢、标签和广告能提供足够的信息，以便消费者参考。对此，有一种作法就是为消费者提供所有的有关信息。而随着电子商务的发展，消费者在线评论已成为帮助消费者做出购买决策的重要信息来源。然而，爆炸式增长的在线消费者评论带来了信息过载的问题，使得消费者难以选择可靠的评论。推荐系统已成为缓解在线信息过载的有效策略之一，推荐系统可以为用户提供个性化的在线产品或服务推荐以改善信息过载问题，并且还可以优化客户关系管理[17-18]。对商家来说，引导产品或服务的评论者撰写有用的评论是很重要的，同时引导消费者明白决定在线评论有用的因素也更容易获得有用的评论。而评论的有用性会受到外围线索（包括评论评级和评论者的可信度）和中心线索（如评论内容）的影响[19]。在线评论平台还可以为消费者提供特殊功能，如当评论包含有价值的信息时，该评论就会被标记为"有用的"[20]。

经典与前沿研究 4-3　购物时沉迷手机的后果？

4.1.4 信息源的概念及类型

信息源（information source）指的是信息的来源，如来源于不同的传播媒介等。基于文本、图片和视频等信息形式，营销者可以通过多变的组合方式获得消费者注意，而选择合适的信息传播媒介也很重要。信息传播媒介主要有户外媒介、电视媒介和数字媒介（包括 PC 端和手机端）等。

户外媒介通常会设置在人流量较大的公共场所，如商场、车站、地铁站和电梯间等。户外媒介可以达到让顾客强制性观看的效果，可触达的人群范围较大，有利于消费者对品牌产生记忆。并且，在科学技术飞速发展的背景下，现在的户外媒介不再局限于文字和图片的形式，还融合了很多创新的元素。例如，可以以户外裸眼 3D 等更新奇炫酷的方式展现品牌活力。

在互联网技术发展的推动下，传统电视媒介也有了很多变化。例如，能够提供更多频道的卫星电视和数字电视已被广泛普及，而这些变化使得观众观看电视变得越来越碎片化。不仅如此，数字视频录像设备具有的过滤广告等功能进一步导致电视媒介广告的优势被削弱。但值得注意的是，电视消费总量在新媒体的冲击下并不一定会下降，新技术可以提升观看电视的体验，可能进一步促进电视观看[22]。

数字媒介主要有 PC 端和手机端两种形式，相较于一般只能在家中或办公室内使用的个人电脑（PC 端），手机端（即移动端）的使用场景不受限，用户几乎可以随时随地使用自己的手机，充分利用自己的碎片时间。除了信息传播载体的变化，即从电视、报纸和广播等传统载体转向手机和电脑等，消费者获取信息的渠道也更加多元化，包括微信、新闻客户端、电视、视频媒体、微博、新闻网站和浏览器等渠道。

在大多数情况下，信息源会影响信息被消费者接受的可能性。例如，消费者对信息源的评估会影响其对产品信息的感知与理解，并且进一步影响其对该产品品牌的认知和态度[23]。具有强说服力的信息源通常有可信性、专业性和吸引力三个方面的特性[24-25]。而在如今流行的直播情境下，还可以从互动性、娱乐性、有用性和技能性等方面评估信息源，互动性包括关系互动和虚拟互动，娱乐性包括语言风趣和氛围愉悦，有用性包括感知有用和感知易用，以及技能性是指才艺特长[26-27]。

经典与前沿研究 4-4 智能手机增强自我披露？

4.2 信息的知觉过程

4.2.1 感觉和知觉

感觉（sensation）和**知觉**（perception）是感官处理的阶段。**感觉**本质上是生化（和神经）的，是指我们的感受器（眼、耳、鼻、口、皮肤）对光线、色彩、声音、气味等基本刺激的直接反应，相应地可以产生视觉、听觉、嗅觉、味觉和触觉五种感觉。而**知觉**涉及一个人对刺激的获取与解释的活动，是一个包含感觉步骤的过程。如图 4-2 所示，外界环境中的感官刺激被个体的各种感觉器感觉到，再通过暴露、关注和解释三个阶段完成知觉过程。

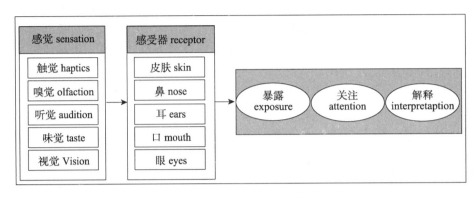

图 4-2　知觉过程示意图

视觉错觉就是理解感觉与知觉之间差异的最简单方法之一。人类的双眼可以收集到最真实的现实世界的图像，但经过大脑的编译后，每个人所得出的判断结果会有所不同，而这种差异和个人的经历、认知、逻辑思考能力等因素有关。此外，在我们的日常生活中还存在很多认知偏差（**cognitive bias**）现象，如频率错误，指因最近注意到一件原先没注意到的事，就觉得这件事到处都在发生。

4.2.2　五种感官与感官营销

1. 感官营销概念模型

在人类的五种感官中，视觉、嗅觉、味觉、触觉和听觉都能使人们关注一些东西，而在过去很长一段时间里，营销研究者们只关注到了外界刺激信息，忽视了很多外界刺激是通过各种感官获得的这一特征。近年来，感官体验在判断和决策中的作用使人们对营销和心理学的兴趣激增。在营销中，关于感官在消费者行为中的作用的零散研究被汇集在**感官营销**（**sensory marketing**）的主题下，即"吸引消费者感官并影响其感知、判断和行为的营销"[29]。感官营销的领域为管理人员和研究人员都提供了许多可供探索的问题。本节将重点回顾近年来感官营销的主要发现，及其对营销实践的重要意义。

经典认知心理学理论认为"身心二元分离"[38]，即感觉和知觉是个体身体在生理化学意义上处理外界信息的两个阶段，而认知（cognition）发生在这两个阶段后。这种观念使认知心理学中的"计算机假设"广为人知，即将人脑对信息的认知加工隐喻为计算机的数据处理，不同感官只是输入方式不同，但最终都会转化为人脑计算的数据。而计算机的硬件（即身体）不会影响软件（即认知）的计算结果[30]。但事实上，也有很多心理学家反对将身体与心智割裂的观点，认为感觉也是影响个体信息认知加工的重要因素。并且，如今消费者每天看到的成千上万种商品的广告，似乎是无意识间注意到的，就像那些吸引基本感官的信息，可能是一种更有效吸引消费者的方式。以常见的品牌为例，提到红色饮料，很多人都会联想到可口可乐的红色，甚至已经和众多衍生品相关联，如穿红色衣服的圣诞老人，但其实圣诞老人最初穿的是绿色衣服。提到 QQ，大多人都会产生声音的联想，如咳咳的上线声和滴滴滴的信息提示音等。除了视觉和听觉，嗅觉、味觉和触觉方面也同样被运用于品牌营销中，能有效为品牌带来第三维度优势。

基于巴萨罗（Barsalou）提出的**基础认知**（**grounded cognition**）[38]，克里斯纳（Krishna）的综述性文章提出了**基础情绪**（**grounded emotion**）存在的可能性和研究的必要性，同时构建了整合的"感官营销概念模型"（见图 4-3）[40]，具体阐述了感官营销研究的理论逻辑，并且说明了感官营销研究在研究范式上的独特之处。图 4-3 的左侧大框展现了感官营销研究对消费者认知过程的理论解读，而右侧小框则表明，感官营销研究与其他消费者行为研究一样，关注的结果变量包括消费者的态度、学习、记忆、行为等。该模型清晰地表明，不同于基于经典认知心理学的营销学研究，感官营销研究除了关注消费者对信息的心智处理过程，还更关注消费者的身体如何通过感官与外界进行交互，以及不同的感官感觉又如何影响后续的消费者情绪和认知过程。

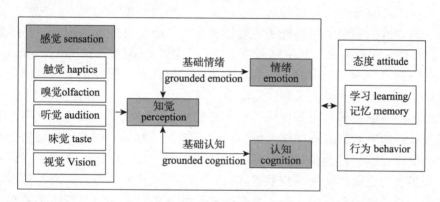

图 4-3　感官营销概念模型

之后，克里斯纳还在其专著中论述了五感分别如何令人意想不到地影响消费者的情感、态度和决策，其科学原理是什么，又有哪些营销场景和案例等。[31] Krishna 认为企业营销应当实施**感官转变**（**sensory makeover**）战略，而卓越的品牌应当在消费者心中烙下**感官印记**（**sensory signature**）。具体来说，感官营销不仅可以用来促进特定产品或服务属性的感知，如颜色和味道等，还可以用来塑造消费者潜意识对产品或服务更抽象的感知，如其温暖和高品质等品牌特性。

经典与前沿研究 4-5　非感官评论更有效？

2. 五种感官体验

感官营销能够影响消费者的情感、认知和行为等方面，如消费者的道德。在视觉刺激方面，白色刺激与道德善良的积极刺激相联系，而黑色刺激与非道德的消极刺激相联系[33]；不仅如此，在味觉方面，甜味物质会引发对他人的善意、有利的判断，而由苦味引起的身体厌恶会引发道德厌恶感[34]。本节将围绕感官营销分别探讨五种感官相关的研究，了解感官营销的影响，也为营销管理人员提供更加精细化的营销建议。

1）触觉系统

皮肤作为触觉感受器占据了人体的大部分表面积，可以为人类提供包括温度、硬度、光滑度和重量等丰富的环境物理信息。触觉的影响具体可以划分为四种类型：人际直接触觉（人–人）、人际间接触觉（人–物–人）、产品触觉（人–产品）、环境触觉（人–环境）。

人际直接触觉会影响人际关系。具体来说，皮肤是人体面积最大的社交器官[35]，人与人的皮肤接触可能对营销结果产生正面作用，也可能带来负面后果。而人际接触倾向和偏好受个体差异的影响，有人接受和习惯在人际交往过程中产生身体接触，但有人并不接受，甚至很排斥。已有学者开发了用于衡量这一倾向和偏好的个体差异的量表，即**人际触摸舒适度**（**comfortable with interpersonal touch，CIT**）量表，该量表包含了发起触摸（即触摸他人的行为）和接受触摸（即被他人触摸的行为）之间的区别[36]。例如，有研究发现如果服务人员是自愿而非被企业要求与顾客发生触碰时，他们会更愿意在后续的服务过程中增加与顾客的互动和更关心顾客[37]。

除了人与人之间发生的直接触碰，还可能发生间接触碰的情况。触觉是以物理接触为前提的，所以人们会理所当然地认为触摸意味着自己的身体会"沾染"其他物体上的物质。因此，有研究提出人际间接触摸会造成**"消费者污染"**（**consumer contamination**）的感知，并对后续行为产生影响[38]。目前大多数的研究都是围绕传染效应的负面影响，尤其是食品和服装等品类被他人触碰后通常会导致消费者对其的估值、购买意愿和评价降低。例如污染与服装租赁主张形成了根本性的冲突，是成功租赁的心理和实践障碍，所以管理人员必须采取措施减少整个价值链的污染[39]。但是，也有一些特殊情境下，消费者反而会更愿意购买被触碰过的产品。例如，二手产品的消费本身就象征着将这些产品现在的购买者与之前的使用用户联系起来，会吸引孤独的消费者，而在新型冠状病毒大流行期间，消费者的孤独感上升，象征性连接的欲望是孤独对消费影响的基础[40]。

消费者也会受触碰产品本身影响。在网购盛行的时代背景下，仍有很多消费者选择在实体商店进行购物，喜欢在实体商店购物的触觉体验。消费者触觉的需求会不知不觉地影响其消费行为。从古老的由销售员帮消费者拿想要购买的商品到沃尔玛等大型超市由消费者自己随时拿下货架上的商品，触摸它和感受它，这样的触摸其实会增加消费者对该商品的购买意愿。一旦消费者拥有了物品，他们对该物品的估值就会增加，这一发现通常被称为**禀赋效应**（**endowment effect**）。并且，消费者对产品触觉的心理需求导致消费者之间的个体差异。已有学者开发了专门针对产品购买情境的**触摸需求**（**need for touch，NFT**）量表，该量表将消费者触摸划分为工具性触摸（带有购买目标的结果导向触摸，以判断产品的质量或价值）和意愿性触摸（以享乐为导向的反应，喜欢触摸带给自己的体验）[41]。在不同的市场环境中（包括杂货店、餐馆和电子商务），营销人员似乎会随意地展示有包装和不带包装的产品。而包装除了具有物理功能，还能够充当象征性屏障，将产品与自然分开，会导致不太有利的产品反映。但是，当产品信息或零售标牌能够突出产品与自然的联系时，包装的负面影响会减弱[42]。

环境触觉与其他感官体验的不同之处在于，触觉不可能存在

经典与前沿研究 4-6　购物时把手揣兜里就能管住自己的钱包？

感官的"零输入状态"。例如，人们闭上眼睛和堵上耳朵就可以使视觉和听觉处于零输入状态，但个体不可能存在于真空中使触觉零输入，即使是在睡眠和静止站立的状态仍然存在触觉体验。环境中的众多物理属性都可以通过触感刺激个体，如温度、光滑度和硬度等。例如，环境温度对消费者决策的影响主要体现在环境温度影响任务绩效[43]、冒险倾向[44]和情感决策[45]等。

2）嗅觉系统

嗅觉是由各种可挥发的物质微粒作用于鼻腔上部的嗅觉细胞所引起的。嗅觉的类型也可以被称为气味的种类，主要包括香味、臭味及由此混合产生的各种味道。在我们的日常生活中，有很多人没有留意到却已经被很多嗅觉营销所影响了。如今嗅觉营销大多出现在餐饮和酒店行业。例如：每当我们进入星巴克就可以闻到店内有很浓郁的奶香味和咖啡香；当我们去好利来购买糕点时，也会感受到充足的烘焙味道；四季酒店通过利用花香调成与草木混合的香味使消费者置身其中时能体验到放松的感觉。这些例子都是嗅觉营销的体现，通过嗅觉营销塑造消费者认知，进而影响消费者行为。不仅如此，香味广告还可以增强消费者对广告产品的亲近感，从而增加了产品的吸引力，并且这种效果甚至适用于令人不快的气味，但这取决于气味代表广告产品的能力。[47]

经典与前沿研究 4-7 看到饼干的味道

3）听觉系统

声音是由振动产生的，而人的听觉是由震动频率为 16～20000Hz 的声波作用于人的内耳柯蒂氏器官的毛细胞所引起的。听觉一般被划分为三种形式，包括言语听觉、乐音听觉和噪声听觉，同时听觉可以分辨声音的音调、响度、音色和持续性这四种属性。最熟悉的听觉营销方式之一就是通过调节音量大小实现的。例如，促销活动现场的音乐音量通常较大以促进消费者聚拢，而高档的购物场所通常会选择高雅的轻音乐作为背景音乐。除了改变声音属性，品牌还可以通过音乐和产品本身的声音等方式实现听觉营销。音乐作为一种环境线索，会对消费者的情绪、感知和行为产生显著的影响[49]。当消费者在购物时听到更熟悉的背景音乐（相较不太熟悉的背景音乐）时，会减少实际购物时间，但是当消费者获得有限购物时间时，在更熟悉背景音乐环境下，他们的购物持续时间会增加[50]。不同的环境声音类型（包括人声、动物声和器乐声）还会影响个体对社交存在感的感知及对停车场和地铁站等公共场所安全感的判断，进而影响其满意度和购买意愿[51]。

经典与前沿研究 4-8 安静的不安

4）味觉系统

对哺乳类动物而言，味觉系统是由口腔内的舌头及连接舌头与大脑之间的神经系统所组成。人类的味觉主要有四种基础性味道，包括酸、甜、苦、咸，其他味觉都是基于这四种基础性味道产生的。在很多超市和商场里，我们都可以遇到一些免费试吃活动，这种试吃通过刺激消费者的味觉最终吸引消费者购买产品。味觉体验还会对个体的一些社会判断产生具身效应。例如，当个体准备好感恩而不是骄傲时，他们会选择更多的甜食和更少的非甜食，这是一种通过将积极的结果归因于自我的积极情绪。[53]味觉也会显著影响道德判断，如身体厌恶（通过苦味诱发）会引发道德厌恶。[54]

5）视觉系统

视觉是通过眼睛这一感受器接收品牌颜色、商店布局和商品陈列等感觉输入，消费者行为学研究中的大多数与信息加工有关的信息刺激都是通过视觉系统实现的。感官营销综述性文章提出视觉营销内容包括关注空间特征、颜色和环境亮度等无关信息内容的视觉特征对消费者影响的研究。[55]

经典与前沿研究 4-9 品尝字体

空间特征的影响主要体现在**认知偏差**（cognitive bias）和**隐喻认知**（metaphorical cognition）两个方面，如形状发生微小变化导致消费者发生判断错误就是出现了认知偏差，而隐喻认知可以被划分为形状隐喻、长度隐喻、位置隐喻和其他空间特征隐喻。例如，市场上有很多类似人类形状的产品存在，如瓶装可口可乐等。有研究证实高身体质量指数的个体在看到瘦弱的、类似人类的形状后往往会沉迷于消费[56]。

知识拓展 4-1 具身理论

颜色偏好的形成主要有两种可能的原因，是先天形成的和是后天共享情感意义、生活经验或其他方面习得的[62]。不同的市场群体也会对颜色产生不同的偏好，如不同性别的颜色偏好不同，男性（相比女性）更偏好深蓝色，而女性（相比男性）则更偏好绿色和蓝色[63]。不同颜色给消费者的影响也有很大的不同，从生活中我们就可以发现很多与颜色影响个体有关的例子，如快餐店为了促使顾客加快就餐速度可能就会将餐厅布置成以红色为基础色等。不仅如此，使用不同形状和颜色的物体和产品，以及增加颜色饱和度都会增加尺寸感知。[64]也有研究提出形状（颜色）是一个高层次的（低层次的）视觉特征，证实无论未来事件的时间距离如何，形状都是可视化的持续焦点，而对颜色的关注则随着时间距离的增加而减少。[65]

经典与前沿研究 4-10 寒冷与奢侈品？

视觉也与其他感官紧密联系，目前也有很多视觉与其他感官交互的研究。基于个体生理功能和日常积累的生活经验，消费者的视觉逐渐成为触觉的先导，进而使色彩产生了冷暖。例如，红、橙、黄使人联想到太阳，产生温暖的感觉，而蓝色更容易使人联想到大海和天空，产生寒冷的感觉。并且，暴露于寒冷物体的图像也可以导致身体产生寒冷的感觉，这反过来还会增加孤独感。[66]

4.2.3　信息处理过程

信息处理（information processing）是刺激物被感知、被转化成信息和被存储的一系列活动。信息本身提供两种非常重要的机能，即影响个人发展、影响个人生活方式的各种群体与个人的纽带，包括作为营销者与个人的纽带。然而，只有经过处理活动才能使信息变为有用的信息。如图 4-4 所示，信息处理主要包含四个关键步骤，分别是**暴露**

（exposure）、关注（attention）、解释（interpretation）和记忆（memory）。**暴露**发生于当刺激物（如广告牌）出现在人们的感官接受神经范围内时。接着，接收神经将感觉信息传递至大脑进行处理，这一过程即是**关注**。**解释**则是对接收到的信息赋予意思或意义。最后，**记忆**是对刺激物的意义在短期内予以运用或将其长期保留。

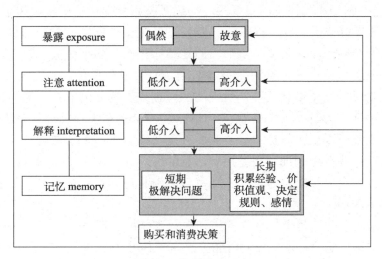

图 4-4　信息处理过程

以图 4-5 左侧的广告图为例，当左侧广告图进入眼的感觉器官范围时，暴露就会产生。而个体对该广告图判断为"有趣的"，这体现了个体对特定刺激的投入程度，即关注。接着，个体对其赋予了"这个广告是在试图表达品牌的风格"的意义（解释阶段），这就意味着完成了信息的知觉过程。

图 4-5　信息处理过程举例

资料来源：https://www.socialmarketings.com/casedetails/2937

1. 暴露

当刺激物出现在我们的感觉接收神经范围内时，我们称之为**暴露**。基于暴露特性，营销人员应该考虑在什么时间、通过什么媒介来传递什么样的信息。暴露主要有主动性和自我选择性这两个特性：主动性指的是暴露仅需将刺激物置放在个人相关环境之内；而自我选择性是指展现在个人面前的刺激物大多是个体自主选择的结果，人们往往自主选择看哪些刺激物而回避其他刺激物。相应地，暴露也有两种类型，分别是有意识、有目的的暴露和随机的、偶然的暴露（如在商店里的浏览）。

前文也有提到触觉是不可能存在零输入情况的，其实在日常生活中，除了触觉，人类还无时无刻不暴露在光线、声音和气味中。但是，每一种感觉都存在一个能够识别的刺激范围，而能被感受通道识别的最低限度的刺激就是感受通道的**接收阈限**（threshold）。其中，**绝对阈限**（absolute threshold）是指特定感觉渠道所能察觉到的最小刺激量。绝对阈限对设计营销刺激非常重要。例如，地铁站广告屏上的字体太小导致路过的乘车者看不到（低于该乘车者的绝对阈限），这个广告就是没有价值的。**差别阈限**（differential threshold）是指感觉系统察觉两种刺激之间的差别或者变化的能力。能够察觉到两种刺激之间的最小差别成为**最小可觉察差别**（just noticeable difference，JND.）。

营销人员主要可以从暴露这个环节获得五点营销启示：①消费者更倾向于避免更多的信息；②营销关键在于增加消费者接触信息的可能；③使有目的的暴露更容易；④扩大偶然接触机会和全方位的宣传，即在那些最能引起适当的目标消费者接触的环境中进行宣传；⑤维持暴露。

那么，从暴露到关注是个什么样的机制呢？选择性暴露是一个选择/消除的机制，以及另一个比较关键的选择机制。我们可能会暴露于某种刺激物，但是它并不会影响我们，除非经过第二个机制。想象我们现在在一个很拥挤的房间，身边有很多熟人和朋友，周围都是对话、欢笑、碰杯子和音乐的声音，我们试图和几个朋友对话，可是周围的嘈杂声使我们很难对话。突然，听到房子的另一端有人提到我们的名字，于是我们立即发现提到我们名字的人并表现出兴趣。这是为什么呢？这就涉及信息选择机制的下一个路径——关注。

2. 关注

当刺激物激活我们的神经，由此引发的感受被传送到大脑做处理时，关注就产生了。关注的内涵包含有两个方面：一是选择性，即从许多的信息中选出一种特定的信息而忽略了其他信息的选择过程。二是关注含有觉察和意识，关注一种刺激通常意味着意识到它的存在，同时也意味着紧张和激励。消费者或许被警醒要有目的地留意商品，而这种留意程度影响他们如何处理信息。广告应用中常用的吸引关注的一些技巧包括颜色、对比、新颖、幽默及这些技巧的结合（图4-6和图4-7）。

关注主要有刺激、个体和情境三个决定性因素。刺激因素是指信息的显著程度，如刺激的规模会影响关注力的程度。个体因素主要包括个体的各种特征、兴趣与需要，如当个体感知警戒时，可以确保消费者收到与他们的需要最相关的信息；而当个体感知防卫时，则可以保护个体远离威胁或矛盾的刺激。情境因素是指环境中除主体刺激物以外的刺激及因环境导致的暂时个人特征，如商场里音乐的使用。

关注的过程是沿着一个序列从高度自动的、无意识的称为潜意识关注的类型到可控制的、有意识的称为集中关注的类型进行变化的。换言之，潜意识关注更多用于熟悉的、经常遇到的概念运用，是经过组织的记忆中的表述，而集中关注是更多用于新奇的或不常遇到的概念，且没有很好组织的记忆中的表述。此外，介入程度也会影响关注，如介入程度对广告吸引受众的注意力具有的正面影响包括三个方面：记住广告的人数比例、广告的可信度、肯定的购买意愿（图4-8）。

图 4-6　广告的颜色和新颖技巧

资料来源：https://mp.weixin.qq.com/s/bdIoNnxJilMKFL3HkA_xWA、
https://m.sohu.com/a/335113245_703852/?pvid=000115_3w_a

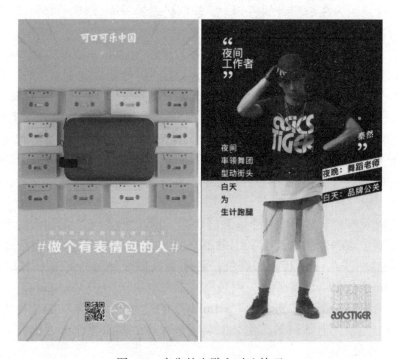

图 4-7　广告的幽默和对比技巧

资料来源：https://mp.weixin.qq.com/s/T4gB2o3zoakG6kOzjXxN3w、
https://mp.weixin.qq.com/s/GeqftI5q8RTh74-C4TJsCQ

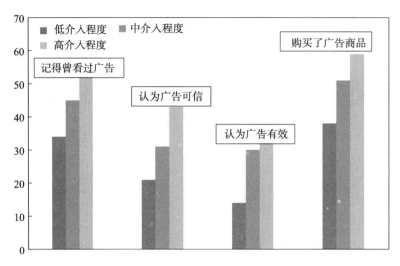

图 4-8　介入程度与广告反馈结果

3. 解释

许多年前，宝洁公司将 Cheer 洗涤剂作为一种高效清洁剂的新产品推出。然而，消费者显然认为这只是一种普通的洗涤剂，起初它不是特别成功。然后宝洁改变了产品颜色，把它变成了蓝色粉末，并继续将其作为高效洗涤剂进行推广，结果在全国取得了重大成功。这是因为在消费者的感知中，蓝色代表着干净、有效的解释，所以人们更愿意去购买这样的洗涤剂。

经典与前沿研究 4-11　恐惧带你告别"选择困难症"

一位著名的哈佛决策科学教授曾被一家零售商聘为顾问，该零售商向他请教提高商店销售效率的方法。当他到达商场时，他特别关心"讨价还价地下室"的女式上衣分布。这一领域"似乎"效率极低：上衣摆放杂乱无章，购物者浪费了许多时间来试图找到正确的尺寸。教授向管理层提及这一点后，第二天早上应邀改正并从零开始观察整个过程。他指出，在商店开门前，员工们不需要按大小整齐地排列上衣，而是将衣服混乱地扔在柜台上。出于某种原因，这种策略似乎增加了总销售额。很大一部分原因是在消费者的感知中，混乱的感觉可能与低价、性价比相联系，又或者是因为让消费者有了努力搜索的乐趣等。

这些都是源于解释，解释是指我们赋予感觉刺激物的意义。正如人们感知到的刺激物各有不同，赋予这些刺激物的意义也是不同的。由于经验的积累，在消费者心目中一些概念自然而然地联系在一起，如高价格等同于高质量或身份象征——即**概念流畅性**（**conceptual fluency**）。消费者赋予刺激物的意义取决于**图式**（**schema**），或者说是赋予刺激物的信念集合。在称为**初始化**（**priming**）的过程中，刺激物的某种特性将唤起一种图式，使得个体根据遇到过的其他类似刺激来对这个刺激物作出评价。[69]

1）解释的特征

解释包括三个重要方面。首先，它通常是一个相对而非绝对的过程，被称为**知觉相对性**（**perceptual relativity**）[70]。任何解释的做出，都是基于某个参考点。例如，视错觉现象（图 4-9）和海西（Hsee）做过的关于冰淇淋呈现模式的实验（图 4-10）。[71]如果单独展现两种模式，即小杯子的堆叠展现模式对比在大杯子内展现的模式，消费者更愿意支付小杯子的冰激凌，但如果同时展现两种模式，消费者则更愿意为分量更多的大杯子支付更高价格。

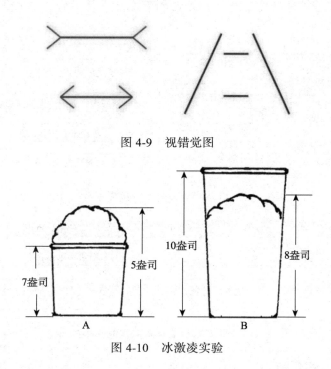

图 4-9 视错觉图

图 4-10 冰激凌实验

其次，解释是具有主观性的特征，从而不可避免地存在心理偏差。这一点从字面含义和心理含义的区别可以看出。字面含义是指某个词的一般意义，即词典中的结汇。心理含义是指基于个人或某个群体的经历、期望和词语使用的具体环境而赋予某个词以特定含义。

最后，解释包括**认知解释**（**cognitive interpretation**）与**情感解释**（**affective interpretation**）。认知解释是将刺激物置于既存的意思范围内来解释的过程，它也是刺激物与消费者现有知识经验相互作用的过程。情感解释是由某个刺激物引发的情感反应。和认知解释一样，许多刺激物都会在同种文化背景下引发"正常"的情感反应。此外，消费者的解释过程在以下四个重要方面可能有所不同，分别是自动的过程、水平、精细程度和记忆程度（见图 4-11）。

2）影响解释的特征

影响解释的特征主要包括个体特征、情境特征和刺激物特征。不同文化下人们有许多不同的习得行为，这些习得行为使人们对同一信息产生不同的理解，同时个体对刺激物的理解还倾向于与他们的期望相一致，这里的学习和期望都是影响解释的个体特征。并且，情境特征也会影响个人对刺激物的理解，如暂时性个人特征、个人可支配时间及环境外在特征，即"背景引发效果"。此外，刺激物为个体反应奠定了基本架构，如同一个符号，不同的信息接受者有不同的解释，符号包括词语、图片、音乐、色彩、表格、气味、气势、商品、价格等。不仅如此，图画能比语言更有效地反映现实，同时它能表达语言所表达不出来的意思。广告中的图像不仅作为单个符号将一定的意思传达给受众，而且各种图像和符号还相互影响产生叠加效果。例如，百事可乐曾经推出的水晶百事产品，许多消费者赋予符号的意义与公司希望引发的意义不一致，导致水晶可乐符号的目的失败了（见图 4-12）。

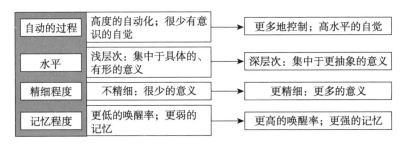

图 4-11　消费者的解释过程重点

图 4-12　百事可乐和消费者对水晶百事的理解

3）刺激物的组织原则

斯蒂芬·帕尔默（Stephen Palmer）在 2003 年的研究中将视觉感知（visual perception）过程划分为两个主要的子集，分别是将接收到的刺激组织成离散的知觉部分和元素，以及识别和进一步加工这些元素，并将其分类为人、计算机和书籍等。而这两个子集与构成思维的信息加工进程是一一对应的关系，加工过程包括**前注意**（**pre-attentive**），发生在注意力指向刺激之前，和**后注意**（**post-attentive**），当注意力指向刺激时才会发生[72]。不仅如此，当面对大量刺激时，视觉系统的第一个主要任务（即前文提到的"前注意"任务之一）是组织这些刺激，即个体必须弄清楚表象的哪些部分是属于一个组的，哪些是不属于一个组的。**分组**（**grouping**）是视觉组织的重要内容之一，通常指个体对环境事物进行排序的能力，使知觉对象变成一个有序的整体，而不是随机排列的刺激模式。不过，分组的原则不仅适用于视觉对象，也同样适用于听觉对象。

格式塔心理学家针对构成知觉和心理组织的过程，提出了**视觉组织原则**（**principle of visual organization**），解释了视觉环境中的大多数"顺序"（order），他们认为这些原则是知觉的基础。格式塔心理学，也称为完形心理学，是西方现代心理学的主要学派之一。"格式塔"一词源自德语"Gestalt"，意即"完整""完形"。格式塔主义者将知觉（和一般性思维）视为理解整体结构或关系的过程，而这些理解也并不只是将一组独立的感觉与思想组合在一起[73]。其中，格式塔的基本观点是理解整体或结构是我们知觉系统的自然趋势,是轻而易举的和自动完成的[74]。格式塔心理学派的观点提供了三种基本的刺激物组织原则:完形原则、相似性原则、主角与背景原则。

完形原则:指个体倾向于受整体特征而非局部特征的影响,这一现象也被称为**"整体优先效应"**(**global precedence effect**)[75]。例如,图4-13是联合利华品牌的标志,当我们看到这张图通常是先看到"U",接着才会观察到组成"U"的其他元素。但是,整体优先效应是普遍存在的吗?也有研究证实了局部和整体是一样重要的。甚至在一些文化(如来自非洲西南海岸国家纳米比亚北部的辛巴部落文化)中表现出了相反的结论,即**"局部优先效应(local precedence effect)"**[76]。

图 4-13 联合利华品牌标志
资料来源:https://www.unilever.com.cn/

相似性原则:将相似的物体分成一组的心理倾向。观察图4-14,我们会发现有2种圆,而不是15个圆。这就是因为我们的眼睛更容易将那些外表相近的物体归为一组。

主角背景原则:指个体将视觉场景分为一个背景和一个似乎叠加在背景之上的图形的心理倾向。以著名的"人脸花瓶幻觉"图(图4-15)为例:如果以黑色为背景,白色为图形,则是一个花瓶;如果以黑色为图形,白色为背景,则是两个人的侧脸。

图 4-14 相似性原则

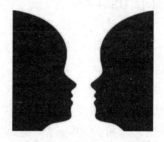

图 4-15 "人脸花瓶幻觉"图

此外,格式塔心理学派提出的刺激物组织原则还包括邻近性原则、**良好连续性原则和封闭性原则**等。并且,以上讨论的组织原则是相互关联的,但由于视觉刺激的特殊性,其中一个原则很可能优于另一个原则。

4)解释水平理论

解释水平理论(**construallevel theory,CLT**)认为人对远心理距离的事物会倾向于用高解释水平表征,即用主要、核心、本质、去背景化的特征来表征事物,如把钱表征为文字;而对近心理距离的事物则倾向于用低解释水平表征,即用次要、辅助、非本质、边缘化、细节化、背景化的特征来表征事物,如把钱表征为图片(图4-16)。

CLT的核心是心理距离的概念。例如,心理上遥远与近可以作为时间距离(在遥远的或较近的将来发生的事件),心理上遥远和近也可以作为空间距离(近处或者远处)、社交距离(和他人比较亲近或者疏远)和可能性(不确定与确定、假设与现实)的函数。

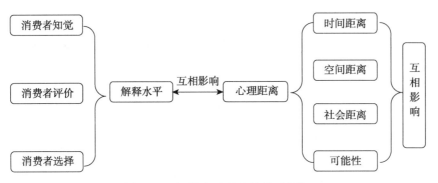

图 4-16　解释水平理论的模型框架

而心理距离会影响消费知觉、评价和选择。例如，当判断在心理距离较遥远时，消费者作质量推断时用"价格"的依赖性将提高；而当判断在心理距离相对接近时，消费者作质量推断时用"产品属性"的依赖性将提高。也就是说，当对另一个人而不是自己做出这些推断时，价格（属性）对质量推论的影响应该增加（减少）[77]。

4. 信息处理模式

人类思维包含两个层次的双加工模型，而双加工模型衍生出诸多子模型，如**精细化加工可能性模型**（elaboration likelihood model，ELM）、**启发–系统模型**（heuristic-systematic model，HSM）等。虽然不同的双加工模型对两类加工系统的机理、特征的看法具有差异，但普遍认为：第一系统是人类直觉系统，具有自动、快速、内隐、不耗费思考、情绪化等特征；第二系统是推理过程，具有有意识、较慢速、外显、逻辑性、耗费思考等特征。

ELM 模型是一种基于态度转变过程中信息加工模式的理论，在态度转变研究的领域被广泛认可和引用。该理论认为，根据人们对信息精细化加工程度的不同，人们对某个客体的态度转变大致可分为通过**中枢路径**（central route）或**边缘路径**（peripheral route）两种方式（图 4-17）。通过中枢路径形成的说服方式，把态度转变看成是消费者在认真考虑和综合分析有关客体本身特征的信息后形成的结果；通过边缘路径形成的说服方式则把消费者对某个客体的态度转变归因于与客体相关的边缘因素，如信息源、证据数量等。[78]ELM 模型的基本原则是：不同的说服方法依赖于对客体信息精细化加工可能性的程度。当精细加工的可能性较高时，说服的中枢路径有效；当这种可能性低时，则是边缘路径有效。[79]

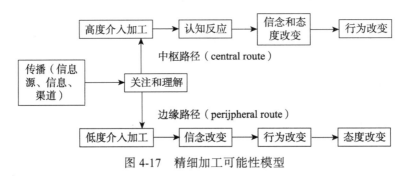

图 4-17　精细加工可能性模型

HSM 模型是一种广泛认可的沟通模型，用于解释人们如何接受和处理劝说性信息。该模型将个体的认知加工划分为启发性地或系统性地，其中加工的努力程度由动机和认知能力决定[80]。启发性信息处理模式中，人们仅通过很少的，甚至一个信息线索就形成判断[81]；而系统性信息处理模式中，人们会考虑几乎所有相关的信息碎片，并对其进行加工，再形成最终的判断[82]。

经典与前沿研究 4-12 获取信息的方式如何影响分享？

ELM 和 HSM 模型存在共通之处，首先这两个模型都将对信息的加工作为一个续谱，而信息加工的深入程度均由个体的动机和认知能力决定：当个体进行信息加工的动机和能力水平较低时，通常是边缘路径或启发式起作用；而动机和能力水平较高时，个体进行的是中枢路径或系统式加工。同时，二者都强调不同的加工方式会以互动的方式影响个体的态度改变[83]。

参考文献

[1] 夏征农. 辞海[M]. 上海: 上海辞书出版社, 1999.

[2] ENGEL J F, BLACKWELL R D, MINIARD P W. Consumer behavior[M]. Cohicago: Dryden Press, 1986.

[3] KAYODE O. Marketing Communications 1st Edition[J]. 2014.

[4] MEYEROWITZ B E, CHAIKEN S. The effect of message framing on breast self-examination attitudes, intentions, and behavior[J]. Journal of personality and social psychology, 1987, 52(3): 500.

[5] TSAI S P. Message framing strategy for brand communication[J]. Journal of Advertising Research, 2007, 47(3): 364-377.

[6] KANOUSE D E. Explaining negativity biases in evaluation and choice behavior: theory and research[J]. ACR North American Advances, 1984.

[7] LAU R R. Two explanations for negativity effects in political behavior[J]. American Journal of Political Science, 1985: 119-138.

[8] MAHESWARAN D, MEYERS-LEVY J. The influence of message framing and issue involvement[J]. Journal of Marketing Research, 1990, 27(3): 361-367.

[9] KANOUSE D E, HANSON JR L R. Negativity in evaluations[C]//Preparation of this paper grew out of a workshop on attribution theory held at University of California, Los Angeles, Aug 1969. Lawrence Erlbaum Associates, Inc, 1987.

[10] MAHESWARAN D, MEYERS-LEVY J. The influence of message framing and issue involvement[J]. Journal of Marketing Research, 1990, 27(3): 361-367.

[11] CESARIO J, GRANT H, HIGGINS E T. Regulatory fit and persuasion: transfer from"feeling right."[J]. Journal of Personality and Social Psychology, 2004, 86(3): 388.

[12] GALLAGHER K M, UPDEGRAFF J A. Health message framing effects on attitudes, intentions, and behavior: a meta-analytic review[J]. Annals of Behavioral Medicine, 2012, 43(1): 101-116.

[13] ROMERO M, BISWAS D. Healthy-left, unhealthy-right: can displaying healthy items to the left (versus right) of unhealthy items nudge healthier choices?[J]. Journal of Consumer Research, 2016, 43(1): 103-112.

[14] GOLDSTEIN N J, CIALDINI R B, GRISKEVICIUS V. A room with a viewpoint: using social norms to motivate environmental conservation in hotels[J]. Journal of Consumer Research, 2008, 35(3): 472-482.

[15] MAIER C, LAUMER S, ECKHARDT A, et al. Giving too much social support: social overload on social networking sites[J]. European Journal of Information Systems, 2015, 24(5): 447-464.

[16] EVANS G W, RHEE E, FORBES C, et al. The meaning and efficacy of social withdrawal as a strategy for coping with chronic residential crowding[J]. Journal of Environmental Psychology, 2000, 20(4):

335-342.

[17] LU J, WU D, MAO M, et al. Recommender system application developments: a survey[J]. Decision Support Systems, 2015, 74: 12-32.

[18] ZHANG S, YAO L, SUN A, et al. Deep learning based recommender system: a survey and new perspectives[J]. ACM Computing Surveys (CSUR), 2019, 52(1): 1-38.

[19] BAEK H, AHN J H, CHOI Y. Helpfulness of online consumer reviews: readers' objectives and review cues[J]. International Journal of Electronic Commerce, 2012, 17(2): 99-126.

[20] FANG B, YE Q, KUCUKUSTA D, et al. Analysis of the perceived value of online tourism reviews: influence of readability and reviewer characteristics[J]. Tourism Management, 2016, 52: 498-506.

[21] SCIANDRA M R, INMAN J, STEPHEN A T. Smart phones, bad calls? the influence of consumer mobile phone use, distraction, and phone dependence on adherence to shopping plans[J]. Journal of the Academy of Marketing Science, 2019, 47: 574.

[22] BARWISE P, BELLMAN S, BEAL V. Why do people watch so much television and video?: implications for the future of viewing and advertising[J]. Journal of Advertising Research, 2020, 60(2): 121-134.

[23] 丁夏齐, 王怀明, 马谋超. 名人推荐者道德声誉对名人广告效果的影响[J]. 心理学报, 2005(3): 382-389.

[24] KELMAN H C. Processes of opinion change[J]. Public Opinion Quarterly, 1961, 25(1): 57-78.

[25] 周象贤. 名人广告效果的影响因素及其理论探讨[J]. 心理科学进展, 2009, 17(4): 811-820.

[26] 孟陆, 刘凤军, 陈斯允, 等. 我可以唤起你吗——不同类型直播网红信息源特性对消费者购买意愿的影响机制研究[J]. 南开管理评论, 2020, 23; (1):131-143.

[27] 孟陆, 刘凤军, 段坤, 等. 信息源特性视角下网红直播对受众虚拟礼物消费意愿的影响[J]. 管理评论, 2021, 33(5): 319-330.

[28] MELUMAD S, MEYER R. Full disclosure: how smartphones enhance consumer self-disclosure[J]. Journal of Marketing, 2020, 84(3): 28-45.

[29] KRISHNA A. An integrative review of sensory marketing: engaging the senses to affect perception, judgment and behavior[J]. Journal of Consumer Psychology, 2012, 22(3): 332-351.

[30] 叶浩生. 认知与身体: 理论心理学的视角[J]. 心理学报, 2013, 45(4): 481-488.

[31] KRISHNA A. Customer sense: how the 5 senses influence buying behavior[M]. Springer, 2013.

[32] LOPEZ A, GARZA R. Do sensory reviews make more sense? The mediation of objective perception in online review helpfulness[J]. Journal of Research in Interactive Marketing, 2021.

[33] CHAN E Y, MENG Y. Color me moral: white and black product colors influence prosocial behaviors[J]. Psychology and Marketing, 2021, 38(1): 212-224.

[34] ESKINE K J, KACINIK N A, PRINZ J J. A bad taste in the mouth: gustatory disgust influences moral judgment[J]. Psychological Science, 2011, 22(3): 295-299.

[35] MCGLONE F, WESSBERG J, OLAUSSON H. Discriminative and affective touch: sensing and feeling[J]. Neuron, 2014, 82(4): 737-755.

[36] WEBB A, PECK J. Individual differences in interpersonal touch: on the development, validation, and use of the "comfort with interpersonal touch"(CIT) scale[J]. Journal of Consumer Psychology, 2015, 25(1): 60-77.

[37] LUANGRATH A W, PECK J, GUSTAFSSON A. Should I touch the customer? Rethinking interpersonal touch effects from the perspective of the touch initiator[J]. Journal of Consumer Research, 2020, 47(4): 588-607.

[38] ARGO J J, DAHL D W, MORALES A C. Consumer contamination: how consumers react to products touched by others[J]. Journal of Marketing, 2006, 70(2): 81-94.

[39] CLUBE R K M, TENNANT M. Exploring garment rental as a sustainable business model in the fashion industry: does contamination impact the consumption experience?[J]. Journal of Consumer Behaviour, 2020, 19(4): 359-370.

[40] HUANG F, FISHBACH A. Express: feeling lonely increases interest in previously owned products[J]. Journal of Marketing Research, 2021: 00222437211030685.

[41] PECK J, CHILDERS T L. Individual differences in haptic information processing: the "need for touch" scale[J]. Journal of Consumer Research, 2003, 30(3): 430-442.

[42] SZOCS C, WILLIAMSON S, MILLS A. Contained: why it's better to display some products without a package[J]. Journal of the Academy of Marketing Science, 2021: 1-16.

[43] CHEEMA A, PATRICK V M. Influence of warm versus cool temperatures on consumer choice: a resource depletion account[J]. Journal of Marketing Research, 2012, 49(6): 984-995.

[44] HUANG X, ZHANG M, HUI M K, et al. Warmth and conformity: the effects of ambient temperature on product preferences and financial decisions[J]. Journal of Consumer Psychology, 2014, 24(2): 241-250.

[45] HADI R, BLOCK L. Warm hearts and cool heads: uncomfortable temperature influences reliance on affect in decision-making[J]. Journal of the Association for Consumer Research, 2019, 4(2): 102-114.

[46] PECK J, SHU S B. The effect of mere touch on perceived ownership[J]. Journal of Consumer Research, 2009, 36(3): 434-447.

[47] RUZEVICIUTE R, KAMLEITNER B, BISWAS D. Designed to s (m) ell: when scented advertising induces proximity and enhances appeal[J]. Journal of Marketing Research, 2020, 57(2): 315-331.

[48] KRISHNA A, MORRIN M, SAYIN E. Smellizing cookies and salivating: a focus on olfactory imagery[J]. Journal of Consumer Research, 2014, 41(1): 18-34.

[49] YORKSTON E. Auxiliary auditory ambitions: assessing ancillary and ambient sounds[M]//Sensory Marketing. Routledge, 2011: 187-198.

[50] YALCH R F, SPANGENBERG E R. The effects of music in a retail setting on real and perceived shopping times[J]. Journal of Business Research, 2000, 49(2): 139-147.

[51] SAYIN E, KRISHNA A, ARDELET C, et al. "Sound and safe": the effect of ambient sound on the perceived safety of public spaces[J]. International Journal of Research in Marketing, 2015, 32(4): 343-353.

[52] LOWE M L, LOVELAND K E, KRISHNA A. A quiet disquiet: anxiety and risk avoidance due to nonconscious auditory priming[J]. Journal of Consumer Research, 2019, 46(1): 159-179.

[53] SCHLOSSER A E. The sweet taste of gratitude: feeling grateful increases choice and consumption of sweets[J]. Journal of Consumer Psychology, 2015, 25(4): 561-576.

[54] ESKINE K J, KACINIK N A, WEBSTER G D. The bitter truth about morality: virtue, not vice, makes a bland beverage taste nice[J]. PloS one, 2012, 7(7): e41159.

[55] 钟科, 王海忠, 杨晨. 感官营销研究综述与展望[J]. 外国经济与管理, 2016, 38(5): 69-85.

[56] ROMERO M, CRAIG A W. Costly curves: how human-like shapes can increase spending[J]. Journal of Consumer Research, 2017, 44(1): 80-98.

[57] VELASCO C, HYNDMAN S, SPENCE C. The role of typeface curvilinearity on taste expectations and perception[J]. International Journal of Gastronomy and Food Science, 2018, 11: 63-74.

[58] BARSALOU L W. Grounded cognition[J]. Annual Review of Psychology, 2008, 59: 617-645.

[59] PROFFITT D R, BHALLA M, GOSSWEILER R, et al. Perceiving geographical slant[J]. Psychonomic Bulletin and Review, 1995, 2(4): 409-428.

[60] BARSALOU L W. Grounded cognition[J]. Annual Review of Psychology, 2008, 59: 617-645.

[61] PROFFITT D R, BHALLA M, GOSSWEILER R, et al. Perceiving geographical slant[J]. Psychonomic Bulletin and Review, 1995, 2(4): 409-428.

[62] 晏维, 柴俊武, 倪得兵. 自我概念和产品属性对消费者颜色偏好的影响[J]. 中国管理科学, 2013 (S2): 412-419.

[63] ELLIS L, FICEK C. Color preferences according to gender and sexual orientation[J]. Personality and Individual Differences, 2001, 31(8): 1375-1379.

[64] HAGTVEDT H, BRASEL S A. Color saturation increases perceived product size[J]. Journal of Consumer Research, 2017, 44(2): 396-413.

[65] LEE H, FUJITA K, DENG X, et al. The role of temporal distance on the color of future-directed imagery: a construal-level perspective[J]. Journal of Consumer Research, 2017, 43(5): 707-725.

[66] CHOI J, RANGAN P, SINGH S N. Do cold images cause cold-heartedness? The impact of visual stimuli on the effectiveness of negative emotional charity appeals[J]. Journal of Advertising, 2016,

45(4): 417-426.

[67] PARK J, HADI R. Shivering for status: when cold temperatures increase product evaluation[J]. Journal of Consumer Psychology, 2020, 30(2): 314-328.

[68] COLEMAN N V, WILLIAMS P, MORALES A C, et al. Attention, attitudes, and action: when and why incidental fear increases consumer choice[J]. Journal of Consumer Research, 2017, 44(2):ucx036.

[69] SOLOMON M, RUSSELL-BENNETT R, PREVITE J. Consumer behaviour[M]. Pearson Higher Education AU, 2012.

[70] MOTHERSBAUGH L D, HAWKINS I D. Consumer behavior: building marketing strategy[M]. McGraw-Hill, 2016.

[71] HSEE, C. Attribute evaluability and joint-separate evaluation reversals [J]. Choices, Values, and Frames (Ed. Kahneman & Tversky), 2000,543-63, Cambridge.

[72] PALMER S E. Visual perception of objects[J]. 2003.

[73] STERNBERG, ROBERT J.; STERNBERG, KARIN. Cognitive Psychology (6th ed.) [M]. Belmont, CA: Cengage Learning, 2012.

[74] BRITANNICA E. Britannica concise encyclopedia[M]. Encyclopaedia Britannica, Inc., 2008.

[75] NAVON D. Forest before trees: the precedence of global features in visual perception[J]. Cognitive psychology, 1977, 9(3): 353-383.

[76] DAVIDOFF J, FONTENEAU E, FAGOT J. Local and global processing: observations from a remote culture[J]. Cognition, 2008, 108(3): 702-709.

[77] SENGUPTA Y J. Effects of construal level on the price-quality relationship[J]. Journal of Consumer Research, 2011, 38(2):376-389.

[78] PETTY R E, CACIOPPO J T , DAVID S. Central and peripheral routes to advertising effectiveness: the moderating role of involvement[J]. Journal of consumer research, 1983(10) : 135-146.

[79] PETTY R E, CACIOPPO J T. The elaboration likelihood model of persuasion. Advances in experimental social psychology[M]. New York :Academic Press, 1986: 123-205.

[80] CABALLERO M J, LUMPKIN J R, MADDEN C S. Using physical attractiveness as an advertising tool: an empirical test of the attraction phenomenon[J]. Journal of Advertising Research, 1989.

[81] TAM K Y, HO S Y. Web personalization as a persuasion strategy: an elaboration likelihood model perspective[J]. Information systems research, 2005, 16(3): 271-291.

[82] TODOROV A, CHAIKEN S, HENDERSON M D. The heuristic-systematic model of social information processing[J]. The persuasion handbook: Developments in theory and practice, 2002: 195-211.

[83] 马向阳, 徐富明, 吴修良, 等. 说服效应的理论模型、影响因素与应对策略[J]. 心理科学进展, 2012, 20(5): 735-744.

[84] CHEN Z, BERGER J. How content acquisition method affects word of mouth[J]. Journal of Consumer Research, 2016, 43(1): 86-102.

即测即练

自学自测　　扫描此码

第 5 章

体 验 消 费

◆ **本章要点**

本章的主要学习目标包括：

1. 理解消费者体验的概念和分类；
2. 了解体验消费是如何崛起的，以及体验消费所具有的重要特征；
3. 理解体验消费的影响因素和后果；
4. 掌握 2020 年以来体验消费呈现出哪些新的时代特征。

◆ **开篇案例**

体验消费浪潮：泡泡玛特如何成中国"潮玩第一股"？

2021 年"6·18"结束以后，京东数据显示，"6·18"期间，京东潮玩 25 岁及以下消费者增长 280%，手办模型、盲盒等"潮流玩具"成为当代年轻人最烧钱的爱好。"潮流玩具"又叫设计师玩具，是融入艺术、绘画、设计、雕塑和潮流等多元理念的玩具，甚至是"艺术品"，而这类玩具的"玩法"则是有别于传统直接售卖的娱乐互动性获取方式，如抽盲盒、夹娃娃等。被称为"盲盒第一股"的泡泡玛特已经在港股上市，是中国最大且增长最快的潮流玩具公司之一。

泡泡玛特公司成立于 2010 年，企业最初定位为文创产品类，销售各种文创产品。2015年，泡泡玛特转向发展盲盒类商品，并于 2016 年与泡泡玛特的招牌形象 Molly 进行了签约，之后便以 Molly 为基础进行各种主题的创作，推出系列盲盒，并与各种品牌联名，创作出主题盲盒；设计推出泡泡玛特形象摆件、泡泡玛特 IP 周边产品等（见图 5-1）。截至 2021 年 12 月 31 日，泡泡玛特在中国大陆的线下直营门店达到 295 家，拥有 1611 台机器人商店，深度覆盖了全国 103 个城市。

泡泡玛特的成功，主要是抓住了消费者在物质需求以外的情绪体验需求。一方面，"盲盒"就像一种特别的仪式，消费者在打开之前并不知道盲盒当中是什么，但是内心已经有了一定的预期，随着答案的揭晓，有可能是惊喜的振奋，也可能是平淡无奇的"小确幸"，从中体会到的从紧张、期待到失望或是惊喜的种种感受，是其他商品难以具备的情绪体验。另一方面，角色 IP 也承载了不同消费群体内心的价值观念折射，是年轻人表达自我的一种独特方式。2020 年泡泡玛特推出的 Skullpanda 一经预售便被抢空，该系列产品以滑板少年、街舞教练等潮流职业为角色，正是当代城市青年多彩生活方式的表现，引发了目标受众的共鸣。

图 5-1　泡泡玛特旗下的 IP 形象

潮玩手办流行的背后，反映了中国当下消费需求的快速增长和升级，体验消费等新兴消费概念和消费方式开始出现。

资料来源：泡泡玛特官方网站介绍：https://www.popmart.com/home/about，500 个品牌案例 | 泡泡玛特：中国"潮玩第一股"：https://new.qq.com/rain/a/20220830A0ATOR00

5.1　体　验　概　述

5.1.1　体验的概念

开篇案例中，泡泡玛特所售卖的玩偶模型本身并不是一个全新的商品，但是泡泡玛特通过盲盒、联名 IP 等形式让潮玩手办在审美以外有了更多的情感体验，而正是这样创新性的体验俘获了新一代年轻消费者。

体验这个词我们普通人并不陌生，宽泛地说，我们做的每一件事、吃的每一顿饭都可以称作一种体验。追根溯源地来看，体验一词的拉丁词源是"experientia"，意为"探查、试验"；在《现代汉语词典》（第七版）当中，对体验的解释则为"通过实践来认识周围的事物"[1]。

与"体验"一词常被当作近义词混用的词有"经验""感受"和"感觉"等，相比而言，"体验"所蕴含的意义更为丰富和多元，既有类似"经验"强调人的客观经历过程，也有类似"感受"强调人的主观体悟。我们古人先贤对"体验"一词的使用便体现出了这种多元性。例如：《朱子语类》卷一一九中"讲论自是讲论，须是将来自体验"，强调亲身经历或者实地领会；苏轼《奏论八丈沟不可开状》中"臣体验得每年颍河涨溢水痕"，则更强调查核或者考察。

通俗地理解，"体验"就是通过对事物进行亲身经历和感受，由此体悟并形成独特的记忆。在学术研究当中，"体验"的概念内涵在不同的学科当中则各有不同的侧重。

哲学当中早期将体验视作一种主观的知识领悟过程，认为体验是感性的。与此相对的，逻辑推演则是理性的、客观的。前者代表了以休谟为代表的经验论，后者则是以莱布尼茨为代表的唯理性论。康德对双方的观点进行了批判性继承，即承认人类的认识活动就是用先天的认识能力对感官提供的后天经验进行整理，才能形成科学知识，因此人们头脑中任何一个科学知识都是这两方面组成的，二者缺一不可。在这之后的哲学思辨中，尽管对体验的内涵有了更丰富和多元的解释，但是对体验的概念依然以"内在知觉"的觉醒为主[2]。

心理学对体验的概念辨析也经历了复杂的历史。早期心理学刚从哲学当中独立之时，着手进行的主要研究就是探求人类"体验过程的心理活动"，这一时期的心理学研究参与者在实验室当中接受特定的刺激或者完成特定的任务，之后向实验者详细地报告期间自己的心理活动，最后由实验者整理分析报告资料以得出某种心理学结论。这个时期的心理学将"体验"定义为一种人类认识把握世界的主要心理方式之一[3]，与早期古人先贤强调"考察、领会"的宗旨是一致的。后期心理学的发展更多偏向认知神经科学，这时期的心理学对"体验"的定义为：人类中枢神经系统对内外环境刺激的反应[4]。这是一种还原论取向的解释，尽管能够给出最接近自然科学原理及意识生物学本质的答案，但似乎却难以指导"体验"这一概念在人类活动中的应用。

在教育学里，对"体验"着重强调为一种获取直接知识或经验的手段。正如古诗所说的"纸上得来终觉浅，绝知此事要躬行"，教育学中的"体验"强调的是在对事物的感受和认识基础上，对事物产生进一步深刻的情感或理解，并内化为有意义的联想和领悟[5]。

在商学领域，"体验"可以说是有很长的过去，但只有很短的历史。社会文明伴随着商业的发展，人类的需求开始超越基本的温饱，进而追求更多元化的高级感受。早在农业经济时代，文人墨客们就常有"浮生长恨欢娱少"的感慨，在这个时期，歌舞表演、盛宴聚会等活动中，无不体现着人类对丰富体验的追求，但这个时期的商业体验，更多是只有士族大夫阶层才能享受的奢侈活动。直到进入工业文明以后，随着物质需求被进一步满足，普通人也可以开始接受餐厅、旅馆、电影院等专业场所提供的服务，这时候的体验开始飞入寻常百姓家，人类社会步入了"服务经济"时代。这个时期，虽然商家和消费者都开始注重消费过程中除了物质商品以外的服务感受，但是人们往往将这种感受归属于服务所带来的附加价值，尚未能真正认识到"体验"本身就可以是一种售卖的商品。

派恩（Pine）和吉尔莫（Gilmore）是较早将体验单独作为一种商品概念进行定义的学者，他们认为，产品是生产出来以后才售卖给消费者的，而服务则是按需提供的[6]。当服务也可以开始被大规模地进行定制时，专门的"体验售卖"就产生了，这种大规模定制的服务超越了传统意义上的产品和服务，成为一种独特的"体验经济"。此后也有不同学者根据具体的领域对体验进行了定义，例如施密特（Schmitt）从体验营销的角度提出体验"提供了感官、情感、认知、行为和关系等方面的价值"[7]，巴格达雷（Bagdare）和杰恩（Jain）则从零售业的角度认为体验是"在整个购买过程中产生的认知、情感、感觉和行

扩展阅读 5-1 商学领域
对体验定义的百家争鸣

为反应的总和，涉及零售业中与人、物、过程和环境的一系列综合互动"[8]。

总而言之，在如今的商业社会，体验无处不在。旅行的体验、驾驶的体验、观影的体验、移动互联网的体验，这些体验的价值随着人类商业文明的发展越来越受到重视。

5.1.2　消费者体验的类型

在体验成为一种独立的商品进行售卖之前，营销领域早从 20 世纪 70 年代开始就已经关注消费者在使用商品或接受服务过程中的感受，但彼时更多关注的是消费者满意度和品牌关系，直到 20 世纪 80 年代以后，霍尔布鲁克（Holbrook）和赫希曼（Hirschman）将体验作为一个单独的概念拎出阐释[9]，这才让体验营销的概念深入人心，并让"消费者体验"成为继消费者满意度以后，理解消费者行为的一个核心概念。

体验式营销的关键理念之一是，价值不仅仅体现在购买对象（产品和服务）的实用性，还围绕着产品和服务的体验性元素。而体验，可以是一种娱乐，也可以是一种消遣，还可以是寻求冒险。为此，不同的学者对消费者体验的维度结构与类型进行了探索及总结。

派恩和吉尔莫认为体验至少包含四种元素之一[6]，也就是体验的"4E 理论"：娱乐（entertainment）、教育（education）、逃离（escape）、美感（esthetic）。

（1）娱乐。娱乐行业是最重视消费者体验的行业之一，如歌舞表演、体育运动、游乐场等场所的服务提供者都很注重消费者在参与活动的过程中能否获得乐趣。娱乐是最古老的体验形式，也是普通人最广泛接触和熟悉的元素。娱乐性的核心在于给予消费者一种积极情绪的体验，形成正向的强化，从而让消费者愿意反复地参与和体验。

（2）教育。体验本身有获取知识的功能，消费者在参与特定活动的时候，也能够通过体验去领悟或理解而形成一种学习行为。例如，在博物馆当中，文物单纯的陈列只是一种对以往历史的见证，但如果消费者在参观博物馆的过程中，透过导游的解说、现场丰富的互动，能够品味文物所传递出的历史记忆，达成一种"穿越"的体验，由此将对特定的历史年代产生更深刻的理解体悟。

（3）逃离。与娱乐和教育作为一种旁观者的姿态不同，逃离更多时候是在追求一种沉浸式的体验。例如，在玩电子游戏的过程中，消费者将自己代入创作者所设计的游戏经历当中，从原本的现实当中抽离出来，暂时地逃离生活中的烦恼与不安。与娱乐性不断获得积极感受的正向强化相反，逃离更多是一种负向的强化，即核心不是为了从活动中获得积极感受，而是为了暂时避免现实生活当中消极感受的困扰。

（4）美感。美感同样需要某种形式的沉浸去体会，但是与逃离不同，美感的沉浸更强调一种"存在感"。例如，消费者身处九寨沟秀丽的风景当中，不需要进行任何角色代入，也不用特意寻求积极的愉悦，只需要置身其中，就足以获得一种不寻常的体验。

"4E"理论除了将体验分类，还将这四种类型通过两个维度划分到了四个象限，如图 5-2 所示。

第一个维度是关于消费者的参与水平，有些体验消费者的主动或积极参与程度较高，如亲身参与足球运动，有些体验消费者是被动或者消极参与的，如聆听音乐会。单独来看参与程度这个维度，参与者的参与程度越高，体验的价值也越大。例如，娱乐性活动往往以享乐为主，获得的体验感受往往只能持续很短的一段时间，而通过教育获得的体验则可以转化为知识与经验，与我们的人生相随很长的时间。

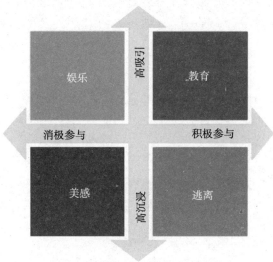

图 5-2　消费体验的四种类型与两个维度

资料来源：PINE B J, GILMORE J H. Welcome to the experience economy[J].
Harvard Business Review, 78 (1), 97-105.[6]

　　第二个维度是关于消费者与体验环境的关联性。有一些体验是消费者处于远端就能感受的，如在家观看电视转播的球赛。这种体验被称为吸引式的，即消费者只是通过体验去了解；而另一些体验则是沉浸式的，如到球赛现场去与其他球迷一起摇旗呐喊，这时候的消费者自身也成了整个体验环节的一部分。

　　以酒店服务行业为例，如今酒店业的细分发展已经不再是单纯向顾客提供住宿，而是在住宿以外更精准地满足不同顾客的体验需求。有的酒店偏重娱乐体验，处于体验象限的左上角，相应地会更多配套棋牌、电竞设备等娱乐设施和场所；有的酒店偏重审美体验，处于体验象限的左下角，在酒店的装修风格上会更下功夫，让顾客从进入大堂的一刻就能体会到一种特殊的艺术美感；处于体验象限右上角的酒店类型相对较少，部分与景区配套的酒店会为顾客提供这种需要高参与和高沉浸的体验，例如珠海长隆的企鹅酒店，会在酒店内设置企鹅餐厅，让携带儿童前来参观的顾客足不出户就能在酒店当中与企鹅等极地海洋动物互动；处于体验象限右下角的酒店类型中，比较典型的有各类主题酒店，通过特定的装修和服务营造出特定的主题氛围，顾客可以从短暂的居停中逃离现实，获得沉浸式的主题体验。

　　需要注意的是，体验虽然大体上可以从两个维度、四个象限进行划分，但是体验本身的复杂性决定了许多体验是无法严格意义上被划分到某一个具体象限当中的。例如，通过虚拟现实技术让消费者置身于太空当中，体验宇航员在太空遨游的感受。这既属于一种被动参与的娱乐性体验，能让消费者获得愉悦，也是一种主动参与的教育性体验，能让消费者获得跟太空生活相关的知识和经验。同时，消费者既能够通过虚拟现实技术短暂地沉浸并逃离现实，也能够通过虚拟现实技术感受太空的壮阔而获得审美体验。

鉴于体验本身的复杂性和连续性，伯恩特斯密则没有选择将体验进行严格的分类，而是将体验分为五个互相联系的模块体系：感官（sense）、情感（feel）、思考（think）、行动（act）和关联（relate）[7]，如图 5-3 所示。

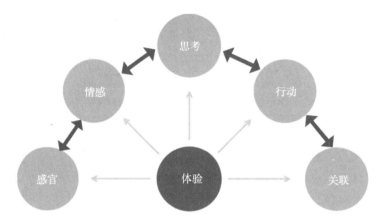

图 5-3　消费体验的五个模块

资料来源：SCHMITT B. Experiential marketing[J]. Journal of Marketing Management, 1999, 15(1-3): 53-67.[7]

（1）**感官**。消费者通过视觉、听觉、触觉和味觉所直接接触到的感官体验。感官体验往往是表层且直接的，消费者通过感官体验往往能够形成对产品或品牌的第一印象，并将其与其他产品区分开来。

（2）**情感**。情感体验指的是消费者在体验过程中的内心感受和情绪，既是其他感官体验的目标（例如，香薰的嗅觉感官体验是为了引发宁静和愉悦的情绪），也是评价体验的指标（例如，新一代的苹果产品是否能够让消费者兴奋？）。

（3）**思考**。思考是一种主动的体验，消费者通过创造和解决问题的体验以满足自身的好奇心，从而获得一种独特的认知加工感受。

（4）**行动**。如果说思考是激发了消费者的好奇心，从而让他们动脑，行动则是促进消费者的生活习惯改变，让他们开始身体力行地去寻求不同的生活形态或生活方式。

（5）**关联**。关联营销包含感官、感觉、思考和行动营销的各个方面。然而，关联营销超越了个人的私人感受，从而将个人与他/她的私人状态之外的东西联系起来。关联营销吸引了个人对自我完善的渴望（例如，一个他或她希望与之相关的未来即"理想的自我"）。它们吸引了被其他人（例如，一个人的同龄人、女朋友、男朋友或配偶、家人和同事）正面看待的需要。它们把人与更广泛的社会系统（一种亚文化、一个国家等）联系起来。

随着科技的进步，体验的类型也越来越多元化。有学者从科技发展的角度，将体验分为了从低到高的四个层次：传统体验、技术辅助体验、技术强化体验和技术赋能体验[28]，如图 5-4 所示。

（1）**传统体验**。传统体验处于技术金字塔的最下一层，也是最广泛的一类体验。这类体验的特点在于，体验主要由企业单向地创造和提供。这类体验往往借助既有的生态资源向消费者进行展示或让其参与到活动当中，缺乏现代技术的支持，仅向消费者提供最基本的体验价值。

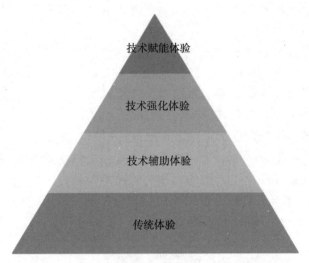

图 5-4　消费体验发展的四个层次

资料来源：NEUHOFER B, BUHALIS D, LADKIN A. A typology of technology-enhanced tourism experiences[J]. International Journal of Tourism Research, 2014, 16(4): 340-350.[28]

（2）**技术辅助体验**。在这个层面，技术主要为体验提供促进作用，如帮助消费者使用预订系统。这种体验的特点是 Web 1.0 技术，如非交互式网站、分发系统和许多技术应用中的预订系统，这些技术在提升体验方面很有用，但依然是一种单向的体验提供，消费者在体验的创造方面参与度仍然相对较低，在 Web 2.0 和社交媒体出现之前，这种体验是主流。

（3）**技术强化体验**。技术强化体验加入了社交媒体的元素，消费者使用小红书、微博、大众点评等社交媒体进行互动并分享他们的体验。由于社交网络工具增强了共同创造的潜力，可以在多个空间和多方之间加强共同创造的水平，从而为消费者带来更高的价值。

（4）**技术赋能体验**。与技术辅助和技术强化的体验（技术在其中发挥支持作用）相比，第四级体验的特点是技术赋能和成为体验的组成部分这两个要素的强有力结合。在这级层面上，体验需要依赖技术的存在，尤其是各类沉浸式和交互式的体验。例如，目前各大科技公司加紧布局的"元宇宙"体验，往往需要先进的虚拟现实（VR）/增强现实（AR）等设备和软件作为基础才能实现。技术赋能体验层面，技术在体验的所有阶段都无处不在。

5.1.3　体验消费

尽管体验在人类文明当中由来已久，但是它真正成为一种独立的消费形态还是在最近二十年的经济发展历程中。派恩和吉尔莫认为，人类消费经济活动经历了四个阶段的发展：农业经济—工业经济—服务经济—体验经济[6]。

在体验经济之前的三个阶段，分别是小作坊手工产品到工业化流水线产品的转变和从产品到服务的转变。而到了体验经济阶段，根据 Pine 和 Gilmore 的定义，体验消费是将服务作为舞台，把商品作为道具，使消费者融入其中，环绕着消费者，创造出值得消费者回忆的活动[6]。

派恩和吉尔莫[29]将星巴克的咖啡列为典型的体验消费例子：一杯美式咖啡的原料（20克咖啡豆）大约只值 1～2 美分，经过商店加热、研磨、包装后，成本大约是 5～25 美分一杯，这杯咖啡如果是在一个快餐店里出售，价格约为 1 美元，当它在星巴克里出售，消费者则愿意支付 2～5 美元。星巴克溢价的部分，正是一种体验价值：星巴克以咖啡为道具，通过服务构建了一个职场和家庭以外的第三空间（舞台）。人们到星巴克消费一杯咖啡的同时，可能会跟朋友一起聊天，也可能是找一个角落看看书甚至是简单发呆，这种闹市里的安静角落正好满足了人们休闲放松的体验需求。

如图 5-5 所示，体验消费作为继工业消费和服务消费以后的一种新的消费形态，具有三个重要特征：交互性、高溢价和场景性[30]。

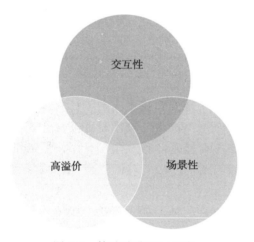

图 5-5　体验消费的三元素

资料来源：蔡舒恒. 沉浸乐购：体验式消费新浪潮[M]. 北京：机械工业出版社，2022.[30]

（1）**交互性**。与以往消费形态单向地提供体验相比，体验消费更强调与消费者的互动，甚至是与消费者共同创造体验。消费者从被动地作为一个观众享受商家提供的表演，到自己沉浸式地作为一个角色参与到与企业的深度互动当中。例如，现如今的横店影城不仅为观众生产电影，也为到访的游客提供角色扮演的服务，让普通人也能过一把戏瘾。

（2）**高溢价**。如果商家售卖价值的专注点是商品本身，性价比不可避免会成为关键因素，从而大幅削弱体验消费的利润弹性。体验消费就是需要把价值专注从单一的商品本身转向商品附加的感受。比如，主题餐厅对用餐环境和氛围的精心塑造，能让消费者心甘情愿地对同类餐饮食品付出更高溢价。

（3）**场景性**。与普通商品以价格、质量等标准进行准确衡量不同，体验消费更难以量化，没有标准的度量单位。体验的感受因具体的场景和人而异，哪怕是同样的体验场景，每个消费者也可能因为自我代入的角色不同而体验各异，并由此产生高度的黏性。

除了从历史时间维度上去理解体验消费与以往传统消费形态的差异，也有学者在横向比较上将物质消费（material consumption）和体验消费（experiential consumption）进行了区分。凡鲍文（Van Boven）和吉洛维奇（Gilovich）[31]较早系统地引入了物质消费和体验消费之间的区别，他们将前者定义为"花钱的主要目的是获得物质产品，并且是可以保存下来的有形物品"，而将后者定义为"花钱的主要目的在于获得一段亲身经历或经历的系列事件，是无形的"。这种分类与消费者行为领域的其他二分法（如功利性商品 vs.享乐性商品）[32]类似，尽管不可能严格精确地将所有消费行为一分为二，但是总体上可以为我们提供一个可以参考应用的区分。

经典与前沿研究 5-1 健身器材买回家总是闲置？你或许该调整消费思维了

5.1.4 消费者体验的测量

由于体验不像实体商品一样有质量、形态、样式等容易标准化度量的指标，所以体验的测量往往只能从消费者的感受入手，通过消费者的反馈去间接地探查了解一项体验本身的好坏。针对消费者体验的测量则可以通过测量时间点和测量手段两个部分进行分解。

在测量的时间点上，可以分为体验前的测量、体验中的测量和体验后的测量。体验前的测量主要针对的是消费者的预期感受，这时候的消费者尽管还没有正式进入到体验环节，但是通过广告宣传、社交媒体介绍等途径，会对相关的体验形成一个初步的印象和预期。体验中的测量是针对消费者在体验过程中的感受变化，通常能够比较直接地反映这种感受变化的是消费者即时的情绪。体验后的测量是在体验结束以后，消费者在回顾自己体验时所形成的整体印象和感受。大多数研究受限于技术手段等限制，往往只能测量消费者在体验前或体验后的感受，但也有少数

经典与前沿研究 5-2 体验消费比物质消费更快乐吗？经验取样方法的证据

研究可以通过经验取样（experience sampling）完整地测量消费者在体验前、中、后全程的感受。

从体验的测量手段上，主要可以分为自我报告测量、行为指标测量和生理指标测量。

自我报告测量是最常见的测量方式，主要通过访谈、问卷等方式让消费者自我陈述相关感受，这种测量方式的核心是需要对体验本身有很好的构念，从而能够将体验感受转化为消费者可以理解的语言去进行陈述或者打分。例如，有研究将 Pine 和 Gilmore 提出的四大体验类型（娱乐、教育、审美和逃避）作为体验的四个维度去编制量表[35]，也有的研究根据具体情境，增加服务卓越度和顾客回报两个维度，同时省去了教育和娱乐两个维度去测量消费者的零售消费体验[36]。自我报告法所采集到的信息来源于消费者的直接感受，有助于挖掘出消费者内心深层次的感受，但是由于信息来源于消费者的自我表达，也因此容易因为消费者的语言理解、表达的差异而存在偏差。尤其当遇到一些可能会引发消费者顾虑的体验测量时，消费者可能会隐瞒自己的真实感受，这时，也有的

研究会通过投射测验（projecivet test）的方式间接地去了解消费者内心真实的感受。

　　行为指标测量主要通过消费者在体验过程中的一系列行为反应来间接地了解消费者的体验感受，如消费者在体验之前停留于相关网页广告的时长、在体验过程中流露出的情绪状态是兴奋还是消沉，以及体验之后是否会在社交媒体进行评论和分享等。行为指标的测量相对于主观报告更为客观可靠；并且由于大数据技术的发展，行为指标容易比主观报告获得更全面、更精准、更直观的数据。但是行为指标所能够反映的消费者体验相对表层和单一，难以挖掘消费者行为背后更深层次的心理因素。

　　生理指标测量需要借助如今的各类先进仪器，如生理多导仪测量心率、EEG 和 ERP测量脑电信号、眼动仪捕捉双眼注视焦点和时长，以及功能磁共振成像测量大脑血流的模式反应等（如图 5-6—图 5-8 所示）。生理指标测量的优势在于结果客观可靠，并且随着认知神经科学的发展，功能磁共振成像等技术已经能够测量较为复杂的心理活动，从而能够最接近实证科学本质地探查消费者在不同体验阶段的感受。例如，一个关于可乐饮品偏好的研究中[37]，脑成像的结果显示当参与者明确知道自己喝的是可口可乐时，这群参与者大脑中与记忆有关的海马回和背外侧前额叶脑区发生了显著的激活；但是在不知道产品标签时，则只有单纯的奖赏区域激活，与记忆有关的脑区并没有被观察到发生了显著激活，这类研究往往能够探查到消费者自我报告中意识不到的体验感受。而生理指标的测量需要消费者佩戴特定的仪器，往往只能在实验室或特定的环境中进行，因此能够应用的范围依旧比较有限。

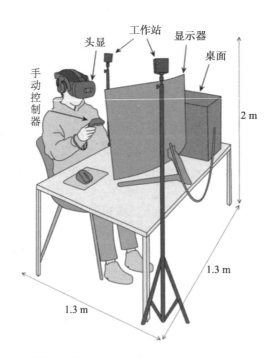

图 5-6　与 VR 配合使用的便携式眼动仪

资料来源：KIM S Y, PARK H, KIM H, et al. Technostress causes cognitive overload in high-stress people: eye tracking analysis in a virtual kiosk test[J]. Information Processing and Management, 2022, 59(6): 103093.[38]

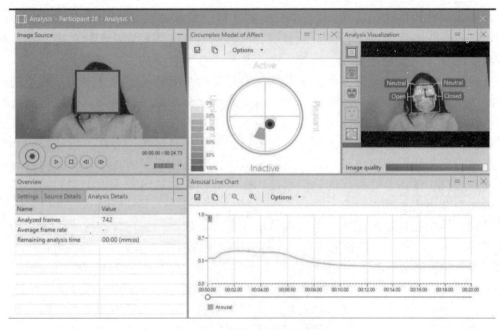

图 5-7 面部表情分析系统

资料来源：PICHIERRI M, PELUSO A M, PINO G, et al. Health claims' text clarity, perceived healthiness of extra-virgin olive oil, and arousal: an experiment using facereader[J]. Trends in Food Science and Technology, 2021, 116: 1186-1194.[39]

图 5-8 事件相关电位系统

资料来源：FU M J, DALY J J, CAVUSOGLU M C. Assessment of EEG event-related desynchronization in stroke survivors performing shoulder-elbow movements[C]//Proceedings 2006 IEEE International Conference on Robotics and Automation, 2006. ICRA 2006. IEEE, 2006: 3158-3164.[40]

5.2 体验的影响因素与后果

5.2.1 体验对消费者幸福感的影响

自从凡鲍文和吉洛维奇系统性地将体验消费与物质消费区分开来以来，后续不断有研究发现体验消费相比物质消费，对于消费者的幸福主旨有更积极的影响[41]。这被称为"体验优势（experiential advantage）"。为什么花同样的钱，买体验会比买物质更幸福？凡鲍文和吉洛维奇[31]对此给出的三个解释，至今依然是体验优势的核心论点。

首先，相比于物质消费，体验消费的感受在事后更容易被积极地重构。人类的一大特点是享乐适应，对于我们随时拥有的东西，我们会渐渐地习以为常。所以当消费者买了一件新的衣服，往往也就前两次穿上的时候会感觉比较兴奋，之后即便这件衣服始终保养如新，消费者也会逐渐失去新鲜感而不再兴奋。但是体验不一样，假如我们购买的是一段旅行，当我们回忆自己某段旅行的体验时，那些精彩的时刻不仅不会随着时间的流逝而被淡忘，反而会在我们的记忆里面不断被我们以故事的形式重温和回顾，那些积极的瞬间会变得更加珍贵。

其次，体验相比物质而言，更不容易形成比较。所谓没有比较就没有伤害，假如我们家里买了一台新车，一开始很高兴，但是当我们发现隔壁邻居买了一台更好的新车，比较之下就可能没那么开心了。但是两场不同的旅行体验，就很难进行这种客观的价值比较，也让人们更容易专注于体验本身的感受，不容易因受到社会比较的影响而削弱幸福感。

最后，体验更容易与消费者的自我联系得更紧密。我们生活中购买的大部分物品与自我是很难产生强烈联系的，但是我们的体验很容易成为人生回忆的一部分，甚至，每个人的人生就是由一个又一个的体验所串起来形成的，这些体验除了带给我们表面的感官感受，还会在深层的意义上塑造自我，帮助我们定义"我是谁"。当我们在思考自己是一个什么样的人时，我们往往会通过自己的体验或者对体验的偏好来定义自己。例如：我喜欢蹦极和跳伞，那么我会认为自己是一个喜欢冒险的人；如果我每天面对工作乐此不疲，那么我可能会认为自己是一个热爱事业的人。由此，体验给消费者带去了更深刻的乐趣和意义。

经典与前沿研究 5-3　每天多久的休闲体验让人最快乐？

凡鲍文和吉洛维奇对体验优势的论点[31]在后续的一系列研究当中得到了实证证据的支持。例如，康奈尔大学的研究者在一个研究中发现，在消费之初，物质消费和体验消费的满意度差异不大，但是随着时间的推移，体验消费的满意度逐渐提高了，物质性消费的满意度却逐渐下降[42]。这一研究支持了凡鲍文和吉洛维奇的体验优势论点，即体验消费更能跟时间做朋友。

5.2.2　体验的影响因素

由于体验本身的复杂性，目前对于体验的影响因素尚未有一个统一而完整的模型，鉴于体验在测量上可以分为前中后三个阶段，戈多维赫（Godovykh）和塔西（Tasci）[27]较为完整地总结了体验前、中、后三个阶段的影响因素，其中体验后阶段更多包含的是体验的后果，但是这些后果会进一步影响到下一次体验的预期，从而形成闭环（图 5-9）。

体验的前因中，一部分与消费者的个人特征有关，如性别、年龄、性格、原生家庭和文化背景等，这些因素与消费者的生理或心理上稳定的特质相关，通常来说不容易发生改变，体验的研究者往往将其视作影响体验的调节因素。此外，体验的提供者，如景区或酒店的经营者，其相对稳定的品牌、地理位置和场景等也是在体验发生前就可以影响到消费者预期的因素。

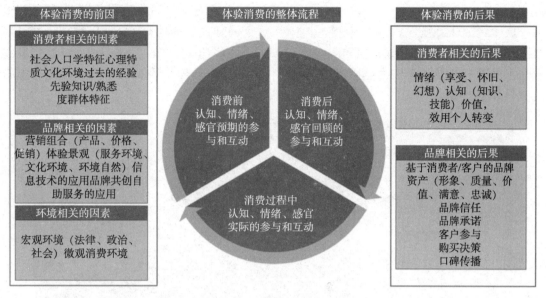

图 5-9　影响体验的前因、过程与后效

资料来源：GODOVYKH M, TASCI A D A. Customer experience in tourism: a review of definitions, components, and measurements[J]. Tourism Management Perspectives, 2020, 35: 100694.[27]

在体验的过程中，体验会受到宏观因素如经济环境和文化环境的影响，也会受到微观环境如社交场景、体验真实性、员工与顾客的交流等因素的影响。体验消费时代，消费者还会融入场景角色当中去共同创造或共同生产体验，从而影响到体验的变化与结果。

在体验结束以后，消费者除了自身的情感后果，如满意度和幸福体验等，还会产生一些与体验提供者相关的认知和情绪反应，如对品牌的忠诚度和口碑传播意愿，以及再次光临消费、价格敏感性升高或降低等多种复杂的认知后果，这些后果将会与其他前置因素一起共同形成消费者对下一次类似体验的预期和印象。

尽管影响体验的因素众多，但其中的大部分因素与消费者一般消费行为的影响是重叠的。例如，年轻人相比老年人更追求新奇、冒险的产品（无论是物质消费还是体验消费），体验或购物现场的感官氛围一致性会让消费者有更高的购买意愿或满意度，以及消费者在消费前对品牌熟悉度的影响等。

经典与前沿研究 5-4　工作–家庭冲突会影响物质消费和体验消费的偏好吗？

5.3　体验消费的新时代特征

5.3.1　虚拟体验

互联网极大地改变了消费者的习惯，而"体验"作为一种无形的商品，也在随着虚拟现实、增强现实和混合现实等技术的发展让消费者迎来即便足不出户也可以"所见即所得"的时代。根据 Orbis research 的报告，2017 年全球虚拟现实市场价值为 31.3 亿美元，预计到 2023 年将达到 497 亿美元[45]。在这个爆发式增长的阶段，世界科技公司纷纷出手试图抢占制高点。例如，苹果以 1 亿美元收购了虚拟现实公司 NextVR，以增强其在娱乐和体育领域的 VR 实力。阿里巴巴先后上线 BUY+计划（图 5-10）、AR 试妆等虚拟购物体验。

图 5-10　Buy+购物订单场景
资料来源：淘宝 618 将上线元宇宙购物，3D 空间画面首次曝光.
[2023-1-20] https://36kr.com/p/1756250037501958

目前而言，对于虚拟体验尚未有明确的定义，关于虚拟体验的讨论更多借助于此前对虚拟现实的定义框架。米格拉姆（Milgram）和岸野（Kishino）针对各种新型科技对现实体验的改造，提出了一个真实现实到虚拟现实逐渐过渡的连续光谱，也被称为"虚拟连续体（virtuality continuum）"[46]。在这个光谱的最左端是消费者日常接触到的真实环境，而在光谱的最右端则是完全通过电子设备所模拟出来的虚拟环境。处于中间偏左端的增强现实内容意味着把部分虚拟信息通过电子设备融合在现实环境中。例如，《宝可梦 GO》游戏中，玩家需要在特定的现实地理位置中通过手机摄像头去发现宝可梦精灵，从而对其进行抓捕和战斗。处于中间偏右端的增强虚拟内容则意味着把部分现实信息融合到虚拟环境当中，如我们在腾讯视频会议当中可以设置一个虚拟背景，这时候呈现到屏幕远端的是我们真人出镜及虚拟的沙滩或者书架等。中间的增强现实和增强虚拟这两部分也被称为混合现实（mixed reality）。

随着技术手段的发展，虚拟与现实之间的融合变得越来越自然，两者之间的界限也变得越来越模糊。卡洛斯（Carlos）等人由此提出了纯粹混合现实（pure mixed reality）的概念，并将其从原先的四个分类当中独立出来作为中间态的一个特殊分类：在纯粹混合现实里，现实环境和虚拟环境的内容彻底融为一体。例如，在 PMR 中，可以将一个虚拟盒子隐藏在桌子底下，用户只有弯腰低头才能看到，而在普通的 AR 当中，盒子的影像会直接重叠于桌面上。因此，在 PMR 中，消费者不仅难以通过肉眼区分两者，并且可以在现实当中与之进行交互，目前这一形态的代表是可以交互式的全息影像。不同技术体验的体现如图 5-11 所示，它们之间的差异区别见表 5-1。

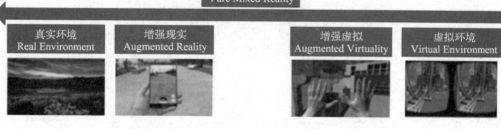

图 5-11 真实环境到纯粹虚拟环境的光谱

资料来源：作者综合整理[47-49]

表 5-1 扩展现实光谱之间的差异性与相似性

	真实环境（RE）	增强现实（AR）	纯粹混合现实（PMR）	增强虚拟（AV）	虚拟环境（VE）
主要环境是虚拟世界（V）或真实世界（R）	R	R	R	V	V
用户与虚拟（V）、真实（R）或两者（R-V）世界实时互动	R	R-V	R-V	R-V	V
数字内容被叠加在真实环境上	—	√	—	—	—
真实内容被叠加在虚拟环境上	—	—	—	√	—
数字内容被合并到现实世界中，数字和现实内容可以实时互动	—	—	√	—	—

资料来源：FLAVIÁN C, IBÁÑEZ-SÁNCHEZ S, ORÚS C. The impact of virtual, augmented and mixed reality technologies on the customer experience[J]. Journal of Business Research, 2019, 100: 547-560.[51]

以上包含了部分增强现实或虚拟现实的体验，都可以统称为扩展现实（extended reality）。扩展现实包含的范围更为广阔，除了以上所描述的视觉内容，空间音频技术所带来的沉浸虚拟体验也是扩展现实的一种[50]。听觉在扩展现实中的应用解释起来并不如虚拟现实或增强现实那般直观，不过我们倒是可以用一个视觉方面的例子进行类比：加入了听觉沉浸的扩展现实和一般环绕立体声的区别，就类似普通电脑屏幕上可以 360°旋转的立体图与沉浸式虚拟现实设备（VR）的区别。

作为一种基于技术的工具，不同类型的虚拟现实设备可以在一定程度上突破空间和时间的界限，让消费者得到身临其境的体验。但如果将"虚拟体验"视为仅仅基于技术的发展结果则窄化了虚拟体验的内涵。事实上，有学者认为虚拟现实自古以来就存在于艺术创作中[52]，虚拟体验的本质是人类基于想象的建构。例如，我国的四大名著之一《西游记》中就绘声绘色地描述了天庭、地府等虚拟的环境，孙悟空、猪八戒等虚构形象也由此深入人心。

因此，虚拟体验不仅仅指的是硬件设备的发展，也包含内容和概念上的创新，其中最具代表性的例子是"元宇宙"（metaverse）概念的发展。"元宇宙"一词最早的出现[53]，可以追溯到文学作品《雪崩（snow crash）》，其中描述了一个完全虚拟的数字世界，人们在其中可以通过各自的"化身"（avatar）相互认识和交往，开启自己不同于现实世界的人生。如今随着技术的发展，这一科幻小说所描绘的虚拟世界逐渐有了现实化的可能。许多科技公司都在重金投入打造"元宇宙"，其中全球的社交网络巨头脸书（Facebook）甚至直接将公司名字改为了元宇宙（Metaverse）。企业家和创作者 Shaan Puri 认为，元宇宙概念区别于传统互联网社区的核心在于，元宇宙中的数字生活开始变得比物理现实生活更有价值[54]。元宇宙的起源与发展历程如图 5-12 所示。

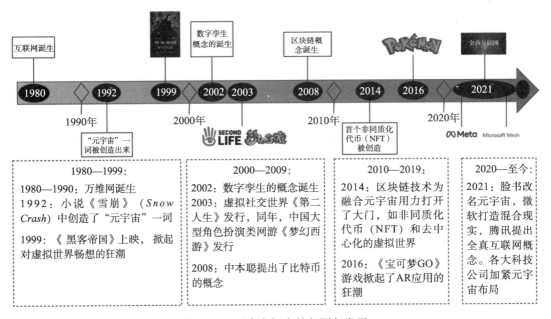

图 5-12　元宇宙概念的起源与发展

资料来源：BARRERA K G, SHAH D. Marketing in the metaverse: conceptual understanding, framework, and research agenda[J]. Journal of Business Research, 2023, 155: 113420. [55]

伴随着元宇宙的发展，有学者总结提炼了衡量元宇宙虚拟体验的三个核心维度：沉浸感、社交性、环境保真度。[55]

沉浸感主要取决于硬件设备基础，当前以元宇宙概念为基础构建的 3D 虚拟世界平台可以通过普通的个人电脑、平板或手机（如 Decentraland、Sandbox 等，号称数字世界的拉斯维加斯），或完全沉浸式的 VR 设备（如 Somnium Space）进行访问，根据基础硬件的不同提供不同的沉浸度。在传统的消费者行为研究中，已经发现沉浸感能够影响消费者的感知价值、态度和行为意向，而在元宇宙时代，这一维度的重要性将会被进一步加强。

社交是人类的基本需求，元宇宙所构建的数字世界在多大程度上能够满足这一需求将会直接影响消费者的后续体验。由网易制作的国产网络游戏《梦幻西游》在十几年来经久不衰，社交在其中起到的作用功不可没。作为一款以西游记故事为背景设立的网络游戏，《梦幻西游》以故事发生的背景时代为基础建立了一个具有丰富社交功能的虚拟社会，游戏当中有完善的帮派系统、师徒系统、结婚系统和家园系统，每个游戏玩家在其中都拥有一定的社会身份，玩家在游戏所获得的体验不单是完成游戏本身所设定的任务和获取奖励，还有了更多的社交场景，从而促进了用户黏度的提升。

环境保真度指的是元宇宙的数字环境在物理上和功能上对现实世界的模仿程度。通常来说，每个消费者在现实生活中有不同的目标和偏好，进入到元宇宙的虚拟世界中也会存在相似的个体差异。传统的互联网社区产品往往瞄准消费者的特定需求进行设计。例如，网络游戏更多是为了满足消费者的娱乐和逃避现实的需求，线上购物更多是为了满足消费者的功能性需求。一个具有高环境保真度的元宇宙应该是能够同时满足不同消费者多元化的需求，从而才能让不同需求的消费者聚合到同一个数字虚拟环境当中。

经典与前沿研究 5-5　如何让消费者更轻松地接受新体验

当前，随着技术手段的进步，虚拟体验的吸引力越来越强，但也暂时还没有达到元宇宙的推崇者们所声称的"数字世界已经超越了现实"。目前来说，不同特征的消费者也对虚拟体验有着明确差异化的偏好。例如，对主题公园的研究表明，与传统宣传册相比，虚拟旅游体验总体上会带来更好的广告效果。[56]元宇宙在未来的发展能否真的超越现实，依旧有待进一步的观察和探索。

5.3.2　体验时代的消费思潮变迁

人类文明发展的漫长时光里，世界上的大多数人口都饱受饥荒和战乱的影响而不得不疲于奔命。因此当人类刚刚跨入工业时代，生产力开始跃进式发展的最初，人们思考最多的往往是如何积攒更多的财富，以让自己和后代免受饥荒的困扰，经典的守财奴形象欧也妮·葛朗台正是诞生于这一时代。

不过随着生产力的发展，世界上的发达国家率先摆脱了饥饿的困扰，中国也已经全面完成了脱贫攻坚，生理上的饥荒对我国的绝大多数消费者来说已经不再是一个严峻的问题。在物质文化需要一定程度上得到满足后，人民美好生活的需要变得更为广泛，尤其希望在有限的时间里通过更为丰富多样的体验去拓宽自己的人生价值。

在中国互联网发展最快速的这十年间，曾流行过一个"报复性熬夜"的概念，指的是人们太多的时间被日常工作和社交所剥夺，所以到了夜深人静之时，才能静下来好好享受自己自由的时光，从而特别舍不得上床入睡，甚至即便是到了床上，也要捧着手机刷到自己困倦至极才肯入睡。有研究表明，相比 20 世纪 70 年代，现代人类的平均睡眠时间从 7 小时减少到了 6 小时。不仅如此，除了牺牲睡眠时间，人们也在绞尽脑汁地希望将清醒时间的利用达到最大化。在中国最大的图书售卖电商当当网上，以时间管理作为关键词去搜索，可以得到超过十万种商品结果。

这些事实都在向我们传达一个信息：体验时代，时间越来越变得像贵金属一般稀缺。在物质日益丰盛的当代，好吃好喝的物质享乐越来越难以调动人们的快乐感受，人们越来越关注在工作以外，自己有多少自由时间可以进行支配。在这个阶段，人们逐渐形成一种"拥有大把时间可供挥霍的人最无忧无虑"的共识。有研究者通过多个国家的大规模跨文化研究甚至发现，现代社会里，人们把钱用于购买节省时间的服务（如家政服务等），能够比购买等值的物质商品获得更大的幸福感受[58]。

时间在体验时代很稀缺，但并非拥有空闲时间最多的人就一定会更快乐。有时候，比起拥有时间的多少，每一分时间是如何度过的往往更为重要。例如，对于退休的老人来说，他们最不缺的就是空闲的时间。有研究者在养老院对比了两组老人的生活情况：一组老人需要自己照顾自己栽培的植物并为自己的日常活动做决定，另一组老人则完全由护士来照料植物和自己的起居生活。结果发现，第一组老人在几周后保留了更好的认知功能和更高的幸福感，并在 18 个月后的死亡率更低[59]。这说明，一定程度上有目的的忙碌比纯粹舒适的闲散体验对整体生活质量有更多的长期好处。

这就形成了体验时代消费者日常生活的一个有趣悖论：太忙似乎让人窒息，但是太闲也会让人感到索然无味。工作和休闲就像是两边都在用力地拔河，在充满了张力与弹性中的平衡往往是一个人的最佳状态，而无论直接倒向哪一端，一端的溃散也会让另一端因为猛然地失去张力而坐倒在地。事实上，这两种体验的张力与弹性往往还受到文化环境和个体差异的影响。既往研究发现，在美国，工作体验的吸引力往往会比休闲放松活动更高，因为在美国社会的价值观中，忙碌于工作的人往往也会被认为是有能力的，体现出更高的社会地位。而在意大利，那些拥有更多闲暇时光的人会被认为是有更高的社会地位，因为他们有大把可以挥霍的时光[60]。不仅如此，持有"休闲是一种浪费"理念的消费者，在参与同样的休闲活动时，所获得的积极体验也会显著少于没有这类信念的消费者[61]。形成这两种价值理念背后的具体原因有很多，最直接的影响因素就是当前经济发展的水平和状况。

经典与前沿研究 5-6　亿万富翁与工薪平民在体验时代的日常生活差异

在我国，有研究表明自 2010 年以来，我们国家的消费群体逐渐分化出"有钱没闲"和"有闲没钱"两种类型，前者为高收入群体，年均休闲时间为 1554 小时，比低收入群体的后者少了 1655 小时，但是从休闲消费的水平上看，前者的消费水平是后者的 1.56 倍[62]。这种消费者群体的分化跟我们国家的经济飞速发展密不可分，而在未来，随着经济发展进入新常态，体验消费的分化也还会产生新的变化。

5.3.3　体验价值共创与企业社会责任

传统的服务市场上，企业提供服务，顾客消费服务，由此完成资源价值交换。而在体验时代，企业在为顾客提供体验的同时，顾客也在体验过程中通过互动与企业一起创造价值。例如，有些社交媒体平台的运营者会在平台向平台用户征询平台发展的建议，并鼓励大家投票进行选择，让平台的用户也在日常的社交媒体使用中不知不觉参与到平台的建设之中。

企业与顾客所共创的体验是多维的，雅科拉（Jaakkola）等人提出了一个共创服务体验的关键维度模型[64]。如图 5-13 所示，在控制维度上，服务体验共创可能会有所不同，从供应商主导到在客户中有机出现。空间维度表明，体验共创可能发生在服务环境中，也可能发生在服务提供者的边界之外。这种现象的时间维度范围从狭窄到广泛，表明体验共同创造可以被视为发生在当前孤立的时刻，或者也包括过去的记忆或想象的未来体验。就事实维度而言，体验共创可能与演员的生活或想象经历有关。组织维度表明，服务体验的共同创造可能会在多个参与者之间二元的或更系统的交互中实现。从广义上讲，创新和设计及服务管理的研究传统上都集中在图 5-13 中维度的左侧，而业务逻辑等则以右侧作为业务体验的前提。

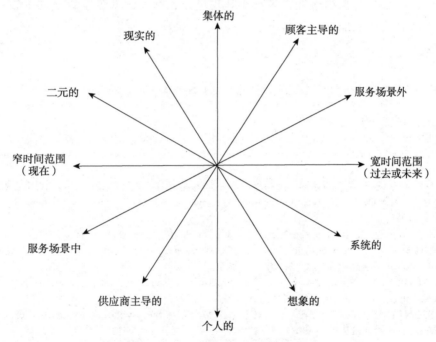

图 5-13 共创服务体验的关键维度模型

资料来源：JAAKKOLA E, HELKKULA A, AARIKKA-STENROOS L. Service experience co-creation: conceptualization, implications, and future research directions[J]. Journal of Service Management, 2015, 26(2), 182-205.[64]

体验作为一种特殊的商品，尽管是无形的，不像实体商品那样看得见摸得着，但是体验所带给消费者的影响却远比一般的实体物质更为深远，尤其与每个文化中的价值理念往往密不可分。在中国的文化认知里，尽管休闲享乐是让人感到放松和向往的，但一定要配得上一个人曾经的努力。曾经在欧美做过的许多研究都发现，在社交媒体上晒奢华的用餐和旅行体验，能够刺激他人产生去同一个旅行目的地的消费意愿，因为这种奢华体验的展现会激发他人的羡慕之情。因此，许多企业都会采取各种激励措施让消费者在各类点评网站上积极地晒出自己的消费体验。然而在中国的文化背景下，上述研经典与前沿研究 5-7　企业应该如何引导消费者分享自己的体验？

究的结论却未必能够成立。一个在中国背景下所做的研究发现，当晒自己住过的酒店博主是个富二代时，相比那些靠自己努力赚钱而晒住店体验的人，富二代晒过的酒店吸引力反而降低了，消费者不仅没有被激发羡慕之情，甚至对此嗤之以鼻[65]。这一文化差异的背后，是中国人"天道酬勤"的文化自信，即"享乐"，尤其是奢华的享乐体验，应当是对于每个平等个体所付出努力的褒奖，而绝不是少数人与生俱来的特权。这也意味着，售卖体验的企业在中国想要赚钱，不仅要关注体验的内容本身，也要注意在口碑传播的过程中如何与社会主流的价值理念所契合。我们国家的政府和企业在这方面做了许多值得铭记的努力。例如，2021 年以来，国家网信办启动"清朗"系列专项行动，要求各平台防止炫富拜金、奢靡享乐等现象对未成年人形成不良导向，知名社交体验分享平台"小红书"也积极处置炫富类违规笔记，数十位知名小红书博主集体发声，号召内容生产者"真诚分享，抵制炫富"，并带动更多博主和用户加入了支持队伍[①]。

参考文献

[1] 中国社会科学院语言研究所词典编辑室. 现代汉语词典[M]. 7 版. 北京：商务印书馆. 2016.

[2] 高桦. "内知觉""意识事实"与"现象性原理"：论理解狄尔泰"体验"概念的基本前提[J]. 现代哲学, 2018 (2): 81-91.

[3] WEITEN W. Psychology: themes and variations[M]. Boston: Cengage Learning, 2021.

[4] GAZZANIGA M, IVRY R B, Mangun G R. Cognitive neuroscience: the biology of the mind. Fifth[J]. 5th ed 2018.

[5] 李英. 体验：一种教育学的话语：初探教育学的体验范畴[J]. 教育理论与实践, 2001, 21(12): 1-5.

[6] PINE B J, GILMORE J H. Welcome to the experience economy[J]. Harvard Business Review, 2023, 78(1), 97-105.

[7] SCHMITT B. Experiential marketing[J]. Journal of marketing management, 1999, 15(1-3): 53-67.

[8] BAGDARE S, JAIN R. Measuring retail customer experience[J]. International Journal of Retail and Distribution Management, 2013, 41(10), 790-804.

[9] HOLBROOK M B, HIRSCHMAN E C. The experiential aspects of consumption: consumer fantasies, feelings, and fun[J]. Journal of Consumer Research, 1982, 9(2): 132-140.

[10] CSIKSZENTMIHALYI M, CSIKZENTMIHALY M. Flow: the psychology of optimal experience[M]. New York: Harper and Row, 1990.

[11] CARBONE L P, HAECKEL S H. Engineering customer experiences[J]. Marketing Management, 1994, 3(3): 8-19.

[12] O'SULLIVAN E, SPANGLER K J. Experience marketing, state college[J]. Venture Publishing, Inc. Parasuraman, A., & D. Grewal (2000). The impact of technology on the quality–value–loyalty chain: a research agenda. Journal of the Academy of Marketing Science, 1998, 28(1): 168-174.

[13] GUPTA S, VAJIC M. The contextual and dialectical nature of experiences[J]. New Service Development: creating Memorable Experiences, 2000, 15: 33-51.

[14] TERBLANCHE N S, BOSHOFF C. Measuring customer satisfaction with some of the controllable elements of the total retail experience: an exploratory study[J]. South African Journal of Business Management, 2001, 32(2): 35-42.

[15] SHAW C, IVENS J. Building great customer experiences[M]. London: Palgrave, 2002.

① 袁璐. 小红书公布专项整治进展：处理炫富违规笔记 8787 篇. 北京日报. 2021: https://news.bjd.com.cn/2021/11/19/10006968.shtml

[16] PRAHALAD C K, RAMASWAMY V. Co-creation experiences: the next practice in value creation[J]. Journal of Interactive Marketing, 2004, 18(3): 5-14.

[17] MASCARENHAS O A, KESAVAN R, BERNACCHI M. Lasting customer loyalty: a total customer experience approach[J]. Journal of Consumer Marketing, 2006, (23), 7, 397-405.

[18] BERRY L L, CARBONE L P. Build loyalty through experience[J]. Quality progress, 2007, 40(9): 26-32.

[19] CARÙ A, COVA B.Consuming experience[M]. Routledge, 2007.

[20] MEYER C, SCHWAGER A. Understanding customer experience[J]. Harvard business review, 2007, 85(2): 116-127.

[21] GETZ D. Event tourism: definition, evolution, and research[J]. Tourism Management, 2008, 29(3): 403-428.

[22] GENTILE C, SPILLER N, NOCI G. How to sustain the customer experience: an overview of experience components that co-create value with the customer[J]. European Management Journal, 2007, 25(5): 395-410.

[23] LARSEN S. Aspects of a psychology of the tourist experience[J]. Scandinavian Journal of Hospitality and Tourism, 2007, 7(1): 7-18.

[24] BRAKUS J J, SCHMITT B H, ZARANTONELLO L. Brand experience: what is it? how is it measured? does it affect loyalty?[J]. Journal of Marketing, 2009, 73(3): 52-68.

[25] PALMER A. Customer experience management: a critical review of an emerging idea[J]. Journal of Services marketing, 2010, 24(3), 196-208.

[26] BONAIUTO M, MAO Y, ROBERTS S, et al. Optimal experience and personal growth: flow and the consolidation of place identity[J]. Frontiers In Psychology, 2016, 7: 1-12.

[27] GODOVYKH M, TASCI A D A. Customer experience in tourism: a review of definitions, components, and measurements[J]. Tourism Management Perspectives, 2020, 35: 100694.

[28] NEUHOFER B, BUHALIS D, LADKIN A. A typology of technology‐enhanced tourism experiences[J]. International Journal of Tourism Research, 2014, 16(4): 340-350.

[29] PINE B J, GILMORE J H. The experience economy: past, present and future[M]//Handbook on the experience economy. Edward Elgar Publishing, 2013: 21-44.

[30] 蔡舒恒.沉浸乐购: 体验式消费新浪潮[M]. 北京: 机械工业出版社, 2022.

[31] VAN BOVEN L, GILOVICH T. To do or to have? That is the question[J]. Journal of Personality and Social Psychology, 2003, 85(6): 1193.

[32] WOODS W A. Psychological dimensions of consumer decision[J]. Journal of Marketing, 1960, 24(3): 15-19.

[33] HO C M, WYER R S. The effect of material and experiential consumption on goal pursuit[J]. Psychology and Marketing, 2021, 38(12): 2305-2313.

[34] KUMAR A, KILLINGSWORTH M A, GILOVICH T. Spending on doing promotes more moment-to-moment happiness than spending on having[J]. Journal of Experimental Social Psychology, 2020, 88: 103971.

[35] MEHMETOGLU M, ENGEN M. Pine and Gilmore's concept of experience economy and its dimensions: an empirical examination in tourism[J]. Journal of Quality Assurance in Hospitality and Tourism, 2011, 12(4): 237-255.

[36] MATHWICK C, MALHOTRA N, RIGDON E. Experiential value: conceptualization, measurement and application in the catalog and internet shopping environment[J]. Journal of Retailing, 2001, 77(1): 39-56.

[37] MCCLURE S M, LI J, TOMLIN D, et al. Neural correlates of behavioral preference for culturally familiar drinks[J]. Neuron, 2004, 44(2): 379-387.

[38] KIM S Y, PARK H, KIM H, et al. Technostress causes cognitive overload in high-stress people: Eye tracking analysis in a virtual kiosk test[J]. Information Processing and Management, 2022, 59(6): 103093.

[39] PICHIERRI M, PELUSO A M, PINO G, et al. Health claims' text clarity, perceived healthiness of

extra-virgin olive oil, and arousal: an experiment using facereader[J]. Trends in Food Science and Technology, 2021, 116: 1186-1194.

[40] FU M J, DALY J J, CAVUSOGLU M C. Assessment of EEG event-related desynchronization in stroke survivors performing shoulder-elbow movements[C]//Proceedings 2006 IEEE International Conference on Robotics and Automation, 2006. ICRA 2006. IEEE, 2006: 3158-3164.

[41] WEINGARTEN E, GOODMAN J K. Re-examining the experiential advantage in consumption: A meta-analysis and review[J]. Journal of Consumer Research, 2021, 47(6): 855-877.

[42] CARTER T J, GILOVICH T. The relative relativity of material and experiential purchases[J]. Journal of Personality and Social Psychology, 2010, 98(1): 146.

[43] SHARIF M A, MOGILNER C, HERSHFIELD H E. Having too little or too much time is linked to lower subjective well-being[J]. Journal of Personality and Social Psychology, 2021, 121(4), 933-947.

[44] MA J, TU H, ZHANG P, et al. Can work–family conflict influence purchase preference? Experiential vs. material consumption[J]. Journal of Business Research, 2021, 135: 620-632.

[45] ORbis Research. Global Virtual Reality Market Size 2018: Growth Analysis,Technology Trends, Key Features, Statistics, Types, Applications and Outlook 2023. [EB/OL]. 2018. https://marketersmedia. com/global-virtual-reality-market-size-2018-growthanalysis-technology-trends-key-features-statistics-t ypes-applications-and-outlook-2023/370141.

[46] MILGRAM P, KISHINO F. A taxonomy of mixed reality visual displays[J]. Ieice Transactions on Information and Systems, 1994, 77(12): 1321-1329.

[47] FLAVIÁN C, IBÁÑEZ-SÁNCHEZ S, ORÚS C. The impact of virtual, augmented and mixed reality technologies on the customer experience[J]. Journal of business research, 2019, 100: 547-560.

[48] MILGRAM P, KISHINO F. A taxonomy of mixed reality visual displays[J]. Ieice Transactions on Information and Systems, 1994, 77(12): 1321-1329.

[49] SPALLA G, GOUIN-VALLERAND C, BIER N. Designing a Mixed Reality Cognitive Orthosis to Support Independence of Older Adults from the Dementia Continuum[C]//2022 IEEE International Symposium on Mixed and Augmented Reality Adjunct (ISMAR-Adjunct). IEEE, 2022: 698-703.

[50] KAILAS G, TIWARI N. Design for immersive experience: role of spatial audio in extended reality applications[M]//Design for Tomorrow—Volume 2. Springer, Singapore, 2021: 853-863.

[51] FLAVIÁN C, IBÁÑEZ-SÁNCHEZ S, ORÚS C. The impact of virtual, augmented and mixed reality technologies on the customer experience[J]. Journal of Business Research, 2019, 100: 547-560.

[52] BITTARELLO M B. Another time, another space: virtual worlds, myths and imagination[J]. Journal For Virtual Worlds Research, 2008, 1(1).

[53] The Economist.A novelist's vision of the virtual world has inspired an industry[EB/OL]. 2020, https://www.economist.com/technology-quarterly/2020/10/01/a-novelists-vision-of-the-virtual-world-ha s-inspired-an-industry.

[54] What is the Metaverse? Tech entrepreneur's 3 part theory suggests we're at a pivotal point in civilization[EB/OL]. [2023-1-20] https://fortune.com/2022/01/13/metaverse-theory-digital-identity/

[55] BARRERA K G, SHAH D. Marketing in the Metaverse: conceptual understanding, framework, and research agenda[J]. Journal of Business Research, 2023, 155: 113420.

[56] WAN C S, TSAUR S H, CHIU Y L, et al. Is the advertising effect of virtual experience always better or contingent on different travel destinations?[J]. Information Technology and Tourism, 2007, 9(1): 45-54.

[57] XI N, CHEN J, GAMA F, et al. The challenges of entering the metaverse: an experiment on the effect of extended reality on workload[J]. Information Systems Frontiers, 2022: 1-22.

[58] WHILLANS A V, DUNN E W, SMEETS P, et al. Buying time promotes happiness[J]. Proceedings of the National Academy of Sciences, 2017, 114(32): 8523-8527.

[59] LANGER E J, RODIN J. The effects of choice and enhanced personal responsibility for the aged: a field experiment in an institutional setting[J]. Journal of Personality and Social Psychology, 1976, 34(2): 191.

[60] BELLEZZA S, PAHARIA N, KEINAN A. Conspicuous consumption of time: when busyness and lack of leisure time become a status symbol[J]. Journal of Consumer Research, 2017, 44(1): 118-138.

[61] TONIETTO G N, MALKOC S A, RECZEK R W, et al. Viewing leisure as wasteful undermines enjoyment[J]. Journal of Experimental Social Psychology, 2021, 97: 104198.

[62] 王琪延, 韦佳佳. 收入, 休闲时间对休闲消费的影响研究[J]. 旅游学刊, 2018, 33(10).

[63] SMEETS P, WHILLANS A, BEKKERS R, et al. Time use and happiness of millionaires: Evidence from the Netherlands[J]. Social Psychological and Personality Science, 2020, 11(3): 295-307.

[64] JAAKKOLA E, HELKKULA A, AARIKKA-STENROOS L. Service experience co-creation: conceptualization, implications, and future research directions[J]. Journal of Service Management, 2015, 26(2), 182-205.

[65] FENG W, YANG M X, YU I Y, et al. When positive reviews on social networking sites backfire: the role of social comparison and malicious envy[J]. Journal of Hospitality Marketing and Management, 2021, 30(1): 120-138.

[66] FENG W, IRINA Y Y, YANG M X, et al. How being envied shapes tourists' relationships with luxury brands: a dual-mediation model[J]. Tourism Management, 2021, 86: 104344.

即测即练

自学自测　扫描此码

第 6 章

消费者学习与记忆

本章要点

本章的主要学习目标包括:

1. 理解消费者学习的主要类型、区别和建立途径;
2. 掌握强化、泛化与甄别及其营销应用;
3. 掌握消费者记忆的类型及作用;
4. 理解消费者记忆与品牌忠诚的关系;
5. 理解改善消费者记忆的主要方式。

开篇案例

星巴克——感官刺激与奖励体系

星巴克咖啡公司(以下简称星巴克)成立于 1971 年,是世界上首屈一指的专业咖啡烘焙商和零售商。星巴克起初主要经营咖啡豆业务,在被霍华德·舒尔茨收购后,开始销售滴滤咖啡和浓缩咖啡饮料。1992 年,星巴克在纽约纳斯达克成功上市,从此进入了一个新的发展阶段。目前,星巴克在全球 82 个市场拥有超过 32 000 家门店,400 000 多名伙伴(员工),零售商品范围包括了手工制作咖啡和咖啡冷热饮品、各式糕点食品、全球顶级咖啡豆、咖啡机和咖啡杯等。

马丁·林特龙(《感官营销》的作者)曾经调查过消费者对星巴克咖啡的品牌印象。很多顾客认为,星巴克门店内外弥漫的咖啡豆和牛奶的香气让他们印象深刻。实际上,这种香味并非偶然产生,而是星巴克刻意为之,如禁止员工喷香水,禁止室内吸烟,禁止售卖有浓郁刺激气味的热食等,以确保室内充满浓郁、自然的咖啡和牛奶的香气。星巴克利用香味引起消费者食欲,进而刺激他们产生购买冲动,并给他们留下深刻的品牌印象(如图 6-1 所示)。

在经历了 2008 年的金融危机和销售危机后,企业在 2009 年 12 月推出了一项提供奖励激励会员的"忠诚计划"——My Starbucks Rewards™,在中国市场被称为"星享俱乐部"。顾客可在星巴克门店或 APP 中下单,消费完成后就能积累"星星",并获得饮品、点心等实物奖励(如图 6-2 所示)。通过设置独特的奖励机制,消费者即便不到门店,也能通过查看手机 App 上的星星产生购买冲动。一项哈佛大学调查发现，截至 2019 年 3 月，星巴克"奖励忠诚计划"拥有 1600 万活跃会员，其用户基础在 2018 年第二季度增长了 11%，同店销售额增长了 7%。星巴克将其总销售额的 40% 归因于"奖励计划"①。

图 6-1　星巴克咖啡的香味

图 6-2　星享俱乐部——星星奖励机制

图片来源：https://www.starbucks.com.mx/responsibility/globalmenteresponsables/water、
https://www.bustle.com/p/how-starbucks-new-tiered-rewards-program-works-from-small-rewar ds-to-big-17041488

通过在门店内刻意打造咖啡香氛，星巴克用独具特色的感官体验刺激消费者购买其咖啡产品；通过设置奖励体系，星巴克鼓励顾客不断执行"购买咖啡——收集星星——兑换奖品"的积极行为，收获了一大批星巴克咖啡的忠诚拥护者。

消费者学习是存在于人类消费领域的一个特殊的学习过程。在与企业进行交易后，消费者会对之前的经历进行记忆、处理和回想，以便有效处理其他类似的购买和消费问题。Sheth 和 Mittal（2004）[1]认为消费者学习是指"消费者对于产品或服务的长期记忆的改变"。如开篇案例，星巴克四溢的咖啡香气引发消费者产生美妙的嗅觉感受，并将这种感觉与品牌或产品联系在一起，甚至经久不忘。有研究表明，人们回想一年前的气味准确度为 65%[2]。星巴克的"忠诚计划"则让消费者习得"购买过程中星星可以换取奖励"的知识，通过不断重复和强化"行动-奖励"过程，形成深刻的消费记忆。由此可见，消费者学习过程与记忆过程紧密相连，本章将对二者的概念与营销应用进行详细阐述。

6.1　消费者学习

6.1.1　学习的定义

1. 学习的概念

学习是一种会导致理想或预期的行为发生变化的过程，这种行为变化来源于对自我认知或是对刺激和处境的反应经验和实践的概念变化。要准确理解该项定义，需要注重

---

① 资料来源：https://octalysisgroup.com/playing-the-starbucks-game-an-analysis-through-the-octalysis-lens/

以下三个方面。

第一，学习首先是一个主观能动性不断发展变化的过程，行为的改变或习得是这个过程的结果。其次，行为改变不仅是亲身体验和实践的结果，也可能来源于非实践性的学习。例如，他人的推荐信息会帮助个人学习到更多产品知识。

第二，学习可以导致行为发生即刻、预期及延迟的变化。例如，在学习过程中，人们在学习知识后立刻使用，或是将习得的知识储存起来，直到需要做出购买决策时才加以利用。

第三，学习具备一定的偶然性。除了主动搜寻进行学习外，许多消费者的学习过程都是事先无预期的、偶然发生的。

2. 学习强度

人们的学习效果会被学习的强度影响，可以用一段时间内完成学习任务的多少来衡量。学习强度的决定因素主要有三个，包括重要性、强化和重复。**重要性**是指学习内容对个体的价值、兴趣及需要；**强化**是指有助于增加未来特定行为发生概率的事件；**重复**是指刺激或实践发生的次数，通过提升记忆中信息的提取速度或概念间联系强度来促进学习。一般情况下，当消费者认为学习内容的价值越高、在学习过程中得到强化事件反馈越多、重复刺激与实践的次数越多时，学习者的学习效率会更高，即学习强度更大。

3. 学习的类型

消费者的学习可基于不同的研究视角进行分类，一般可分为**条件学习**、**认知学习**、**社会学习**三种类型。条件学习理论主要解释外显的、可以观察到的行为，强调学习是在既有行为上学习新行为的过程；认知学习理论则补充了条件学习无法解释个体内部学习过程的缺陷，认为人的学习是认知主体内部心理过程与外界刺激互相作用的结果。而社会学习理论则认为在研究学习的过程中，不能忽视学习者的社会背景，侧重学习是在某种社会文化参与下，将相关知识和技能内化的过程。

6.1.2 条件学习

条件学习是学习最简单的形式。从广义上说，条件学习是指建立在刺激（信息）与反应（行为）的联结基础上的学习；从狭义来看，条件学习可以简单地解释为通过连续不断地对某些刺激进行暴露来产生相应的反应，当一个人学习到"刺激—反应"之间的联系后，相同的反应在下一次刺激出现时会再次发生。条件学习主要包括经典条件学习和操作性条件学习两种基本形式。

1. 经典条件学习——建立并发性的联系

经典条件学习是在俄国生理与心理学家巴甫洛夫做著名的狗唾液分泌实验（如实验 6-1）时意外发现的一种基本的条件学习模式，其作用实质是让被试验者产生并发性的联系，可以将特定刺激和不自觉的反应联系起来。

经典实验 6-1 巴甫洛夫的狗唾液分泌实验

2. 操作性条件学习——建立评价性的关联

操作性条件学习是用后果来改变行为的学习过程，也是建立评价性关联的过程。美国心理学家斯金纳（Skinner）借鉴了爱德华·桑代克的奖惩控制行为的理念，通过实验发现了操作性条件学习的行为后果（诸如奖励和惩罚），会影响行为再次发生的可能性（如实验6-2）。在实验过程中，能够决定动物是否重复先前行为的效应称为"效果律"（law of effect）。

经典实验 6-2 斯金纳箱实验设计原理

由实验6-2可知，斯金纳箱实验是一个操作性条件学习过程，其中并没有自发的"刺激—反应"关系。操作性条件学习过程中的主体首先需要被诱导从事某种行为，而后这种行为必须予以强化或惩罚，才能让主体习得新行为。因此，实现操作性条件学习的关键环节是强化或惩罚，主要包括以下四种建立途径。

- **正向强化**：正向强化是指在行为完成后，会增加积极后果的发生（即增加正向刺激），从而使学习者反应加强并习得新行为。斯金纳箱中的老鼠在按下杠杆后，会获得食物奖励，从而增强这一行为。例如，一位女性消费者在使用香水后被称赞，她会知道使用这个产品能给自己带来积极的预期后果，就更有可能继续购买该品牌香水。

- **负向强化**：负向强化是指在行为完成后，会减少消极后果的发生（即减少负向刺激），从而使学习者反应加强并习得新行为。斯金纳箱中的老鼠在按下杠杆后，发现能避免电击，从而加强这一行为。例如，一家香水公司发布的广告信息为一个女性消费者因为身上没有喷香水，便只能在周末晚上独自度过。消费者可能会理解为，如果她使用了这款香水，就可以避免这种负面结果，因此增加了购买的可能性。

- **正向惩罚**：正向惩罚是指在行为完成后，会增加消极后果的发生（即增加负向刺激），从而使学习者反应和行为减弱。斯金纳箱中的老鼠在按下杠杆后，会被电击惩罚，从而减少这一行为的发生。例如，当一位消费者被他人嘲笑香水难闻时，就会减少这类香水的使用和购买。

- **负向惩罚**：负向惩罚是当行为完成后，会减少积极后果的发生（即减少正向刺激），从而使学习者反应和行为减弱。当斯金纳箱中的老鼠按下杠杆后，发现食物奖励减少，从而将可能减弱这一行为。

营销人员可以在消费者购买的各个阶段使用合适的强化措施，从而在消费者与产品间建立评价性的关联。例如：在试用阶段，营销人员可以免费派送试用品或优惠券鼓励其试用产品，或是对于光顾某一商店的购买者给予诸如赠品、赠券等鼓励其试用产品；在购买阶段，营销人员可通过提供娱乐场所、空调设施、精美布置使消费者感到愉快，或是对购买特定品牌的消费者给予诸如折扣、小玩具、优惠券之类的"额外"强化；在购后阶段，营销人员还可以通过信函、人员回访等形式祝贺购买者做出了明

经典与前沿研究 6-1 强化理论在盲盒机制中的应用

智的选择。

提问：你还能想到营销过程中遇到的其他强化措施吗？

3. 经典条件学习与操作性条件学习的区别

即便经典条件学习和操作性条件学习都解释了外界因素能影响主体反应或行为的过程，但他们二者之间存在着本质的差异。经典条件学习（建立并发性的联系）仅能解释无意识的反射行为，而操作性条件学习（建立评价性的关联）能解释新行为和自愿行为的产生。与经典条件学习相比，操作性条件学习意味着个人会更积极地参与学习的过程。除此之外，二者还在强化物和作用时间上相区别，具体如表 6-1 所示。

表 6-1　经典条件学习与操作性条件学习的比较结果

比较维度	经典条件学习	操作性条件学习
控制行为的原因	先于反应的刺激	伴随反应的结果
奖励（强化）或惩罚	不涉及	（通常情况下）涉及
在条件作用下	新刺激（条件刺激）会产生反射性行为	新刺激（强化物）会产生新行为
学习者的行为特征	被动的、不自觉的	主动的、自发的

6.1.3　消费者社会化学习

社会学习理论是由美国心理学家阿尔伯特·班杜拉（Albert Bandura）提出，指个体为满足社会需要而掌握社会知识、经验、行为规范和技能的过程。

1. 消费者社会化学习的定义

消费者社会化学习指的是消费者获取市场上的消费技巧、知识和态度的过程。消费者社会化也就是学习的过程。消费者不仅要学习市场上与消费直接相关的内容，即那些使购买和使用得以发生的内容，或需要学习特定的技巧，如怎样购物、怎样比较类似的品牌、怎样分配可支配收入等；也要学习与消费间接相关的内容，即能够促使购买和使用行为发生的内容，使人们对某种产品或者服务产生欲望，以及学习影响他们对产品和品牌做出评估的那些知识、态度和价值观。

2. 消费者社会化学习的影响因素

消费者的社会化学习过程主要受到以下四个因素的影响。

- **同龄人**：个体通过依赖同龄的朋友或同学的观念，来发展个人的消费理念，且同辈对青少年群体的影响更为突出[4]。同龄人群体在年龄、兴趣、爱好和价值观念上更为相似，如果个体对品牌、产品认知程度不足，就容易受到同辈影响，产生从众心理。
- **大众媒体**：个体将通过对网站、电视、社交平台和广告等社会化媒介的观察学习，被媒体中反映出来的生活方式影响，发展与其中角色相似的消费者认知与行为[4]。
- **家庭**：家庭是消费者社会化的主要影响因素。个体通过个人洞察、模仿和训练获得与其家庭文化相适应的习惯和价值观[5]。在亲子互动过程中，父母的消费偏好和态度会影响孩子消费理念的形成[6]。

- **性别**：性别是消费者社会化过程中的关键结构变量。与男性相比，女性消费时对广告的态度更加积极，更容易受到人际交往的影响，如同龄人和家庭[7]。
- **青少年社会化学习**：青少年是社交平台的活跃分子，占据网红名人追随者的大多数。在青少年成长过程中，他们喜爱的名人网红极大地影响了他们的品牌态度、消费观和价值观，是消费者社会化学习过程的重要影响因素。

3. 社会化学习的分类

班杜拉将社会学习分为模拟（直接学习）和观察学习两种。

- **模拟（modeling）**，又称直接学习，是学习者通过模仿榜样的行为，对刺激做出反应并受到强化，完成新行为的学习过程，其模式为"刺激—反应—强化"。这一过程要求学习者亲力亲为，对刺激做出反应，并达成相应的结果，才算完成模拟的全过程。模拟行为一般出现在儿童学习期，此时榜样对儿童的行为学习过程影响巨大。如图6-3所示，孩子正尝试着模仿家中的姥姥、母亲的动作，自己学习刷牙。

图6-3 孩子模仿刷牙

图片来源：https://baijiahao.baidu.com/s?id=1665271256367176831

- **观察学习（observational learning）**，又称替代学习，指通过对他人行为及其结果的观察，来学习新行为反应或者矫正原有行为反应的过程。被观察者学习的对象被称为榜样或示范者，榜样除了可以是真实存在的人外，还可以是以符号形式存在的人、动物或事物。当一位消费者回忆起几个月前朋友因喷某个品牌香水而给人留下的良好印象时，就很可能会选择购买该品牌的香水，而这主要基于朋友的行为结果。与观察者模仿榜样行为的学习过程不同，观察学习能使人们不用尝试错误就能学到大量复杂的行为模式。观察学习可以分为直接的观察学习、抽象性的观察学习、创造性的观察学习（图6-4）。

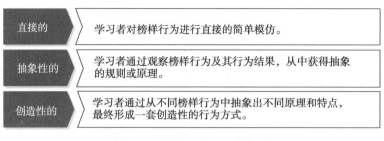

直接的	学习者对榜样行为进行直接的简单模仿。
抽象性的	学习者通过观察榜样行为及其行为结果，从中获得抽象的规则或原理。
创造性的	学习者通过从不同榜样行为中抽象出不同原理和特点，最终形成一套创造性的行为方式。

图 6-4　观察学习的三种类型

观察学习不是直接对他人的简单模仿，而是一个连续进行并内化的过程，包括注意、保持、再现、动机四个阶段（图 6-5）。

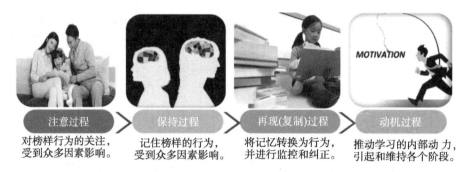

图 6-5　观察学习的四个阶段

图片来源：https://baijiahao.baidu.com/s?id=1667394177254948841&wfr=spider&for=pc、
https://www.163.com/dy/article/GH6LG7FE0552BZ82.html

- **注意阶段**：当一个人开始学习时，他（她）首先会注意榜样表现出的行为。影响学习者注意的因素很多，包括观察者的状态、情绪，以及榜样的特征。班杜拉发现，人类更容易关注有吸引力的、与自身相似的、有权威的、因行为受到奖励的榜样。

- **保持阶段**：保持指的是学习者记忆的过程。在学习者注意到榜样行为后，必须能够记住所目睹的行为。如果人类或动物不记得这种行为，能完成行为再现的可能性很小，需要再次回到注意阶段。

- **再现阶段**：再现（复制）过程是中心环节，指学习者对他（她）所观察到的行为进行再现，并根据反馈进行监控和行为纠正。班杜拉将这一过程进一步分解为反应的认知组织、反应的启动、反应的监控、反应的改进和调整。再现过程取决于学习者对榜样行为的记忆是否完整及是否具备再现行为的能力。

- **动机阶段**：动机是观察学习过程的内部动力和最根本的条件，维持了学习过程各个阶段的顺利进行，如果学习者找不到任何理由对行为进行学习，其他三个阶段也没有任何意义。动机在观察学习中起强化作用，这是因为学习者动机往往被行为结果所影响。班杜拉将动机与三类强化进行对应：外部强化（即他人对示范行为的评价）、自我强化（即学习者对本身能力的评估）和替代性强化（即他人对榜样的评价）。

以上这四个过程是紧密联系不可分割的。如果一个观察者不能重复榜样的行为，很可能是由下列原因所造成的：没有注意到有关活动，缺乏榜样动作观念的记忆，没有能力去操作，没有足够的动机或强化因素。

4. 孩子的社会化学习

消费者社会化被狭义定义为消费者从儿童到成年的成长阶段所经历的社会互动过程。[8]在人们从孩子成长为成年人的社会化过程中，家庭无疑是最重要的社会环境，尤其是在非常重视家庭及世代联系的中国。[9]

- **孩子的社会学习方式**主要包括直接训练和模仿。**直接训练**是指由老师、父母或其他重要人承担，具体地和直接地试图通过强化使孩子产生某些反应的学习过程。它通过一系列长期的强化（奖赏或处罚）来加以完成。**模仿**是子女试图使自己的行为反应与榜样提供的暗示相仿，事后进行模拟的行为。

- **社会化学习的内容**主要是观念、经验和习惯。**观念的习得**是指消费者在成长过程中逐渐形成"什么是品牌"的概念过程，包括从父辈处获得的与品牌消费相关的一般性概念、价值观等[10]。**经验的习得**是指消费者在成长过程中逐渐因为积累"他人用后经验"形成的与品牌消费相关的一般性概念、价值观等。[11]即便并没有在实际购买中获得经验，但人们会将父母的消费体验内化为自己的经验，影响自己对品牌的评价标准。**习惯的习得**是指消费者在成长过程中会因为不经意地参与父母的消费活动，对品牌产生一种"熟悉与信任"的感知，从而下意识地按照习惯的路径和顺序进行消费。[12]

- **孩子学习购物的五阶段**：孩子学习购物的过程包含五个阶段，分别为观察阶段、要求阶段、选择阶段、协助购买阶段和独立购买阶段。

- **观察阶段**：儿童与商场、超市等场地首次互动，此时主要从感官上进行观察。此时儿童的社会化尚处于早期启蒙阶段，能对商品、商场形成一定印象。

- **要求阶段**：当儿童在商场里看到想要的东西时，会当场向父母提出要求；而当儿童在家提出要求时，很可能是因为电视广告对儿童需求的刺激。

- **选择阶段**：通过儿童选购物品，父母为其买单的过程，儿童首次拥有了作为消费者的体验。

- **协助购买阶段**：在父母协助下的消费场景让金钱对于儿童而言有了新意义。促进儿童对钱作为交换媒介的功能认知，发现用钱可以购买商店的商品。

- **独立购买阶段**：在没有父母的协助下，儿童能独立购买某件商品，该阶段与上一阶段有明显较长的时间间隔。

- **对家庭购买决策的影响**：以往研究主要认为家庭环境影响孩子消费观的形成，但NRF（国家零售联邦）于2019年发布的一项调查报告发现：87%的家长认为自己的购买决定受到孩子的影响，其中48%的父母表示孩子会影响自己专门为孩子购买的物品，超过三分之一的父母表示孩子会影响对家庭整体购买的物品。由此可见，在当今时代，孩子对家庭购买决策的影响力越来越大。

6.1.4 认知学习

认知学习包括人们为解决问题或适应环境所进行的一切脑力活动，涉及诸如观念、概念、态度、事实等方面的学习。认知学习能帮助我们在没有直接经历和缺乏强化条件的情况下，形成推理，并解决问题和理解事物之间的各种关系。同时，认知学习过程是条件学习过程的延续，使我们能更准确地理解复杂的学习概念，从具体事物中提炼、抽象，并上升为一般的理论概括。通常而言，认知学习过程在预期目标的指导下发生，而个体为达成预期目的所采取的行动又受到自身知识、观念、态度的综合影响。

认知学习是一个主动学习的过程，必须在已有的认知结构基础上，学习相关的新知识对其进行整合，并让原有的知识结构得到有意义的变化。如果主人想要自己的宠物狗变得更加健康，那么就会在考虑宠物的年龄和营养需要的认知下去购买某品牌的狗粮，以此来达到使宠物健康和自己精神上满意的目的（如图 6-6 所示）。

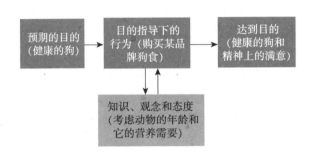

图 6-6　认知学习的过程

1. 消费者的三种认知学习形态

由于在消费过程中会受到不同刺激物的影响，且处理信息的方式也因人而异，故消费者的认知学习方式也有所差异，主要包括以下三种。

- **映像式机械学习**：在没有条件作用的情况下，消费者会在两个或多个概念之间建立联想。例如，在"飘柔"去屑去油洗发水广告当中，消费者会直接将"飘逸"和"柔顺"这个新概念与已知概念"去屑去油""洗发水"之间建立机械的联系。
- **替代式学习与模仿**：消费者通过观察他人的行为和后果，来调整自己的行为或者运用想象预期行为的不同后果。在洗发水广告当中，则是通过展现代言人或模特的一头飘逸柔顺的秀发，让消费者想象并代入自身，从而进行学习和模仿。
- **推理**：消费者对已有知识和新信息进行重新构造、组合，以进行创造性思考。同样是在洗发水广告中，通过展现该款洗发水内含的成分和成分的功能，从而在消费者心中建立产品和功能的推断联系。

2. 孩子的认知发展与信息处理

根据皮亚杰提出的儿童认知发展过程[13]，孩子的学习能力随着年龄的增长，自然而然地出现若干认知阶段，主要可以归纳为以下四个阶段。

- **感知运动阶段（Sensory Motor Stage，0~2 岁）**：在这个阶段的婴儿主要靠感觉与动作认识周围世界，其行为主要是自发的，还不能进行概念性的"思考"。
- **前运算阶段（preoperational stage，2~7 岁）**：儿童开始使用符号表征事物，并进行简单思考，但思维过程具有片面性和自我中心的特点。
- **具体运算阶段（concrete operational stage，7~11 岁）**：儿童能进行有逻辑的思考活动，思维开始具有全面性，并逐渐增强了与他人沟通的能力。
- **形式运算阶段（formal operational stage，11 岁以后）**：青少年的认知结构发展到较高水平，具有更大的弹性和复杂性，并开始将抽象思维应用于解决各层次的问题。

经典与前沿研究 6-2　哪种颜色的网页对恶作剧的"劝退效果"更好？

华德[7]对儿童面对商业广告反应的研究发现是认知发展四阶段的有力论证，他发现，年纪较小的儿童一般不能正确甄别出一般电视节目与商业广告的区别，且年纪较小的儿童比较大的儿童更倾向认为看到的商业广告是真实的；随着年龄的增长，儿童对商业广告理解加深，能更好地理解商业广告的基本目的。

6.1.5 刺激的泛化和甄别

1. 刺激泛化

刺激的概括是我们从一个刺激处境中所得出的概括，可应用于其他相似的刺激处境。家族品牌策略（即公司的所有产品都定以同一牌名）及系列定牌法的根据就是应用刺激的概括。品牌主要使用刺激泛化策略实现刺激的概括过程，即让消费者对类似于条件刺激物的刺激产生相似的条件反应（即光环效应）。刺激泛化是学习转移的真正基础。品牌可以在产品线延伸、类似包装、母子品牌及品牌联合这四种策略上应用刺激泛化。

- **产品线延伸策略**：产品线延伸是指扩展现有产品线，突破原有经营范围的过程，通常与品牌已开发的产品相关。产品线延伸包括向上延伸和向下延伸两种类型。
- **类似包装策略**：类似包装策略是指企业将所有产品的包装特点标准化，采用相似的图案、色彩等，以扩大企业影响力，利于顾客辨认并与其他公司的产品相区分，同时还能降低包装的成本。
- **母子品牌策略**：母品牌是集团（或公司）品牌，为旗下所有产品或业务共用，子品牌是产品品牌或业务线品牌。企业通常是借助母品牌的影响力来有效地推广子品牌，而子品牌的成功又可以反哺提升母品牌。
- **品牌联合策略**：新产品的品牌源于合伙品牌，主要通过组合方式形成，新的联合品牌会继承合伙品牌的特点，具有更加丰富的品牌个性。

2. 刺激甄别

刺激甄别是指类似的刺激引起不同反应的学习过程。在某些时候，通过概括的学习会变成机能失调，因为那些多少有些相似的刺激仍然会凑在一块，此时消费者需要对这些刺激加以甄别。而产品本身也经常在造型或外观设计上加以改造，这有助于增加产品的差别化。当然，并不是所有营销人员都愿意消费者对他们的品牌产生刺激甄别。许多公司希望他们的品牌尽可能地与主导品牌相仿，以获取更高的市场占有率，成本也更低。

原创品牌和模仿品牌通常有这样的联系和结果：对模仿品牌产生负面体验促使原创品牌的评价上升；对模仿品牌产生积极体验导致原创品牌的评价下降。只要模仿者没有做出无法满足的浮夸言辞，消费者就可能会倾向于对"模仿品牌"作出积极反应[16]。因此，知名品牌的制造商通常督促消费者不要购买"廉价的仿制品"。而对于营销人员来讲，为达到刺激甄别的目的，防止刺激泛化的产生，他们可能会在广告策略中特别指出真正的或人为的品牌差别，或是对产品本身造型或外观加以改造。

6.2　记　忆

6.2.1　记忆的分类

按照记忆持续的时间可以将记忆分为三种不同的类型，从短到长依次是感官记忆、短期记忆和长期记忆（如图 6-7 所示）。

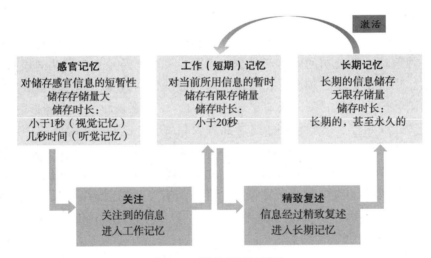

图 6-7　消费者记忆图示

1. 感官记忆

感官记忆（sensory memory）是记忆系统的开始阶段，相当于"注意"。当客观刺激停止作用后，将会储存短暂性（0.25～4 秒）的感官信息。根据接收器的类型，可将感官记忆分为图像记忆、回声记忆、味觉记忆、嗅觉记忆和触觉记忆。感官记忆只停留在感官层面，一旦注意力不集中，就会马上消失。比如，在行驶过程中，我们被动地看到窗外的其他行驶汽车的车牌数字，但不一会儿就难以在记忆中搜索到它们。

2. 短期记忆

短期记忆（short-term memory）类似于我们通常所说的"思考"，它是一个活跃的、动态的有限记忆储存过程，储存时间通常小于 20 秒。短期记忆包括概念和意象两种。**概念**是对现实的抽象，它以通俗的词汇反映事物的含义。**意象**是思想、情感和事物在感觉上的具体表现，它能直接再现过去的经历。因此，意象处理涉及感官影像的回忆和运用。同时，短期记忆过程会伴随渲染性活动和保持性复述。**渲染性活动**（**elaborative activity**）是指运用已有的经验、价值观、态度、信念、感觉来解释和评价当前记忆中的信息，或者添加与以前所存储的信息相关的内容。**保持性复述**（**maintenance rehearsal**）是为了将信息保留在短时记忆中，供解决问题之用或使之转移到长期记忆中而不断地重复或复述信息。

课堂活动 6-1　测一测：
你的短期记忆有多强？

3. 长期记忆

长期记忆（long-term memory）被视为一种无限、永久的记忆（图 6-8），能存储各种类型的信息，包括显性记忆和隐性记忆。

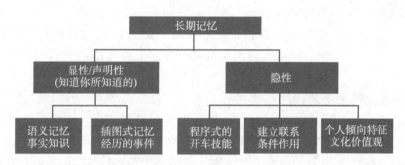

图 6-8　长期记忆图示

- **显性记忆**（**explicit memory**）：消费者有意识地存储在大脑中的关于事实、以往经验与概念的信息[17]。显性记忆包括语义记忆和情景记忆。**语义记忆**（**semantic memory**）是指将其记忆归入某一概念，如与产品消费相关的事实和知识。**情景记忆**（**episodic memory**）则是指对个人所参与事件的次序记忆，如产品消费过程中出现的事件顺序和重要性。

- **隐性记忆**（**implicit memory**）：消费者获取、使用知识时都是无意识的，且隐性记忆能够影响消费者的思想和行为[18]。隐性记忆一旦形成便可以稳定终生，在需要的时候随时提取出来。隐性记忆又包含了程序记忆、建立联系和个人倾向特征。**程序记忆**（**procedural memory**）是指关于如何做某事或关于刺激和反应之间联系的知识，包括对知觉技能、认知技能、运动技能的记忆。**建立联系**是指利用识记对象与客观现实的联系、已知与未知的联系、材料内部各部分之间的联系的方式进行记忆。例如，接近联想、类似联想、对比联想、因果联想等。**个人倾向特征**是指个人在社会化过程中对某些信息的倾向性记忆。记忆与自我相互创造相互影响。例如，文化价值观对于个人长期观念的影响，以及个人结合自身对其他文化价值观进行有选择地吸收和记忆。

6.2.2 记忆与恢复

记忆指识别和记住事物的特点及其之间的联系，从而积累知识经验的过程。恢复是从保持中取得信息，能动地再认识或解决问题的过程。信息恢复是否成功取决于两种类型的保持：情景记忆和语义记忆。

1. 情景记忆

情景记忆（episodic memory），又称插图式记忆，是指人们根据时空关系对某个事件的记忆。情景记忆是对与一定的时间、地点及具体情境相联系的事件的识记、保持和再现。这种类型的记忆与个人的亲身经历分不开，具有一定的情节性。

经典与前沿研究 6-3 怀旧消费

记住某个特定事件，不仅包括要记住其内容，还要记住事件发生的背景。故情景记忆包括项目记忆和来源记忆。**项目记忆**（**item memory**）是指对事情发生内容的再认或回忆，**来源记忆**（**source memory**）是指对事件发生的背景（context）或前后关系细节的回忆。项目记忆和来源记忆是情景记忆下独立的两个概念，只有项目记忆和来源记忆均存在，才能形成完整的情景记忆。例如，当消费者回忆购买某款电脑的过程时，购买的电脑型号及其具体功能、外形为项目记忆，与购买过程相联系的地点及提供意见的相关人物为来源记忆。

图解式记忆（**schematic memory**）可以帮助提取情景记忆。图解式记忆也叫知识结构，是一个充满数据碎片的、复杂的联想网络,是各种信息块之间的联系和结合。在图解式记忆过程中，被视为相似的信息片段会被分到一些更抽象的类别之下，消费者添加的新记忆也会被归类到相似的已有结构中。根据层次处理模型，信息需要以自下而上的方式处理，信息首先从最基本的层次开始向上归类，需要越来越复杂的处理操作和更大的认知能力。

一般来说，不同的人有不同的知识结构，不同联想网络里的不同链接强度也各异。是否能激活特定节点的联想作用取决于提示信息和节点之间的链接强度。消费者的购买决策往往会被记忆节点和记忆集合所影响，因此，建立好知识结构中的"品牌—产品—功能"链接至关重要。例如，某位消费者可能有一个关于"啤酒"的知识结构。每个节点代表一个记忆信息，此节点可以以抽象概念、文字描述和图像显示的方式呈现，内容可以是产品属性（如颜色、状态）、饮用感受、饮用场所，甚至联想到相关产品和相关活动及其感受等（图 6-9）。

2. 语义记忆

语义记忆（semantic memory）指的是人所具有的知识有组织的贮存，储存的信息是有关我们现实生活世界的一般知识，这种记忆与各种信息块的联想和结合有关。托尔文[20]

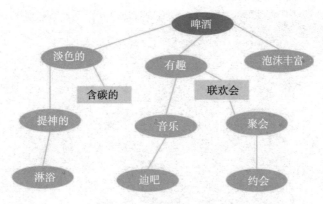

图 6-9 图解式记忆网络

认为，与情景记忆不同，语义记忆是抽象和概括的，它所包含的信息不受信息背景的影响，而是以信息意义为主要参照。此外，相对于情景记忆，语义记忆的储存状态更加稳定，不太受到外界干扰，提取信息也更迅速，往往不需要搜索。

重复营销是恢复语义记忆的重要营销手段。首先，在信息爆炸的时代，消费者处于信息拥挤之中，大脑很难储存下所有信息，它会自动帮我们过滤掉无关紧要的思考，凭借惯性自动做出选择，所以在日常生活中我们的大部分消费行为都来自于习惯。其次，重复是建立条件反射的重要一环，重复的次数越多，记忆将更加深刻。因此，重复营销对于有效抢占消费者心智是至关重要的。企业可以通过扩大营销范围和营销次数吸引并重复刺激消费者。例如，广告主可以将产品或品牌信息，传播到契合于用户群体的各种平台（包括社交媒体、广播电台、电视、广告牌等），使其在这些平台重复出现，通过广告文案，图片展示优化等吸引受众，以便用户可以注意到品牌。

那么，如何进行重复营销呢？按照形式可以分为表象重复和内核重复两种。

表象重复是指简单粗暴式的符号重复。比如，脑白金 20 年不变的洗脑广告则是表象重复的直接体现。打开电视，脑白金广告中的卡通老头老太便会蹦出，又跳又唱，这两个标志性的人物符号配上"今年过节不收礼呀，收礼只收脑白金……"的广告词，并不断重复，最终让脑白金家喻户晓，并使其成为过年人们赠送礼品的最佳选择之一。然而，表象重复只能加深消费者对品牌的简单认知，却无益于对品牌内涵的认知和品牌喜爱。例如，恒源祥在 2008 年的洗脑广告，虽然加深了消费者的品牌印象，但同时很多人认为这个长达一分钟的重复性广告毫无创意，加深了消费者的疲劳和反感。

内核重复则更加强调品牌的核心价值，挖掘每个和消费者的接触点，向其传达一致的品牌精神和核心价值。比如，绝对伏特加采用了许多有创意且高雅的营销方式，但是其强调的核心品牌价值始终一致，那就是"纯净、简单、完美"。在广告中的创意也离不开产品名称中的"绝对"二字，如"绝对的产品""绝对的口味""绝对的城市""绝对的艺术""绝对的节目"等。此外，绝对伏特加关注与消费者的沟通过程，并构建了消费者购买的场景，刺激消费者与品牌产生文化共鸣，从而加深品牌文化建设深度，完成从"大声量传播"过渡到"声量＋口碑"精细化运营的营销转变（图6-10）。

图 6-10　绝对伏特加的重复营销
图片来源：绝对伏特加中国微博官方主页
（ https://weibo.com/n/%E7%B5%95%E5%B0%8D%E4%BC%8F%E7%89%B9%E5%8A%A0%E4%B8%AD%E5%9C%8B ）

6.2.3　记忆与品牌忠诚

只有当品牌能够被消费者识别并根植在消费者记忆中，才能让消费者保持忠诚。**品牌忠诚（brand loyalty）**是指消费者对某一品牌的满意态度会导致其对该品牌长期、习惯性的购买。品牌忠诚是消费者有预期目的的学习结果，因为他们知道这一品牌可以满足他们的需要。

1. 品牌忠诚的分类

- 根据不同的学习过程，消费者忠诚可以分为行为忠诚与情感忠诚。**行为忠诚（behavioral loyalty）**是指消费者的忠诚建立在工具性条件反射基础上，认为对一个品牌的长期一贯购买是品牌忠诚的迹象，多用购买次数和购买比例来测量行为忠诚。**情感忠诚（emotional loyalty）**是指消费者的忠诚建立在认知学习的基础上，反映为在情感上对某一品牌产生的持续喜爱，主要使用消费者对该品牌保持的满意程度和认同态度进行测量。

- 根据不同的介入程度，消费者忠诚可以分为真正忠诚和惯性忠诚。**真正忠诚**是指当消费者个人高度参与品牌并发现购买其他品牌有风险时产生的长期购买行为。真正忠诚代表了消费者对品牌的信赖和喜爱，也代表对购买的介入程度较高。**惯性忠诚**是指消费者在对品牌没有信赖和低参与度的情况下的习惯性购买。消费者的惯性购买行为取决于对品牌的熟悉程度，对某一品牌的反复购买并不代表信赖，只表示接纳。

2. 识别品牌忠诚消费者

对于品牌来说，维持一个老顾客比获得一个新顾客更为重要。据美国市场营销协会调研发现,获得一个新顾客的成本是保持一个老顾客的成本的 5 倍。而《哈佛商业评论》的一项研究则指出,老顾客的再次购买能为公司带来 25%～85%的利润,且一个企业只要比之前多维持 5%的老顾客,利润可能会加倍。

因此,识别更容易成为自身品牌的忠诚群体对于企业积累"回头客"至关重要。容易成为品牌忠诚顾客的消费者往往有以下特征:对自己的选择更自信;更可能觉察到购买中的较高风险,并为减小风险而反复购买某一品牌的产品;更有可能是品牌店铺/商场等场所的忠诚顾客;其兴趣爱好和人格特征都较为小众,属于少数群体。

3. 消费者多品牌忠诚迭代

在很多时候,消费者并不长期钟情于一个品牌,因为他们通常会与多个品牌进行互动,通过购买多个品牌来满足自身需求。这种现象被称为**多品牌忠诚(multi-brand loyalty)**。此外,消费者在长期的购买过程中,不仅在多个品牌内进行间歇性重复购买,也存在着对新品牌的寻求需要[21],因此会出现**多品牌忠诚迭代(multi-loyalty brands iteration)**现象。导致消费者出现多品牌忠诚迭代的重要因素正是消费者的短期记忆。由于消费者短期记忆具有容量限制和优先提取重要内容的特点,只有那些更加重要的品牌记忆才会被即时提取,而那些失去记忆优势的其他忠诚品牌将退出短期记忆,进入长期工作记忆,直至完全被遗忘。在消费者不断进行购买的过程中,这种"记忆迭代"最终会导致消费者的品牌忠诚发生迭代。

6.2.4　记忆的消逝

消费者记忆并不总是准确的,它们可以被激励、构造甚至"建议",营销人员可以采取不同的策略改善消费者记忆,如增加注意力、重复、自我生成等。然而,消费者的记忆信息依然存在遗忘、消失等威胁。

1. 记忆消逝的威胁

营销人员最不希望消费者忘记广告中出现的品牌或产品。然而,据一项对 13 000 多人的调查显示,超过一半的人不记得他们一个月内见过、听过或读过的任何广告的具体信息[22]。记忆消逝可能受到时间延迟、记忆干扰和学习强度等多方面的影响。**时间延迟**的出现是因为在广告曝光和购买之间可能存在很长的延迟时间。记忆的消逝在早期学者看来取决于时间,但这仅能解释瞬时记忆和短期记忆。**记忆干扰**是指长期记忆遗忘主要是受到外界因素的影响,尤其是先后知识检索过程中的干扰。当消费者在学习其他知识后,新知识会取代旧知识,相应的"刺激—反应"的先前关联也将被遗忘,这被称为"倒摄干扰"。或者先前的学习可能会干扰新学习,这一过程被称为"前摄干扰"。此外,记忆痕迹的消逝还取决于刺激的重要性、强化的总量与频率以及进行实践或重复的次数,且消逝的可能性与学习的强度成反比。此外,影响记忆消逝的因素包括最初的学习强度和回忆所处的环境与最初学习环境的相似性。

2. 减缓记忆消逝的营销策略

为了避免消费者记忆消逝,营销人员可以通过以下三种方式来加强消费者的记忆。

- **加强消费者注意力和准确度**：营销人员可以通过调整包装设计、广告内容和代言人增加消费者对品牌及其产品类别的关注，准确区分并记忆其积极特征，并将该特征与其积极功能相关联。
- **采用比喻手法**：将有一定比喻意义的词语使用在品牌名、标语口号或广告中，会让消费者产生一定的内心图像。比如，以骆驼或者兔子为品牌名，会让人们联想到一种骆驼或者兔子这样的动物形象或者内心图像。这种富于想象的词语有助于消费学习，且记忆程度更高。
- **增加提高消费者记忆的信息特征**（如图 6-11 所示）。

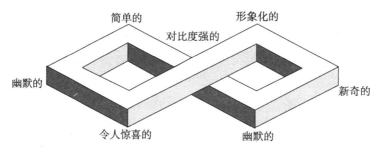

图 6-11　提高消费者记忆的信息特征

3. 记忆消逝也可能提升满意度：选择完结的作用

选择完结（choice closure）是指，人们觉得自己做出的某个决定已经结束了，并且不会再将它与别的选择进行比较。"这边菜场的猪肉比我今天中午买的便宜呢，我买贵了！""这件衣服我买完就降价了，我怎么就没能再等等呢！""这道菜很好吃，相信大众点评果然是对的，下次还点这个！"……这些话在日常生活中总是萦绕在我们的耳边。它就是妈妈买菜时的抱怨，朋友网购后的懊悔，自己点菜时的得意。生活中我们面临太多的选择，不同的选择牵动着我们的情绪，并对我们的下一次选择产生深刻的影响。

经典与前沿研究 6-4　产品、品牌与记忆

选视频或者点菜这种小事，你合上菜单就可以抛在脑后。但是你在人生中的糟糕选择，要怎样才能"选择完结"呢？我们都知道已经付出的时间和金钱都是沉没成本，不能沉浸在做了坏选择的负面情绪当中，可就是很难控制自己不去想它，甚至每隔一段时间都要回想个几遍。坏结果和坏情绪在脑海中总是挥之不去，反而那些明智的选择、让人开心的经历过一段时间印象就淡化了，这又是为什么呢？

经典与前沿研究 6-5　"选择完结"研究实验

心理学研究表明，相比于让人开心的记忆，不开心的情绪在记忆中更加突出，并且人们更难在不开心的记忆中体会到"终止感"。这是由于当人们做了糟糕的选择之后，尽管不愉快，却需要记住这次教训，免得日后再犯同样的错误。而那些明智的选择本身结果已经很好了，

不需要再耗费精力去记住它。所以我们会对不好的事情念念不忘，这导致我们的情绪会变得很糟糕，还有可能出现抑郁症状。这个时候，你需要一个仪式感来终结这段糟糕的记忆。例如：很多人现在用举办"爱情追悼会"的方式来告别自己结束的上一段情，开始新的生活；一些情感不和的夫妇也选择通过举办庄重的离婚仪式来结束他们的婚姻，在双方亲友的见证下说出"我愿意"，并击碎婚戒，这既是对过去的告别，也包含了对对方的尊重和对未来的期待。这样的仪式感会带来一种"完结感"，让自己把痛苦抛诸脑后，才能真正开始新的生活。

参考文献

[1] SHETH J N, MITTAL B. Customer behavior: a managerial perspective[M]. 2004: 369-382.

[2] 李光斗. 气味营销：品牌感官升级工程[J]. 企业科技与发展, 2009(15): 42-43.

[3] ZHANG Y, ZHOU H, QIN J. Research on the effect of uncertain rewards on impulsive purchase intention of blind box products[J]. Frontiers in Behavioral Neuroscience, 2022.

[4] MOSCHIS G P, CHURCHILL JR G A. Consumer socialization: a theoretical and empirical analysis[J]. Journal of Marketing Research, 1978, 15(4): 599-609.

[5] BAUMRIND D. New directions in socialization research[J]. American Psychologist, 1980, 35(7): 639-652.

[6] MAU G, SCHRAMM-KLEIN H, REISCH L. Consumer socialization, buying decisions, and consumer behaviour in children: introduction to the special issue[J]. Journal of Consumer Policy, 2014, 37: 155-160.

[7] DOTSON M J, HYATT E M. Major influence factors in children's consumer socialization[J]. Journal of Consumer Marketing, 2005, 22(1): 35-42.

[8] WARD S. Consumer socialization[J]. Journal of Consumer Research, 1974, 1(2): 1-14.

[9] 费孝通. 关于"文化自觉"的一些自白[J]. 学术研究, 2003(7): 5-9.

[10] WALLENDORF M, ARNOULD E J. "My favorite things"：A cross-cultural inquiry into object attachment, possessiveness, and social linkage[J]. Journal of Consumer Research, 1988, 14(4): 531-546.

[11] 徐岚, 崔楠, 熊晓琴. 父辈品牌代际影响中的消费者社会化机制[J]. 管理世界, 2010, (4): 83-98-186.

[12] GULATI R. Does familiarity breed trust? The implications of repeated ties for contractual choice in alliances[J]. Academy of Management Journal, 1995, 38(1): 85-112.

[13] 彭聃龄. 普通心理学[M]. 北京：北京师范大学出版社, 2012: 501-502.

[14] ZUCKERMAN M, KOLIN E A, PRICE L, et al. Development of a sensation-seeking scale[J]. Journal of Consulting Psychology, 1964, 28(6): 476-482.

[15] MEHTA R, DEMMERS J, VAN DOLEN W M, et al. When red means go: non-normative effects of red under sensation seeking[J]. Journal of Consumer Psychology, 2017, 27(1): 91-96.

[16] ZAICHKOWSKY J L, SIMPSON R N. The effect of experience with a brand imitator on the original brand[J]. Marketing Letters, 1996, 7: 31-39.

[17] ULLMAN M T. Contributions of memory circuits to language: the declarative/procedural model[J]. Cognition, 2004, 92(1-2): 231-270.

[18] SCHACTER D L. Implicit memory: history and current status[J]. Journal of Experimental Psychology: Learning, Memory, and Cognition, 1987, 13(3): 501-518.

[19] ZHOU X, VAN TILBURG W A, MEI D, et al. Hungering for the past: nostalgic food labels increase purchase intentions and actual consumption[J]. Appetite, 2019, 140: 151-157.

[20] TULVING E, DONALDSON W. Organization of memory[M]. New York: Academy, 1972: 381.

[21] 张燚, 周月娇, 刘进平, 等. 顾客多忠诚与新店铺寻求的融合行为研究: 基于纵向追踪与深度访谈的混合方法[J]. 南开管理评论, 2020, 23(5): 100-111.

[22] BURKE R R, SRULL T K. Competitive interference and consumer memory for advertising[J]. Journal of Consumer Research, 1988, 15(1): 55-67.

[23] SENGUPTA J, GORN G J. Absence makes the mind grow sharper: effects of element omission on subsequent recall[J]. Journal of Marketing Research, 2002, 39(2): 186-201.

[24] GU Y, BOTTI S, FARO D. Seeking and avoiding choice closure to enhance outcome satisfaction[J]. Journal of Consumer Research, 2018, 45(4): 792-809.

即测即练

自学自测  扫描此码

第 7 章

动机与个性

本章要点

本章的主要学习目标包括：
1. 掌握动机的性质和分类；
2. 理解并掌握营销动机冲突的表现；
3. 熟悉人格理论的分类。

开篇案例

露华浓——创造新时尚

露华浓（Revlon）是 20 世纪美国最成功的化妆品品牌之一，成立于 1932 年，其推出的第一款产品是显色不透明指甲油。通过改进技术，露华浓将原本用以制作指甲油的染料替换成了色素，让指甲油的颜色得以丰富，并调配出了前所未有的缤纷色彩。1937 年，露华浓指甲油顺利进入店铺销售，引起了巨大反响，营业额翻了近 40 倍。在这之前，没有人相信一个罐装的化学药剂有如此旺盛的市场需求，但正如露华浓的所说："在工厂，我们制造化妆品，在商店，我们销售希望"，女性购买时尚单品实际上是一种对美好的幻想，露华浓通过广告和冠名娱乐节目传播了"指甲油也是时尚"的观念，让指甲油从保护指甲的功能中解脱出来，变成时尚的装饰品。

紧接着，露华浓又进一步提出唇膏应与指甲油色彩匹配的概念：Matching Lips and Fingertips，图 7-1 是露华浓经典的"Fire and Ice"广告，它卖的不是红色而是"冰与火"，在一众通俗的色号名称中，露华浓独特的命名方式给消费者留下了深刻的印象。同时，露华浓用不同的指甲油色彩来表现不同季节的时尚这一营销方案大获成功，创始人郎佛迅对外表示，"我们有 5000 种有着细微差别的红色可供选择，这样才能满足女性在冬天里的心情"，露华浓以此诱惑女人用不同颜色的指甲油来搭配礼服、心情、场合，并且在每季发布新的指甲颜色（图 7-2），配有大量广告进行宣传，说服女性购买新颜色的指甲油以满足他们看起来更时尚、更有魅力的需求。颜色本身没有任何意义，有意义的是这些颜色代表了魅力、性感，满足了消费者的体验欲，小小的指甲油承载的是女性对美和潮流的追求。

图 7-1　露华浓经典广告 Fire and Ice　　　图 7-2　露华浓指甲油的缤纷色彩

资料来源: https://www.sohu.com/a/164358771_226786

由此可见，露华浓创造了对指甲油的新需要，让原本可有可无的指甲油变成了一种可以持续的时尚消费，激发了消费者的购买动机。消费者的需求具有可创造性，它会随着社会和科技的进步及经济的发展而变化。而且，有些需求是实际存在的，对于这样的潜在需求，需要企业去唤醒和挖掘，并诱导消费者的行为。

资料来源: https://www.chinapp.com/gushi/94489

我们都知道，产品要满足消费者的需要才能有销路，露华浓指甲油打入市场的关键在于，它洞察到了女性对时尚和魅力的追求，而后创造新产品并辅以独特的营销策略引发了女性的购买行为。动机是影响消费者行为的重要心理因素，与行为有着直接的关系。企业要让消费者自愿产生购买行为，需要深入挖掘和洞察消费者动机。个性是指个人对于千变万化的各种环境所做出的一般的反应（行为），动机和个性是紧密相关的。比如，比较自信的消费者（具备某种个性特征）常更多地需要有自己的主张（一种动机特征）。本章的内容分为 7.1 动机与 7.2 个性两个小节。

7.1　动　　机

7.1.1　动机

1. 动机的性质

动机（motivation）是行为的原因，是推动人们采取某种行为的内在力量，这种内在力量会刺激和促发某一行为反应，并对该反应规定具体的方向。对于某一行为背后的动机我们通常无法直观得到。

2. 动机产生的过程

如图 7-3 所示，动机通过一种紧张的状态产生，这种状态是需要未被满足的结果。当一种需要未得到满足时，人们会内心紧张，这种紧张状态成为激发人们争取实现目标的动力，即形成动机，在动机的驱使下，人们采取行动以实现目标，目标达到后，需要得到满足，紧张状态得到缓解，行为过程便结束[1]。在这一过程中，消费者的个人特征引导着他们想达到的目标和为达到目标所采取的行为。需要指出的是，动机具有动态性，即需要不会被完全满足，旧的需要被满足后新的需要又会出现，完成目标的消费者还会为自己设置下一个新目标。

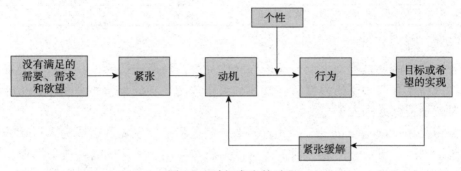

图 7-3　动机产生的过程
资料来源：利昂·希夫曼，约瑟夫·维森布利特. 消费者行为学[M].
江林，张恩忠等，译.11 版. 北京：中国人民大学出版社，2015.[2]

营销的本质就是识别和满足需要[2]。正如开篇案例那样，露华浓激活了消费者的潜在需要，使其产生了追求美的动机，因此消费者产生了购买指甲油的行为。

1）需要

需要（needs）是人们对事物的欲望或要求，它导向一定的动机。人类价值体系存在两种不同的需要，一种源于生理的本能或冲动，是维系生物实体存在的动机力量，称为**生理需要**（physiological needs），包括对食物、水、空气和性等的需要。另一种是从父母、社会环境和与他人互动中学习得到的动机力量，称为**心理需要**（psychological needs）。心理学家马斯洛（Abraham H.Maslow）将人类的需要像阶梯一样从低到高按层次分为五种，如图 7-4 所示，表 7-1 描述了马斯洛需要层次在营销广告中的实际运用。

生理需要（physiological needs）是人类维持自身生存的最基本要求，包括对饥、渴、衣、住、行等方面的要求。如果这些需要得不到满足，人类的生存就成了问题。从这个

图 7-4 马斯洛的需要层次
资料来源：笔者整理制图

表 7-1　马斯洛需要层次理论在营销中的运用

自我实现需要	LV：生命本身就是一场旅行
尊重需要	凯迪拉克：长时间的付出终于有了收获。众人的赞誉、财富的丰收，难道现在不是该拥有一辆凯迪拉克的时候了吗？
社会需要	万科：再名贵的树，也比不上你记忆中的那一棵。
安全需要	中国人寿：出门在外，注意安全，中国人寿，祝好人一生平安。
生理需要	农夫山泉：我们不生产水，我们只是大自然的搬运工

资料来源：公开资料整理

意义上看，生理需要是推动人们行动最强大的动力。马斯洛认为，只有这些最基本的需要满足到维持生存所必需的程度后，其他的需要才能主导成为新的激励因素，已相对满足的需要就不再能激励人了。

安全需要（safety needs）。当生理需要被满足后，安全需要就成为人行动的主导力量。它包括安全、稳定、依赖、保护等的需要及对体制和秩序的需要等。马斯洛认为，整个有机体是一个追求安全的机制，人的感受器官、效应器官、智力和其他能力主要是寻求安全的工具，甚至可以把科学和人生观都看成是满足安全需要的一部分。在生活中，人们期望的健康和财富等都是个体满足安全需要的方式。

社会需要（social needs）。这一层级的需要包括两个方面的内容。一是友爱的需要，即人人都需要与伙伴、同事之间的关系融洽或保持友谊和忠诚，都渴望爱别人和接受别人的爱。二是归属的需要，即人都有一种归属于一个群体的感情，希望成为群体中的一员，并相互关心和照顾。感情上的需要比生理上的需要来得细致，它和一个人的生理特性、经历、教育、宗教信仰都有关系。

尊重需要（esteem needs）。尊重需要又可分为内部尊重和外部尊重。内部尊重是指个体希望在任何不同情境中有实力、胜任、充满信心和独立自主，也就是人的自尊。外部尊重是指一个人希望有地位、有威信，受到他人的尊重和信赖。很多大牌的奢侈品就能满足人的尊重需要。

自我实现需要（self-actualization needs）。自我实现指人对于自我发挥和自我完成的欲望，也就是一种使人的潜力得以实现的倾向。自我实现需要是最高层级的需要，它是指实现个人理想抱负，发挥个人能力到最大程度的需要，也就是说成为自己"期望的人"。马斯洛提出，为满足自我实现需要所采取的途径是因人而异的，并且现实中只有少部分人能实现这种需要。

高级需要和低级需要有着不同的属性和性质，但是二者都必须属于基本、天定的人性中，它们不会异于或反对人性，而是人性的一部分。高级需要是一种特定的或进化发展的产物（需要越高级，越为人类所有），是较晚的个体发育的产物。任何个体一出生就显示出有生理上的需要，如对食物的需要，只有在一段时间后才会表现出与人亲近的最初迹象，再长大一些后才能看到他（她）更高层次的需要，如对独立、尊重的需要。低级需要远比

知识拓展 7-1　宜家效应

高级需要更局部化、更具体，如相较于爱的需要，饥饿感觉的作用在身体上更明显。此外，低级需要的满足比高级需要的满足更具有可见性和可观察性。而且，低级需要之所以更有局限性，是因为只需要较少的满足物就可以维持，也就是说一个人只能吃一定的食物，但对爱、尊重的需求是无法轻易满足的[4]。

马斯洛认为低级的需要基本得到满足以后，其激励作用就会降低，优势地位将不再保持下去，高级的需要会取代它成为推动行为的主要原因[5]。也就是说，在高级需要出现之前，人们会先寻求低级需要的满足。一个人首先尽力满足最重要的需要，当这一需要一经满足，便不能成为激发人们行为的动机，于是被其他需要取而代之。例如，一个饥饿的人（生理需要）不会想追求艺术（自我实现需要），也不会在意别人如何看待和评价自己（社会或尊重需要）。

知识拓展 7-2 威胁的概念

2）需要的唤醒

绝大多数个体的需要在很多时候是"休眠"的，任何特定需要的唤醒都是由一些因素引起的，这些因素包括个体生理的内部刺激和外部环境的刺激。例如：胃的收缩会激发对饮食的需要；天气寒冷会引发对温暖的需要。多数生理暗示不是自发的，但是它们能激活缓解不舒服的紧张感的需要，直到需要被满足。例如，一个感觉饥饿的人为了缓解饥饿带来的不舒服，可能会做饭或购买一个面包。

外部环境刺激需要的典型是广告。广告是唤醒需要的暗示，没有这些暗示，需要仍然是潜在的。创意广告唤醒了需要，也使得消费者心理产生不平衡。然后，消费者的目标变成了通过购买产品满足欲望、减少不平衡感。比如，我们开篇提到的露华浓案例，创意指甲油广告"冰与火"刺激了女性追求时尚的需要，然后她们会通过购买指甲油来满足这一需要。

3）目标

目标（goal）是寻求动机行为的结果，是消费者期望达到的最终状态。对于任何给定的需要都有许多不同的、合适的目标，个人目标的选择依赖于他们的个人经验、身体能力、文化模式和价值观，以及在个体和社会环境中目标的可实施性。比如，一个近视的乒乓球运动员想要在比赛的时候看清球来的方向，但戴框架眼镜会影响发挥，而如果不戴的话他（她）又看不清楚，容易接触不到对手的球，那么他（她）可能会选择购买隐形眼镜替代框架眼镜。目标必须既要被社会接受，又要有自身的可行性。如果没有企业生产框架眼镜的有效替代品，那这位运动员就不能达到不妨碍比赛但能看清球的目标。同样，目标实现后，个人又会设置新的目标来满足新的需要。

3. 动机的分类

麦奎尔（William James McGuire）发展出了一个详细的动机分类系统，首先将动机分成了四大类，分类标准为：动机是认知性的还是情感性的？动机是侧重于保持现状还是侧重于成长？**认知性**（cognitive）动机集中于个体对于适应环境与取得理解和意义的需要，**情感性**（affective）动机涉及达到满意的感觉状态及个人目标的需要。**保持导向**

（preservation-oriented）动机强调保持平衡，而**成长**（growth）动机强调发展。其次这四大类动机还可以根据来源基础和动机目的进一步划分，即该行为是主动发出还是对环境做出的被动反应？该行为是帮助个体获得新的内部关系还是获得新的外部关系。以下是麦圭尔16项动机。

1）认知性保持动机

- 追求一致性的需要（主动的、内在的）

人的一个基本欲望便是希望自己与其他人保持一致，包括态度、行为、意见看法、自我形象等方面。**认知均衡理论**（theory of cognitive equilibrium）指出人在认知系统出现不一致时会产生不愉快等心理压力，驱使认知主体设法恢复认知平衡量。例如，若某个消费者在"双十一"冲动购买之后，可能感到自己的行为与"省钱"不一致，就会促使自己去寻求另外的信息来减轻这种不协调的感觉。因此，这种"我买对了还是买错了？"的担忧必须减轻到在感觉、态度和行为之间建立起一种恰当的平衡。协调需要意味着消费者往往不愿意接受那些与现有信念不一致的信息，这就在很大程度上增加了对众所周知的可靠信息来源的需求，目的是增加与消费者进行信息沟通的机会。

- 归因的需要（主动的、外在的）

归因需要是指我们需要知道所发生的事由什么原因所致。**归因理论**（attribution theory）指出为了满足"理解环境和控制环境"的需要，普通人必须要对他人的行为进行归因，并且经过归因来预测他人的行为[6]。事件的原因有内因和外因，内因即情绪、态度、人格、能力等，外因即外界压力、天气、情境等。研究指出将原因归因于自己可以增加个人采取缓解措施的动机[7]，而将原因归因于无法控制的外部因素可能会抑制一个人采取行动的动机[8]。韦纳（B.Weiner）进一步提出了因果的三个维度，第一个维度是**稳定性**（stability），即原因是暂时的（随时间改变）还是长久的（随时间变化保持稳定）。例如，一辆汽车可能因为修车工人的一次粗心大意而没有修好，或者修车工人可能是一个一贯粗心大意的工人。第二个维度是**控制点**（locus of control），即原因是来自内部还是外部。比如，购买的产品发生故障可能是由于消费者使用方式错误，也可能是制造商生产过程出现问题。第三个维度是**可控性**（controllability），即原因是否能由个人意志控制。例如，消费者购买了一种减肥产品，但在使用后并没有减肥。这可能是由于一个可控的原因——消费者并没有正确地使用它，或者是由于一个无法控制的原因——消费者对它过敏[9]。

实际上，由于认知局限和动机不同，认知者可能会系统地歪曲某些本来正确的信息，这就是**归因偏差**（attribution bias）。归因偏差包括**基本归因错误**（fundamental attribution error）、**自我服务偏差**（self-serving bias）和**行动者–观察者偏差**（actor-observer bias）。基本归因错误是指人们常将他人的行为归因于人格或态度等内在特质，而忽略他们所处情境的重要性[10]。自我服务偏差是指人们倾向于把自身的成功归因于内部因素，而把自身的失败归因于外部因素，这种偏差有助于解释为什么人们倾向于把自己的成功归功于自己，而往往否认该对失败负责[11]。例如，一个赢得比赛的体操运动员可能会说，"我赢了，因为我是一个优秀的运动员，"而失败者可能会说，"我输了，因为裁判不公平。"行动者-观察者偏差是指对于同一行为反应，观察者通常偏向于个人特质因素归因，而行动者会在归因中高估情境因素的作用，也就是说当我们作为观众（观察者）的时候，很容易会把他人的行为（行动者）归因于其人格特质，而当我们是行动者时，则很容易把我们行为的发生归因到情景因素中[12]。例如，你和朋友约好一起吃饭，但是他（她）迟到了，你可能认为朋友不在乎你们的关系，而如果是你迟到，你不会这么想，会觉得自己是有事情耽误了。

- 归类的需要（被动的、内在的）

消费者有一种需求，即希望能将信息与经验分类整理成有用的、易理解且易驾驭的形式。这种在思想上或心理上进行分类和划分的结果，能提供一种参考系统，使得我们有可能对大量的信息进行加工处理。例如，消费者会根据产品的价格将其归类于不同的档次，认为上万的包和不上万的包是两类产品，即使这两个产品仅相差100元。又比如，游戏化的环境中有各种各样的角色，不同玩家喜欢的角色也不尽相同，玩家会根据自己的类型和喜好将自己归类为某一类玩家，然后选择游戏角色代表自己。

- 客观化的需要（被动的、外在的）

人们需要可观察的线索、符号来推断自己的感觉与想法，通过观察自己和他人的行为，通过对想法和感觉的推断，人们得以建立某种印象、感觉和态度。例如，在许多场合，为了展现一种渴望中的形象和生活方式，服装可起到重要的作用。

2）认知性成长动机

- 自主的需要（主动的、内在的）

自主的需要是对独立和个体自主的追求。这种需要在西方文化的社会里占有重要地位。因为许多人感到在技术高度发达的社会，人们有失去自己个性与人格的危险。营销人员对此所做出的反应就是提供各种限量销售、多样化、定制化的产品。

- 求新和猎奇的需要（主动的、外在的）

消费者经常仅仅出于对新奇的需要而寻求变化。似乎可以设想人们应该一律从事机械般的行为，以便使得复杂的世界变得更为简单化和标准化。但大量的事实说明，产品和品牌的一成不变可能会引起消费者的疲惫，人们会倾向于追求具有强烈情感感受的新体验及新颖寻求（novelty seeking）[13]。

知识拓展7-3 享乐适应

- 目的论的需要（被动的、内在的）

消费者是形式的匹配者，他们将所期望的产出或结果的形象，与现有的状况进行对比，并改变自己的行为使得结果朝着理想的状态靠拢。具有这种动机的消费者，更喜欢与"世界应该如此"一致。比如，他们会喜欢"善有善报，恶有恶报"的电视剧情节。

- 功利主义的需要（被动的、外在的）

麦奎尔认为，消费者是问题解决者，他们利用各种机会获取有用的信息或新的技能。因此，消费者可能会将广告、销售人员视为其对现在或未来进行决策时的学习对象。比如，一个人去网红餐厅打卡，不仅仅是享受美食，同时也想了解当前什么样的餐厅能够引起消费者的注意。

3）情感性保持动机

• 缓解紧张的需要（主动的、内在的）

人们在日常生活中会遇到各种引发压力和不适的情境。为了有效地缓解紧张和压力，人们试图寻找减少不适反应的方式。例如，娱乐产品及一些休闲活动往往能缓解紧张，因此广告中的一些产品常常以此为诉求。

• 表达的需要（主动的、外在的）

我们需要向他人表达自身的存在，让别人通过我们的行为（包括购买和所拥有物品的外露）知道我们是谁，是个什么样的人。表达有时也会成为非常重要的促动力量，如对许多产品的购买，特别是服装与汽车等，由于这些产品具有象征性的或表达能力的意义，使得消费者能表现出与众不同的个性。江小白推出的针对小聚、小饮、小时刻、小心情等不同消费场景的表达瓶，瓶身上的文字如"出来混谁没有几个死党""我是我，你是你，最后我们在一起"，满足了用户表达方面需求。消费者能借助表达瓶表达出自己的内心和个性，因此江小白逐渐得到了消费者的认同。

• 自我防御需要

对身份和自我保护的需要是个体的一种重要需要。当身份受到威胁时，消费者会采用保护措施和防御态度。因此，当我们的个性受到威胁的时候，我们会奋起保护我们的自我概念，并且采取防卫行为、观点等。许多产品有助于消费者自我防卫，当一个消费者对购买某件产品感到没有把握的时候，他就会就依赖知名品牌，以防止任何不正确的购买发生，这种决策就是为了保护消费者的自我。

• 强化需要

我们经常被鼓励以某种固有的方式去行动，因为这样会给我们带来好处。斯金纳认为人或动物为了达到某种目的，会采取一定的行为作用于环境，当这种行为的后果对他有利时，这种行为就会在以后重复出现。比如，立白洗衣粉的广告语"用了立白洗衣粉，天天都穿新衣服"就利用了消费者的强化需要，广告语向消费者传达了使用立白洗衣粉的观点。用洗衣粉洗涤后的干净衣服满足了消费者的期望，于是他们理解到了使用立白洗衣粉的好处，便会重复购买和使用，每一次洗衣服对他们来说都是一次强化。

4）情感性成长动机

• 果断的需要（主动的、内在的）

很多人是竞争导向的，他们追求成功、受人仰慕和支配他人。权力、成就和名誉对于他们很重要，对果断的需要是无数广告背后的诉求。

• 亲密和谐的人际关系的需要（主动的、外在的）

我们需要与别人交往、互相帮助并发展令人满意的关系，这与利他主义和寻求人际关系中的接纳和感情有关。许多消费者的决定都是基于与他人保持和发展良好关系的需要。一项研究表明，对于经常玩游戏的人来说，游戏可以成为社交的宝贵空间，包括与朋友和家人一起玩，以及通过游戏结识新朋友[16]，也就是说游戏能让人们保持与亲朋好友亲密和谐的人际关系，以及促使人们与陌生人发展亲密和谐的人际关系。

- 身份认同的需要（被动的、内在的）

对身份认同的需要导致消费者扮演各种不同的角色。一个人可能要扮演大学生、女学生、社团成员、书店雇员、未婚妻等角色。增加新的令人满意的角色及增加已有角色的重要性都能给人带来快乐。比如，在游戏过程中，玩家会创建一个自己喜欢的游戏角色，并对该游戏角色的身份产生一定的认同感。

经典与前沿研究 7-1 外在动机的影响

- 模仿需要（被动的、外在的）

模仿需要反映了一种以别人的行为为基准的倾向。**模仿理论**（imitation theory）指出：我们似乎会自然而然地去模仿我们周围那些人的行为，最起码我们对周围那些时髦的名流有所注目。由于人们对不同的事物都有不同程度的向往，往往需要模仿或学习某些典范以助于满足自己对某方面的需求[17]。比如，诸多品牌都乐于找明星代言，尤其是粉丝基数庞大的流量明星，因为这样能利用粉丝模仿偶像的需要，促成粉丝购买同款产品的行为。

经典与前沿研究 7-2 想象视角和身份对消费者动机的影响

5）动机的其他分类

- 内在动机与外在动机

内在动机（intrinsic motivation）是指人们从事某种活动是出于自己本身的目的，而不是因为外界的压力或奖励，如对于活动很感兴趣、有好奇心、有挑战性等。相反，**外在动机**（extrinsic motivation）是出于外在的激励或压力，其执行任务不是出于对任务本身的兴趣，而是由于外界因素。外在动机常常在内在动机不足的时候被引入。比如，一个小朋友不喜欢吃蔬菜，他（她）的妈妈可能会用糖果或玩具来激励他（她）。与外在动机相比，内在动机会导致更有效的学习[20]。在游戏化营销的研究中，有学者就发现外在的激励工具如积分和排行榜等无法持续性地调动人们的动机。同时，一些心理学家发现外部激励会引发挤出效应，也就是说，可预期的、有条件的奖励将挤压人们的内在动机，让人们不再能感受到持续该行为的乐趣[21]。

- 近端动机与远端动机

班杜拉和舒恩克（Dale H. Schunk）[22]发现**近端目标**（proximal subgoals）为绩效提供了即时的激励和指导，而**远端目标**（distal subgoals）在时间上距离太远，无法有效地调动努力或指导人们在此时此地做什么，关注遥远的未来，使现在很容易拖延和放松努力。他们对在数学方面有困难或对数学不感兴趣的儿童进行了一项实验，向他们展示了 25 张算术题卡片，每张卡片展示 2 秒，再让他们回答自己能解决所描述问题类型的能力，然后将其分为近端目标（设定每一个阶段完成多少题）、远端目标（设定实验结束前完成多少目标）和无目标（没有设定目标）三组，最后测量他们的自我效能感、内在兴趣和能力。

结果发现，相比于远端目标和无目标，近端目标激励能够培养能力、感知自我效能和内在兴趣。研究者指出，在近端目标的激励下，目标会更明确，从而增强自我效能感，使儿童在面对难题时提升坚持程度，这会使其在追求并掌握期望的绩效表现时产生满足感而建立起内在兴趣。

- 显性动机与隐性动机

显性动机（manifest motives）是指消费者意识到并承认的动机。比如，当询问到消费者为什么会购买爱马仕品牌的包时，他们会回答"它的设计十分独特""它的品质很好""很多人都用它"。然而，也有一些消费者不愿意承认或未意识到的原因如"它能展现我的时尚品位""它能显示我的成功"。这就是**隐性动机**（latent motives），即消费者未意识到或不愿意承认的动机。图 7-5 描述了显性动机和隐性动机对购买行为的指导。[23]

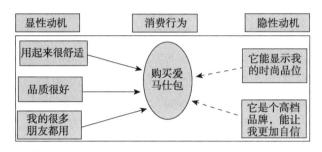

图 7-5 购买情景中的显性动机和隐性动机

资料来源：德尔 I. 霍金斯，戴维 L. 马瑟斯博，消费者行为学[M]. 符国群等，译. 北京: 机械工业出版社, 2014.[23]

- 促进型动机与预防型动机

调节定向理论（regulatory focus theory）是一个对人类动机研究的新视角，它关注个体行为如何趋近积极的目标状态和回避消极的目标状态[24]。**调节定向**（regulatory focus）是指个体在实现目标的自我调节过程中所表现出的特定方式或倾向[25]。**自我调节**（self-regulation）是个体为达到特定目标努力改变或控制自己的思想、反应的过程。调

经典与前沿研究 7-3 不同动机的影响

节定向理论指出了两类主要的动机即**促进定向**（promotion focus）和**预防定向**（prevention focus）两类。促进定向关注成长和发展的需要，与消费者的希望和渴望有关，这类动机突出的人更加关注积极结果的有无，如怎样成功，怎样实现和收获目标的最大化；预防定向更关注安全和保障的需要，与消费者的责任感和义务感有关，这类动机突出的人更加在意消极结果的有无，如怎样不失去，怎样保住现在的位置和现有的收获。

4. 动机的研究技术

显性动机更容易被确定，营销人员可以通过直接询问的方式来获得消费者关于显性动机的合理评价，相比之下，隐性动机的确定更为复杂。我们可以用投射技术和利益链技术来揭示隐性动机的信息。

1）投射技术

投射技术（projective techniques）是通过各种非结构化的、间接的询问方式，激励被访者投射出他们潜藏的动机、信仰、态度或情感，了解他们对某一事端的心理状态。常用的投射技术主要有以下三种。

- 联想法（association method）

联想法是给被访者呈现一连串不相联系的字词或图片，让被访者说出由每个刺激所引发的联想内容（图 7-6）。

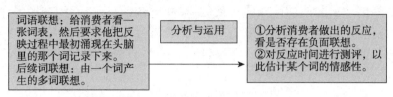

图 7-6　联想法

资料来源：笔者整理制图

- 完成法（completion method）

完成法指给被访者提供一些不完整的句子、故事或辩论等材料，让被试自由补充，使之完成，如语句完成测验。完成法包括语句完成和故事完成（图 7-7）。在**语句完成**（sentence completion）法中，调查者事先准备一些有关某一事物或社会现象的未完成的句子，让被试把句子写完。在即时的反应下，可以获得与该未完成句子相对应的被试的联想（通过后半个句子），从而不难发现被试对某事物或某现象的态度。例如："购买付费音乐是___。""电商平台的个性化推荐，我认为____。"**故事完成**（story completion）法中，被访者被提供一个没有讲完的故事，并被要求将故事讲完，从而可以了解到消费者自身的真实想法。

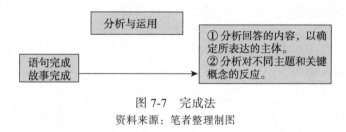

图 7-7　完成法

资料来源：笔者整理制图

- 构造法（structuring method）

构造法要求被访者根据他所看到的图画，编造一套含有过去、现在、将来等发展过程的故事，如卡通技巧、第三人称技术、看图说话（图 7-8）。卡通技巧是让被访者看一幅卡通画，要求填上人物对白或描绘某一卡通人物的想法。第三人称技术是让被访者给出其他人为什么购买某个品牌和动机，如让他回答"为什么这个女性要购买某品牌的化妆品"。看图说话是给被访者一张画着购买或使用某种产品的人物的图片，让他以此编一个故事。

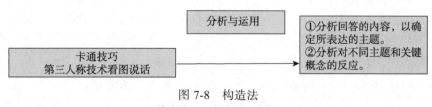

图 7-8　构造法

资料来源：笔者整理制图

2）利益链技术

利益链技术（benefit chain）是让被访者列举出某种产品或品牌所能提供的利益，再列出这些利益所能提供的好处，继续下去直到消费者列不出好处为止。例如，图 7-9 中，被访者可能会列出"增强体质"作为每天健身的利益之一。当问到"增强体质"的好处时，一个人可能会列出"工作更高效"，而另一个人会列出"身材更好"。两个人都用健身来增强体质，但其最终目的不同，于是针对这两类消费者的健身房营销广告应该有所不同。

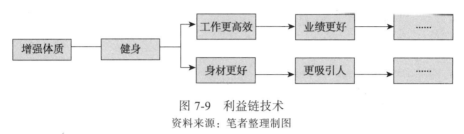

图 7-9　利益链技术
资料来源：笔者整理制图

7.1.2　动机冲突

一个人常常同时具有多种动机，而这些动机之间起冲突也是常见的。多重动机和动机之间的冲突是常有的事，因为我们的时间、金钱、精力等都是有限的，而数不清的服务、产品和活动在吸引我们。

动机冲突的解决经常会影响消费方式。与营销管理人员有关的动机冲突有以下三种类型。

双趋冲突（approach-approach confilct）。在这种类型的动机冲突下，一个消费者面临着必须在两个具有吸引力的可行性方案中进行选择。吸引力越均等则冲突越厉害。例如，一个消费者最近得到了一大笔退税收入（因所得税征税标准改变）。对这一笔钱到底是用来去夏威夷度假（趋近）还是用来买一个昂贵的老古董装饰房间（趋近），该消费者对这两个抉择有点伤脑筋。这样的冲突可以通过及时的广告加以解决，鼓励这种或那种行动或者积极的缓和办法。比如，"先坐飞机后付钱"，这样便可使两种抉择都得到实现。属于这种类型冲突的人对两个抉择都很喜欢，所以他们对于外界的影响特别敏感，不论是对一般人的（如朋友）意见还是商业上（如广告）的信息都一样敏感。

趋避冲突（approach-avoidance confilct）。在这种类型的动机冲突下，一个消费者同时面临着一个积极后果和一个消极后果，就像一个消费者可能既喜欢喝啤酒（趋近），又害怕体重增长过快（回避），这时他就面临这种冲突。那么发展一种低热量的啤酒，可以在某种程度上减轻这种冲突。这样那些对体重特别敏感的啤酒爱好者，既可以痛饮啤酒又可以防止带入过多的热量。这种类型的冲突在许多消费品的购买中都会出现。在获得某一产品所代表的利益（趋近）的同时，又要求我们最好放弃该项购买（回避）。这就经常导致决策后的不协调。

双避冲突（avoidance-avoidance confilct）。在这种类型的动机冲突下，一个消费者面临着两种不称心的选择。这种情况在学生临考之夜经常发生——既不想用功又不想考砸。当一个消费者的旧洗衣机最终不能用的时候，同样的冲突发生了，这个人既不想花钱买新洗衣机又不愿意没有它，分期付款就是动机冲突的解决办法之一。同样的道理，许多人把人寿保险视为双避冲突，他们希望在意外发生之时，家庭能有经济上的保障，但他们又不愿意把辛辛苦苦挣来的钱花在这种保障的费用上。许多保险公司便通过提供一种既有人寿保险又带投资性质的保险单来试图减轻这方面的冲突，如兼具身故保障、储蓄投资和财富传承的“终身寿险”。由于把人寿保险购买时的注意力从“意外”与“费用”两个消极点上转移到“投资”与“保障”这两个积极点上，使得这种冲突得到明显的缓和（图 7-10）。

经典与前沿研究 7-4　促销游戏对转化率（购买率）和支出的影响

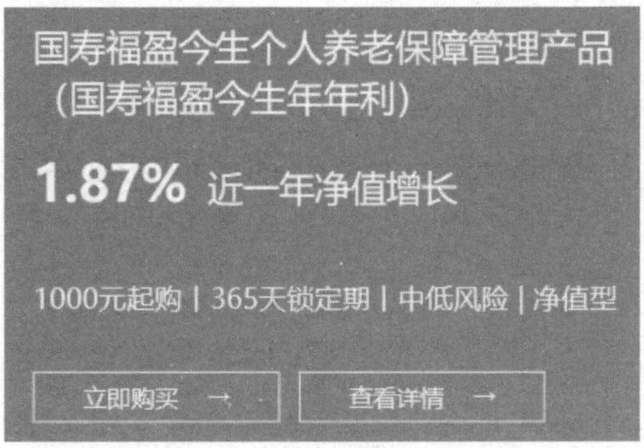

图 7-10　双避冲突——中国人寿“国寿福盈今生年年利”养老保障产品

资料来源：http://www.clpc.com.cn/chinalifepension/grkh/kfscp/368278/index.html

7.2　个　　性

7.2.1　个性

当消费者的动机成为能动力量使他（她）的行为变得有意图、有目的的时候，消费者的个性能在不同的场合下指导和引导其所选择的行为来达到这一目的。

个性（personality）是决定或反映一个人对自己周围环境如何思考和反应的内在心理特征。行为是个性的一种结果，并且许多个性理论是作为一般的行为理论出现的。我们可以很容易地描述我们自己或朋友的个性。一般而言，一个人的个性总是稳定和一致的。比如，你可能形容你的朋友“是一个相当敢作敢为的、非常固执己见的、好胜的、开朗的、诙谐的人。”这些形容是你对朋友在长期的不同场合中的行为表现出来的具有一致性的反应倾向。但是，在某种情况下，个性是可以改变的。比如，一个人在经历重大意外事件后性情大变。

心理学领域对于有关个性的确切性质、对个性进行研究的价值及其衡量的办法等方面，有时仍存在着不同的见解。然而在日常生活中，对大家来说，个性却是一个非常实在的、有意义的概念。每个人都有自己的个性特征，了解人们存在的各种个性特征将有助于描述和区分不同的人。另外，个性特征可用来帮助制定成功的营销策略，就像宝马公司，根据不同的个性为产品打造品牌价值观。

7.2.2　个性理论

在这一部分我们将介绍四个代表的个性理论，分别是弗洛伊德人格理论、卡特尔人格特质理论、大五人格理论和社会认知理论。

1. 弗洛伊德人格理论

弗洛伊德（Sigmund Freud）是精神分析流派的代表人物，他创立了第一个全面的人格理论（theory of personality）[28]，其思想对心理学有着极其广泛的影响，他认为我们内心想法的主体位于**无意识**（unconscious）当中，无意识就像潜藏在心中的冲动和本能，不断为人格提供能量，决定了很多日常行为。

弗洛伊德还提出了人格的结构（图 7-11）。人格结构中的三个层次相互交织，形成了一个有机的整体，代表着人格的某一方面。在通常情况下，这三个层次处于协调和平衡状态，从而保证了人格的正常发展，如果三者失调乃至平衡被破坏，就会使人产生心理障碍，危及人格的发展。

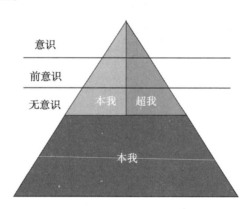

图 7-11　弗洛伊德人格结构

资料来源：杰瑞·伯格，人格心理学[M]. 陈会昌等，译. 北京：中国轻工业出版社，2000.[28]

本我（id）是人格结构中最原始、最基本的部分，是充满原始和不可遏制的动机，反映了人的生物本能。构成本我的成分是人类的基本需求，如饥、渴、性三者均属之。本我的需求产生时，个体要求立即满足，故而从支配人性的原则而言，支配本我的是唯乐原则。例如，婴儿感到饥饿时即要求立刻喂奶，决不考虑母亲是否有困难。

自我（ego）在个体出生后，于现实环境中由本我中分化发展而产生。由本我而来的各种需求，如不能在现实中立即获得满足，他就必须迁就现实的限制，并学习到如何在现实中获得需求的满足，也就是说自我寻求在环境条件允许的情况下让本能冲动能够得到满足。比如，当我们饿了的时候就要去花钱买东西而不是看到可以吃的东西拿来就吃。自我介于本我与超我之间，对本我的冲动与超我的管制具有缓冲与调节的功能。简而言之，自我是有意识的控制。

关于自我还有四个重要概念：①**理想的自我**（ideal self）是消费者自己希望如何看待自己，即我作为消费者，我希望我成为什么样子；②**实际的自我**（actual self）是消费者自己实际上如何看待自己，即我作为消费者，我认为我实际上是什么样子；③**理想的社会自我**（ideal social self）是消费者自己希望别人如何看待自己，即我作为消费者，我希望我在别人眼中是什么样子；④**实际的社会自我**（actual social self）是消费者自己认为别人实

知识拓展7-4 自我概念：社会化身份

际上如何看待自己，即我作为消费者，我认为我在别人眼中实际上是什么样子[29]。经验心理学的研究人员已经广泛地研究了理想自我和实际自我，如一个人的理想自我概念与实际自我概念之间的一致性与心理健康，特别是自尊，有着积极的联系[30]。同样，现实自我特征和理想自我特征之间的差异也与沮丧和失望的感觉有关[31]，然而，现实自我和理想自我特征之间的差异减少，则与兴奋和快乐的感觉相关[32]。

超我（superego）是个体在现实生活中接受社会文化和道德规范的教养而逐渐形成的，代表社会的，特别是父母的价值和标准。超我有两个重要部分：一为自我理想，是要求自己行为符合自己理想的标准；二为良心，是规定自己行为免于犯错的限制。因此，超我是人格结构中的道德部分，从支配人性的原则看，支配超我的是完美原则。

弗洛伊德通过催眠实验发现许多障碍的根源藏于心灵的某个部位，意识很难接近它们，于是他开创了各种方法获得这些东西，从催眠到自由联想，当他深入了解病人障碍的原因及人格的机能和结构时，他开创了治疗各种心理障碍的治疗体系，即**精神分析**（psychoanalysis），其目的是将重要的无意识东西带入意识，并在意识中用理性的方式考察，即心理治疗师运用一些方法探索心理中的无意识。

2. 卡特尔人格特质理论

雷蒙德·卡特尔（R. B. Cattell）是特质理论（theory of personality trait）的先驱之一，他用因素分析法对人格特质进行了分析，提出了基于人格特质的一个理论模型。模型分成四层：个别特质和共同特质；表面特质和根源特质；体质特质和环境特质；动力特质、能力特质和气质特质（图7-12）[34]。

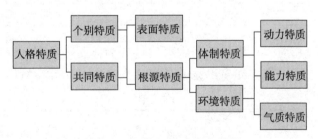

图7-12 卡特尔特质层次结构

资料来源：笔者整理制图

个人特质（individual trait）和**共同特质**（common traits）。个人特质是一个人相对稳定的思想和情绪方式，共同特质是指在某一社会文化形态下，大多数人或一个群体所共有的特质。例如，成绩好的学生都有"专注"的特点（共同特质），每一个成绩好的

人又有自己的个性（个人特质）。

表面特质（surface trait）和**根源特质**（source trait）。表面特质是指从个体的外部行为能直接观察到的特质；根源特质是人格的内在基本因素，是深层的潜在特质，是决定一个人行为的最终根源，卡特尔认为根源特质较之表面特质更为重要，因为根源特质是构成个体人格的基本因素，而表面特质不足以了解真正的人格结构，但表面特质是进一步分析探求根源特质的基础。比如，害怕考试（表面特质）的原因就是焦虑（根源特质）。

卡特尔及其同事经过几十年的努力考察了大量的人格信息，经研究确定了基本的 16 种根源特质（表 7-2）[35]。

表 7-2 卡特尔的 16 种根源特质

人格因素	高分者特征	低分者特征
乐群性	乐群、外向	沉默、孤独
聪慧性	聪慧、抽象思维能力强	愚钝、抽象思维能力差
稳定性	情绪稳定、有耐心	情绪不稳定、无耐心
好强性	支配、有己见、好斗	温顺、随和
兴奋性	轻松、热情、活泼	严肃、谨慎、安静
有恒性	有恒心、负责、遵守规则	权宜、敷衍、轻视规则
敢为性	冒险敢为	畏怯退缩
敏感性	细心、敏感	粗心、迟钝
怀疑性	怀疑、警觉	信任、接纳
幻想性	幻想、不实际	实际、合乎常规
世故性	精明能干、世故	直率、天真
忧虑性	不安、多疑	安详沉着、有信心
求新性	自由、批评、求新	保守、传统、抗拒改变
独立性	自立	依赖他人
自律性	克制、自制	冲动、自制力低
紧张性	紧张、迫切	放松、沉着

体质特质和环境特质。在根源特质中可以再分为体质特质和环境特质两类。体质特质是由先天的生物因素决定，如多巴胺的分泌让人兴奋；而环境特质则由后天的环境决定，如做一件事情的坚持。

动力特质、能力特质和气质特质。

①动力特质是个体行为的驱动力，它使人趋向某一目标。②能力特质是个体在应对复杂问题情境时表现出来的技能，决定了目标的可实现性。卡特尔指出最重要的一种能力特质是智力，智力又可以分为**流体智力**（fluid intelligence）和**晶体智力**（crystallized intelligence）。流体智力是指先天的、相对不受学习经验影响的智慧能力，即与基本心理过程有关的能力，如知觉、记忆、运算速度、推理等能力。晶体智力是指通过后天的学习获得的智慧能力，包括学会的技能、语言文字能力、判断力、联想力等。③气质特

质是个体普遍的反应倾向或行为风格，决定着所有的情感和行为反应[36]。

3. 大五人格理论

人格研究者们一直致力于寻找人格的结构，尽管关于人格的结构还没有达成共识，但许多研究者发现了人格主要的五种因素形成了**大五人格理论**（big five personality theory），"大五"得到了广泛的应用，在人格心理学中占据重要地位。

大五人格理论的五个维度为**开放性**（openness）、**尽责性**（conscientiousness）、**外倾性**（extraversion）、**宜人性**（agreeableness）、**神经质性**（neuroticism）。

开放性是指对经验持有一种开放和探求的态度，这不仅仅是一种人际意义上的开放，构成这一维度的特征有活跃的想象力、对新观念的自发接受、发散性思维和智力的好奇，得分高者表现为具有求知欲、好奇心和独立性。

尽责性是指个体如何控制自己、如何自律。尽责性得分高的个体表现出可靠、坚定、有条理等特征。

外倾性又被称为社会适应性。外倾性的一端是极端内向，另外一端是极端外向。外向者善于社交，表现出精力充沛、大胆和自信的特点，而内向者的这些表现不突出。已有研究表明外向的人更有可能参与亲社会的建言（即以合作和对他人表示关心为目标表达自己的想法），这是因为他们的社交技能和自信有助于轻松地使用一些有用的声音形式[37]。

宜人性也叫作温暖或受人喜爱，在这一维度上得分高的个体表现出乐于助人、富有同情心和值得人信赖的特征。

神经质性是指焦虑或情绪化的程度，这一维度根据个体的情绪稳定性和调节情况来进行评价。测量得分高的人表现为经常感到悲伤、情绪波动大，得分低的人则表现为平静、自我调节良好。

知识拓展 7-5　大五人格量表

4. 社会认知理论

社会认知理论（social cognition theory）是社会学习流派的代表人格理论。社会学习的人格理论对人格的描述是建立在实验基础上的，考虑了整个心理过程包括认知、动机、情绪和环境。班杜拉的社会认知理论对理解人类行为和人格最重要的贡献在于：人格是习得的行为模式集合，其中的许多行为模式都是通过观察习得的（见第 6 章）。另外，对于个体人格特征的解释，班杜拉不同意环境因素决定人格的观点，而是认为人格受到行为、个人和环境交互作用的影响。由此，班杜拉提出了**交互决定论**（reciprocal determinism）的概念。

交互决定论模型将环境因素、行为、人的主体因素（包括认知等身心机能）看成是相互独立又相互作用从而相互决定的理论实体（图 7-13）[39]，人格便是在这三者的相互作用中形成和发展的。交互决定论认为人的主体要素如动机等往往强有力地支配和引导行为，而行为及其结果又反过来影响并决定行为主体，同时，个体可以通过自己的主体特征如个性引起不同的环境反应，再

知识拓展 7-6　认知需求与认知闭合需求

经典与前沿研究 7-5　人格理论：自我建构理论

者，行为作为人与环境的中介，不仅受到人的需要支配，也受到环境条件的制约。例如，假如你很喜欢摄影，你的兴趣（个人因素）会让你加入学校摄影社团（环境）并在那里度过一段时间，你可以与社团中的同学和老师交流（社交行为），如果这一过程让你感到兴奋，那么这些活动会反过来加强你对摄影的兴趣。

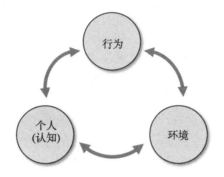

图 7-13　交互决定论模型

资料来源：菲利普·津巴多, 罗伯特·津巴多. 普通心理学[M]. 钱静, 黄钰苹, 译. 北京: 北京联合出版公司, 2016.

7.2.3　品牌个性

跟人一样，许多产品同样也有着"个性"。某些品牌所具有的独特形象就是**品牌个性**（brand personality），这是一组与品牌相关的个性特质。例如：迪奥小姐花漾淡香水的诞生源于女性热烈的期盼，她们渴望更积极的生活和更广阔的眼界，迪奥小姐花漾淡香水成了快乐、诗意与和谐的象征；而迪奥真我纯真香水以"穿香"手法展现女性气质，为世间女子带来最纯粹、最优雅、最愉悦的奢华馥郁享受（图 7-14）。两种香水有着截然不同的"个性"，每种香水可能会被不同类型的消费者所购买，或者被同一消费者用于不同的场合。

图 7-14　香水的个性：迪奥小姐花漾淡香水（左）和迪奥真我纯真香水（右）

资料来源：https://baike.baidu.com/item/%E8%BF%AA%E5%A5%A5%E9%A6%99%E6%B0%B4/4823449?fr=aladdin

如图 7-15 所示，品牌个性包括**诚实**（Sincerity）、**活力**（Excitement）、**能力**（Competence）、**成熟**（Sophistications）**和强韧**（Ruggedness）五个维度[48]。这些维度并不是指消费者与品牌的关系，而是指消费者如何看待品牌，即消费者从这五个维度感知品牌个性，五个维度下又包含多个个性方面。

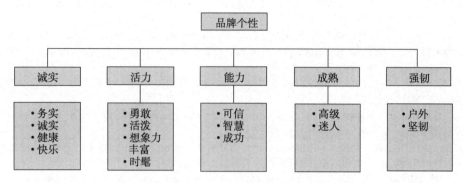

图 7-15　品牌个性的维度

品牌个性是将品牌与人类特质联想在一起的组合，提供了象征性价值与自我表达功能[49]。研究人员发现，品牌个性就如同人类的个性特征一样，具有长时间的稳定性。但两者成因却不尽相同，个性特征的形成来自文化、社会阶层、家庭、态度与信念等影响，而品牌个性却非产品或品牌固有，它是由品牌营销活动和消费者与品牌互动后的反应所形成的[50]。

品牌所独有的个性是刺激消费者品牌联想和态度形成的关键要素，对于品牌资产管理具有重大意义[51]。消费者倾向于购买那些在物质上或心理上使他们最满意的带有个性特征的产品，因而经常通过购买产品来反映他们自己的个性，或者来加强他们个性中的某些重要的薄弱环节。一个独特的品牌个性可以将该品牌从同一品类中区分开来，让消费者产生积极的品牌态度、较高的购买意愿及提高品牌忠诚度。

经典与前沿研究 7-6　品牌个性与感官营销

参考文献

[1] 江林, 丁瑛. 消费者心理与行为[M]. 6 版. 北京：中国人民大学出版社, 2017.

[2] 利昂·希夫曼, 约瑟夫·维森布利特. 消费者行为学[M]. 江林, 张恩忠, 等译. 北京: 中国人民大学出版社, 2014.

[3] 马广奇, 丁旭. 宜家效应的管理创新启示[J]. 企业管理, 2015(10): 30-32.

[4] 亚伯拉罕·马斯洛. 动机与人格[M]. 李静文, 朱兴媛, 译. 北京: 文化发展出版社, 2021.

[5] MASLOW A H . A theory of human motivation[J]. Psychological Review, 1943, 50:370.

[6] WEINER B. An attributional theory of achievement motivation and emotion.[J]. Springer US, 1986.

[7] SORRENTINO R M , HIGGINS E T , PRESS G . Handbook of motivation and cognition: foundations of social behavior, Vol. 2.[J]. Contemporary Sociology, 1986, 20(5):1-9.

[8] LYDEN J A, CHANEY L H, DANEHOWER V C, et al. Anchoring, attributions, and self-efficacy: an examination of interactions[J]. Contemporary Educational Psychology, 2002, 27(1): 99-116.

[9] WEINER B. Human motivation[M]. Hove: Psychology Press, 2013.

[10] 刘宋冰清, 俞宗火, 唐小娟. 权力对基本归因错误的影响[J]. 心理科学, 2022, 45(4): 953-959.

[11] CAMPBELL W K, SEDIKIDES C. Self-threat magnifies the self-serving bias: a meta-analytic integration.[J]. Review of General Psychology, 1999, 3(1): 23-43.

[12] JONES, E. E., NISBETT, R. E. The actor and the observer: divergent perceptions of the causes of behavior[M]. New York: General Learning Press; 1971.

[13] HIRSCHMAN E C. Innovativeness, novelty seeking, and consumer creativity[J]. Journal of Consumer Research, 1980, 7(3): 283-295.

[14] SHELDON K M, BOEHM J K, LYUBOMIRSKY S.Variety is the spice of happiness: the hedonic adaptation prevention (HAP) model[M]// Boniwell J, David S.Oxford Handbook of Happiness.New York, NY: Oxford University Press, 2009: 86-105.

[15] 景奉杰, 余樱, 涂铭. 产品属性与顾客满意度纵向关系演变机制: 享乐适应视角[J]. 管理科学, 2014, (3): 94-104.

[16] ROYSE P, LEE J, UNDRAHBUYAN B, et al. Women and games: technologies of the gendered self[J]. New Media and Society, 2007, 9(4): 555-576.

[17] Bandura A. Influence of models'reinforcement contingencies on the acquisition of imitative response[J]. Journal of Personality and Social Psychology ,1965, 1(6): 589-595.

[18] KURT D, INMAN J J, ARGO J J. The influence of friends on consumer spending: the role of Agency-communion orientation and self-monitoring[J]. Journal of Marketing Research, 2011, 48(4):741-754.

[19] SOLIMAN M, BUEHLER R, PEETZ J. Envisioning a future purchase: the effects of consumption imagery perspective and identity on consumer motivation[J]. Psychology and Marketing, 2017, 34(7): 684-692.

[20] DECI E L, RYAN R M. Conceptualizations of intrinsic motivation and self-determination[J]. Intrinsic Motivation and Self-Determination in Human Behavior, 1985: 11-40.

[21] ARIELY D, GNEEZY U, Loewenstein G, et al. Large stakes and big mistakes[J]. The Review of Economic Studies, 2009, 76(2): 451-469.

[22] BANDURA A, SCHUNK D H. Cultivating competence, self-efficacy, and intrinsic interest through proximal self-motivation[J]. Journal of Personality and Social Psychology, 1981, 41(3): 586.

[23] 德尔 I. 霍金斯, 戴维 L. 马瑟斯博. 消费者行为学[M]. 符国群, 等译. 北京: 机械工业出版社, 2011.

[24] 姚琦, 乐国安. 动机理论的新发展: 调节定向理论[J]. 心理科学进展, 2009, 17(6): 1264-1273.

[25] HIGGINS E T. Self-discrepancy: a theory relating self and affect.[J]. Psychological Review, 1987, 94(3): 319-40.

[26] Jia H, Wang Y, Ge L, et al. Asymmetric effects of regulatory focus on expected desirability and feasibility of embracing self-service technologies[J]. Psychology and Marketing, 2012, 29(4):209-225.

[27] HOCK S J, BAGCHI R, ANDERSON T M. Promotional games increase consumer conversion rates and spending[J]. Journal of Consumer Research, 2020, 47(1): 79-99.

[28] 杰瑞·伯格. 人格心理学[M]. 陈会昌, 等译. 北京: 中国轻工业出版社, 2000.

[29] M. JOSEPH SIRGY. Self-concept in consumer behavior: a critical review[J]. Journal of Consumer Research, 1982, 9(3): 287-300.

[30] ROGERS C R, DYMOND R F, FREIDSON E. Psychotherapy and personality change.[J]. American Journal of Sociology, 1954:77-77.

[31] HIGGINS E T. Self-discrepancy theory: what patterns of self-beliefs cause people to suffer?[J]. Advances in Experimental Social Psychology, 1989, 22.

[32] WRIGHT B, CARVER C S, SCHEIER M F. On the self-regulation of behavior[J]. Contemporary Sociology, 1998, 29(2): 386.

[33] 特蕾西·L.塔腾, 迈克尔·R. 所罗门. 社会化媒体营销[M]. 戴鑫, 严晨峰, 等译. 3 版. 北京: 机械工业出版社, 2020.

[34] 张明. 人格心理学新论[M]. 长春: 东北师范大学出版社, 2001.

[35] 俞国良, 罗晓路.卡特尔: 人格理论和十六种人格因素量表(16PF)的应用[J]. 中小学心理健康教育, 2016(11): 31-34.

[36] 徐学俊, 等. 人格心理学[M]. 武汉: 华中科技大学出版社, 2015.

[37] LEE, GRACE ,DIEFENDORFF, et al. Personality and participative climate: antecedents of distinct voice behaviors[J]. Human Performance, 2014.27(1): 25-43.

[38] MENG Y, YU B, LI C, et al. Psychometric properties of the chinese version of the organization big five scale[J]. Frontiers in psychology, 2021, 12: 781369-781369.

[39] 菲利普·津巴多, 罗伯特·津巴多. 普通心理学[M]. 钱静, 黄钰苹, 译. 北京: 北京联合出版公司, 2016.

[40] CACIOPPO J T , PETTY R E . The need for cognition[J]. Journal of Personality and Social Psychology, 1982, 42(1): 116-131.

[41] CACIOPPO J T, PETTY R E, FEINSTEIN J A, et al. Dispositional differences in cognitive motivation: The life and times of individuals varying in need for cognition[J]. Psychological Bulletin, 1996, 119(2): 197-253.

[42] 张哲宇, 罗彪, 梁樑. 网络环境下的消费者态度转变: 基于在线口碑信息框架交互作用的实验研究[J]. 管理科学学报, 2018, 21(11): 18-34.

[43] WEBSTER, DONNA M, KRUGLANSKI, et al. Individual differences in need for Cognitive closure[J]. Journal of Personality and Social Psychology, 1994.

[44] 刘雪峰, 张志学. 认知闭合需要研究评述[J]. 心理科学进展, 2009, 17(1): 51-55.

[45] CACIOPPO J T, PETTY R E , KAO C F. The efficient assessment of need for cognition[J]. J Pers Assess, 1984, 48(3) :306-306.

[46] CROSS S E, MADSON L. Models of the self: self-construals and gender[J]. Psychological Bulletin, 1997, 122(1): 5-36.

[47] ZHANG Y, FEICK L, MITTAL V. How males and females differ in their likelihood of transmitting negative word of mouth[J]. Journal of Consumer Research, 2014, 40(6): 1097-1107.

[48] AAKER J L. Dimensions of brand personality[J]. Journal of Marketing Research, 1997, 34(3): 347-356.

[49] KELLER K L. Strategic brand management: building, measuring, and managing brand equity[M]. Upper Saddle River: Prentice Hall, 1996. 51-53.

[50] WEE THOMAS TAN TSU. Extending human personality to brands: the stability factor[J]. Journal of Brand Management, 2004, 11(4): 317-330.

[51] AAKER D A. Building strong brands[M]. New York: Freel Press.1996.

[52] SUNDAR A, NOSEWORTHY T J. Too exciting to fail, too sincere to succeed: the effects of brand personality on sensory disconfirmation[J]. Journal of Consumer Research, 2016, 43(1): 44-67.

即测即练

自学自测　扫描此码

第 8 章

态度与态度转变

本章要点

本章的主要学习目标包括：

1. 掌握态度由感情、行为反应倾向和认知三种成分组成，通过态度预测模型和量表可对其进行测量；

2. 掌握态度的功能包括调整功能、自我防御功能、价值表达功能、认知功能；

3. 理解态度会因其成分的改变而转变，也会因信息特征而转变，常见的信息特征有：信息源可靠性、恐惧诉求、幽默诉求、单面信息和双面信息等。

开篇案例

农夫果园的独特卖点

身着沙滩装的父子二人在一家饮料店前购买饮料，看见农夫果园的宣传画上写着"农夫果园，喝前摇一摇"，于是父子举起双手，滑稽可爱地扭动着身体，美丽的售货小姐满脸狐疑地看着他俩。这时镜头一转，画外音响起："农夫果园，由三种水果调制而成，喝前摇一摇！"——农夫果园是农夫山泉公司出品的一种混合型果汁饮料，在国内果汁市场中居于重要地位，凭着喝前"摇一摇"的广告语风靡一时（图 8-1）。

2002 年，果汁饮料市场"美女如云"：统一主打女性消费市场，喊出"多喝多漂亮"的口号；康师傅签约梁咏琪，为"每日 C 果汁"摇旗呐喊；健力宝聘请亚洲流行天后滨崎步作为形象代言人；汇源邀请当红韩星全智贤为"真鲜橙"代言人。

然而，农夫果园以一个动作——"摇一摇"

图 8-1　农夫果园广告宣传语

资料来源：https://detail.youzan.com/show/goods?alias=35wrmkfnjn1rl

作为独特的品牌识别：农夫果园由三种水果调制而成，喝前摇一摇。"摇一摇"直观地暗示消费者它是由多种水果调制而成，摇一摇可以使口味统一。更绝妙的是，它无声胜有声地传达了果汁含量——因为果汁含量高，摇一摇可以将浓稠的物质摇匀。"摇一摇"的背后，是"我有货"的潜台词。

其实，农夫果园"摇一摇"的广告词并不是空前的创意。许多果汁饮料、口服液的产品包装上会有这样一排小字：如有沉淀，为果肉（有效成分）沉淀，摇匀后请放心饮用。商家的意图是为了消除误会：有沉淀并不是产品坏了，是产品成分含量太高，摇匀后喝就行了。而农夫山泉却发现了这只角落里的"丑小鸭"并将它包装一番，变成了"白天鹅"。

一句绝妙的广告语"喝前摇一摇"，变成了农夫果园独特的卖点。在感性偏好上，消费者可以亲身体验动作"摇"以加强产品与人的互动性，"摇一摇"也使得农夫果园的宣传诉求与同类果汁产品截然不同，以其独有的趣味性、娱乐性增添消费者的记忆度。

资料来源　https://baijiahao.baidu.com/s?id=1694096053922983035&wfr=spider&for=pc《突出产品的关键点，先声夺人，营销案例的学习》

8.1　态　　度

8.1.1　态度的定义

态度是指人们对于所处环境的动机、情感、知觉和认知过程的持久的体系。[1]它是"对于给定事物喜欢或不喜欢的反应倾向"。目前学术界关于态度主要有以下定义。

- 态度是人们对待心理客体（如人、物、观念等）的肯定或否定的情感[2]。
- 态度是对某种对象或某种关系相对持久的积极或消极的情绪反应[3]。
- 态度是以喜爱或不喜爱的方式对对象产生反应的学习倾向[4]。

简言之，态度是人对于所处环境的某些方面的想法、感觉或行动倾向。例如，在本章开篇案例所述的农夫果园产品中，消费者因为"摇一摇"广告词的引导，对农夫果园产生"这款饮品的果汁含量很高"的认知或评价，因此很容易对该产品产生积极态度。

8.1.2　态度的构成

有关态度的构成，罗森伯格（Rosenberg）提出了态度的 ABC 模型。该模型认为，态度是由情感（affect）、行为反应倾向（behaviour tendency）和认知（cognition）三种成分组成，如图 8-2 所示。[5]这个模型强调了认知、情感和行为之间的相互关系。消费者对一个产品的态度不能简单地由他们对该产品信念的识别来决定。

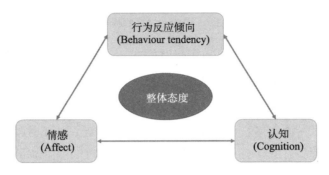

图 8-2　态度的 ABC 模型

1. 认知成分（信念）

认知成分是对态度对象的知觉和理解，由消费者关于某个事物的信念构成。例如，某个消费者可能会对农夫果园饮品具有以下信念。

- 这是农夫山泉品牌旗下的产品；
- 是年轻消费群体追求的健康饮品；
- 一瓶 600ml（市面上的饮品一般为 350ml/500ml），可以补充足够的维生素；
- 果汁含量（30%）远高于其他同类产品的果汁含量（一般为 10%）；
- 口味丰富，由不同水果组合成众多口味；
- 产品包装颜色鲜明、醒目；
- 瓶口设计为宽口，时尚、简约、大方。

消费者认知成分中的信念，具有以下特点：第一，关于产品属性的信念本身具有评价性质，一个品牌与越多的正面信念相联系，每种信念的正面程度越高，则整个认知成分就越是积极。第二，信念不必是正确的或真实的，只要存在就行。例如，关于农夫果园"是健康饮品""可以补充足够的维生素"的信念，仅仅是代表了消费者的某种态度，无法证实其真实性和对错。第三，只有显著信念（被有意识地考虑）会形成消费者的态度。同样地，在对农夫果园持有的众多信念中，可能只有"这是农夫山泉品牌旗下的产品""果汁含量远高于其他同类产品""产品包装颜色鲜明、醒目"才是某位消费者的显著信念，会直接决定其对农夫果园的态度。当然，对于同一个产品或品牌，显著信念是因人而异的。

2. 情感成分（感觉）

情感成分是在认知基础上对某一客观事物的感情或感情上的反应。消费者表达"我喜欢喝农夫果园"或"农夫果园好难喝"的时候，就是在进行关于这款产品的情感性评价。值得注意的是，情感可以是评价某产品的具体属性的结果，也可以在认知出现之前产生并影响认知。也就是说，在消费者形成态度的过程中，认知成分和情感成分的先后和重要性是因消费者个体而异的，且不同的顺序表现了态度的不同层级（见知识拓展 8-1）。

另外，消费者对于某个产品的情感反应也会随情境的改变而变化。例如，某个消费者对农夫果园认知是：该产品的容量多，有 600ml。当该消费者正在锻炼身体，需要补充能量、讲究饮食健康时，会对农夫果园产生积极的情感反应；然而，当其处于忙碌的工作中，注重精简、快捷、方便时，可能会对该产品产生消极的情感反应。

3. 行为成分（反应倾向）

态度的行为成分是个体对某种事物或某项活动做出特定反应的倾向。具体来说，有以下含义：第一，态度的行为成分不是行动本身，而是采取行动之前的心理准备状态。第二，态度的行为成分具有特定的意动效应。作为一种心理准备状态和反应倾向，行为成分会影响消费者态度的形成和结果，并最终影响消费者真实的行为和决策。第三，和认知成分、情感成分不同的是，行为成分没有具体的属性指向，往往是针对整个事物和产品而言的。

知识拓展 8-1 态度的层级效应

8.1.3 态度的特征

1. 中心性

态度在不同程度上受到个人价值观念所支配。态度的中心性（centrality）是指消费者的个人价值观念与态度之间联系的紧密程度。例如，一个对生态、节约和社会责任持有很强的个人价值观念的消费者，他对能循环使用的容器保持有良好的态度。态度的中心性越强，改变态度就越困难，这必须要求消费者的态度与个人价值观念相背离。由于这样做的可能性不大，所以商家经常试图改变消费者的价值观念本身，或者激发消费者新的态度去迎合现有的价值观念。

2. 强度

态度的强度（intensity）是指消费者感觉强烈的程度。一种态度的强度是由态度的感情成分所决定的。例如，相比于一般消费者，有环境意识的人对可循环使用的产品情感更加强烈，表现出更积极的态度，对其态度强度也更高。一般来说，持强烈态度（即强硬态度）的消费者，他们的态度不容易改变。

3. 一致性

态度的三个组成成分：认知、情感、行为反应倾向一致（uniformity）。这意味着某个成分的变化将导致其他成分的相应变化。例如，当某位原本忠诚的消费者对悦刻电子烟的认知从"比传统香烟的危害更少"转变为"电子烟和传统烟草一样，吸烟都有害健康"时，对该产品积极的情感态度可能会减弱，甚至转变为消极情感，从而产生拒绝消费的行为倾向。

然而，认知、情感、行为反应倾向也可能出现不一致的时候。当"态度不一致"时，态度的各成分之间又如何相互影响？它们会影响到真实的消费者行为吗？消费者又该如何？相关研究对此展开了丰富的探讨。

知识拓展 8-2 态度和行为的关系

8.2 态度的功能

态度是构成消费者行为的重要因素。态度不仅在保持消费者生活方式的连贯性及增添生活方式的意义和表现方式等方面发挥着重要作用，在帮助消费者适应困难的处境、表现他们的价值观念、组织他们的认知以及在受到威胁时包围他们的自我等方面，态度还能发挥特殊的功能。因此就需要对一种态度的有关功能有所了解，否则就很难有效地影响这一态度。

态度功能的重要研究是态度功能理论（functional theory of attitudes）[16]。该理论为系统地考虑消费者的态度提供了一个心理学框架，提出了态度的四种功能：满足功利需求的调整功能（adjustive function）、处理内部冲突的自我防御功能（ego-defense function）、维持自我同一性和增强自我形象的价值表达功能（value-expressive function）、对周围世界的模糊性赋予理解和意义的认知功能（knowledge function）。

8.2.1 调整功能

调整功能（adjustive function）也叫做功利功能或适应功能，是指态度能使人在心理上适应新的、困难的处境，更好地适应环境、趋利避害。态度的调整功能可以促使我们寻求奖励，避免惩罚。这是因为个体为了适应环境，不仅要理解所接触事物的含义，还要判断它们对个体生存、发展的价值。因此，态度能帮助人们从环境中获得最大化的奖赏和最小化的惩罚。依据学习理论的强化原则，我们会对与奖励联结的对象形成积极的态度而对与惩罚联结的对象形成消极态度。具体来说，我们对那些能够满足个体需要的对象持一种积极肯定的态度，而对那些阻碍和不利于个体需要的对象持一种消极的态度。

经典与前沿研究 8-1　实物型和体验型：产品涨价怎么办？

这些态度一旦形成，就有助于个体更好地适应环境。一方面，它为我们评价对象提供了简单而有效的方式，试想你是学生社团的负责人，知道学生会主席有权为社团活动安排场地，那么在学生会竞选时，你就很可能对大力协助社团活动的候选人产生积极态度；另一方面，习得了适当的态度能使我们从重要人物（父母、老师、领导及朋友）或群体中获得认同、赞许和奖励。

8.2.2 自我防御功能

态度的自我防御功能（ego-defense function）是指，形成关于某些事物的态度能够帮助个体回避、忘却那些状况严峻或者难以正视的现实，抵御对其自身有害的信息，如个人的缺点、过去不愉快的经历、难以正视的现实等。态度的自我防御功能常常体现于个体受威胁或处于不舒适的处境时。态度具有的这种自卫机制，可以帮助人们应对情绪冲突、保护自尊，从而保护个体现有的人格和心理健康。

自我防御功能的表现主要有：预测、补偿、合理化。比如，消费者在感到自己的社会处境受到威胁时，可能对表现成功或至少使人能感觉到安全的产品和品牌形成好感。生活中许多具有自我防御意义的产品如服装、珠宝、首饰等，能对那些感到不自在、不安全、自我评价低的消费者起到一种自我保护的帮助作用。

8.2.3　价值表达功能

自我防御功能强调个体被动保护自我形象与自我价值，而态度的价值表达功能（value-expressive function）则强调个体主动表现自己，在日常生活中通过表明自己的态度来显示社会价值。价值表达功能指消费者形成某种态度，能够向别人表达自己的核心价值观。如果消费者有着一种与产品形象所表现出来相类似的价值观念，就更容易对该产品持有良好态度。

人们都有自我表现的需要，态度有助于人们表达自己的主要价值观和自我概念。例如，认为生命意义在于奉献的人，对到福利院做义工的行为就会持积极、肯定的态度，因为帮助他人不仅对社会有意义，也实现了自己的个人价值；再如，一个人对穿前卫服饰等行为持有积极态度，那可能是因为他认为自己是"思想新潮开放的人"或"新新人类"，这些态度表达了自我概念，使其获得内在满足。

态度的核心是价值观，态度来自于价值观又表达价值观。在社会化的过程中，每个人都会对生命和生活的意义有自己独特的理解，这种理解构成了态度中的价值内涵。由于每个人生长环境和受教育程度不同，其价值观是不同的。因此，同一事物对不同个体的意义和价值可能也是不同的，个体对该事物所持的态度也就具有差异性。但同一群体成员也可能持有一致的价值观，如每个民族都有热爱自己祖国的共同价值观。

8.2.4　知识或认知功能

态度的认知功能（knowledge function）能够提供一种建构世事手段的参照框架，是帮助个体理解和解释周围环境的一个重要途径。态度是周围事物的一种记忆表征，可以帮助个体迅速组织和选取外界复杂信息，为个体的行为反应提供信息参考。态度帮助个体在选择和加工信息的过程中，一般选择有利于自己的、合适的信息，而拒绝不利于自己的信息，也可能曲解所接收的信息。因此，态度能够帮助我们快速地认识周围环境，但也会产生认知偏差。

每个人都想理解和支配自己的生活空间，态度给我们提供了解释和加工各种信息的心理框架，使人们能对现实生活中的各种信息进行汇集、整理和分类，并同时将其与各种事物相联系，使事物具有意义。例如，对古典音乐有积极态度的人会对这一方面的信息给予积极关注，形成有关这一方面特定的知识。

8.3　多元态度模型

8.3.1　态度预测模型

对大多数客观事物的态度都是基于对各种各样与客观事物有关的特征或属性的评估

和反应，在营销上的应用多数都采纳一种多属性的模式。Fishbein[24]提出多元态度模型，通过量化的方式对消费者态度进行衡量。具体来说

$$A_O = \sum_{i=1}^{n} E_i B_i$$

式中：A_O 是消费者对于某特定产品 O 的态度；

      n 是消费者关于产品 O 所考虑的属性的数目；

      B_i 是消费者对于属性 i 所具备的信念强度；

      E_i 是消费者对属性 i 的偏好程度，或者说消费者认为该属性的重要性。

需要注意的是，式中的"属性"来源于消费者对该特定产品的认知，并不一定是该产品客观存在的属性。采用上述方式来衡量态度，有一个默认的假设，即某一属性的信念强度越大/小越好。例如，某消费者对新能源汽车的态度中，看重"单次充电行驶里程"，对于这一属性，当然是行驶里程越大越好。然而，并不是所有的属性都能够以这样单向的标准进行衡量。例如，本章开篇提到的农夫果园果汁饮品，"果汁含量"就不是越高越好，"果汁含量"越高，这款饮品的"解渴程度"就越低，因此消费者对于"果汁含量"和"解渴程度"有一个"平衡点"。因此，对上述多元属性模型进行补充，加入"平衡点"这一因素，得到拓展模型如下

$$A_O = \sum_{i=1}^{n} E_i \left| I_i - B_i \right|$$

式中：I_i 是消费者认为产品 O 的属性 i 的理想点。

多元态度模型将消费者态度可视化，我们不但可以量化评估消费者对该产品的整体态度，还可以通过信念强度和赋予的权重来判断消费者的偏好，以便更好地把握消费者态度，进而改进产品或影响消费者态度。

8.3.2　态度各构成成分的测量

1. 测量认知

态度的认知/信念通常通过**语义差异量表**予以测量，可以用量表列出并测量目标市场关于该品牌的态度可能涉及的不同属性和特点。例如，想要测量消费者对佳洁士牙膏的信念，可以采用表 8-1 的量表形式。

表 8-1　佳洁士牙膏功能的语义差异量表

不能去除牙垢	___	___	___	___	___	___	___	能够去除牙垢
不能清新口气	___	___	___	___	___	___	___	能够清新口气
不能预防蛀牙	___	___	___	___	___	___	___	能够预防蛀牙
	1	2	3	4	5	6	7	

假设某消费者认为，高露洁牙膏在上述三个属性中的表现（用 B 表示）和消费者期望的理想水平（用 I 表示）表现如表 8-2 所示。

表 8-2　高露洁牙膏功能的语义差异量表

不能去除牙垢	__	__	__	__	B	I	__	能够去除牙垢
不能清新口气	__	__	__	__	B	__	I	能够清新口气
不能预防蛀牙	__	__	__	__	I	__	B	能够预防蛀牙
	1	2	3	4	5	6	7	

2. 测量情感

测量态度的情感成分，通常可以用**李克特量表**进行衡量。同样，以知识拓展 8-3 为例，可以进行如表 8-3 所示的测量。

表 8-3　佳洁士牙膏与高露洁牙膏的李克特量表

	非常不同意	比较不同意	有点不同意	一般	有点同意	比较同意	非常同意
我相信佳洁士的防蛀能力	__	__	__	__	__	__	__
我喜欢佳洁士牙膏	__	__	__	__	__	__	__
我不喜欢高露洁牙膏	__	__	__	__	__	__	__

3. 测量行为反应倾向

行为反应倾向通常可以用**直接询问**的方法来予以测量，也可以采用**单一反应量表**来衡量。同样以牙膏为例，测量方法如表 8-4 所示。

表 8-4　牙膏的单一反应量表

1. 我最近一次购买牙膏是（　　　　　　）
2. 我经常购买（　　　　　）（品牌）的牙膏
3. 下次购买牙膏时，你购买佳洁士品牌的可能性有多大？
□肯定会　□可能会　□或许会　□可能不会　□肯定不会

8.4　态　度　转　变

态度改变指的是个体已经形成或原先持有的态度发生了变化。态度改变既包括方向上的改变，即质的改变，也包括程度上的改变，即量的改变。二者之间是相互联系的，方向的改变以程度的改变为基础和前提，程度的改变也总是朝着某一方向进行。

营销人员所感兴趣的是如何强化现有良好的态度，为新的或不知名的产品或牌号创造良好的态度，或者改变现有的态度使之成为良好的态度。

知识拓展 8-3　量表的介绍

8.4.1　对态度改变的一般探讨

要讨论态度的改变，我们可以通过从态度成分的 ABC 模型及态度的衡量方式来考虑。通过改变态度的各成分，或是改变决定态度的重要变量从而对消费者态度产生影响。

1. 改变认知成分——从多元态度模型出发

改变认知可能直接导致购买行为。回顾本章 8.3 小节，我们知道消费者态度的决定方式是：$A_O = \sum_{i=1}^{n} E_i |I_i - B_i|$。显然，影响消费者对既定产品态度的因素有四类，分别是：消费者所认知的产品属性数量 n、对每个属性的信念强度 B_i、属性之间的相对重要性 E_i、消费者对各属性的理想表现水平 I_i。

基于此，有 4 种基本的营销策略可以用来改变消费者态度的认知结构：第一，改变消费者对有某一牌号各种属性的信念，即改变信念强度 B_i；第二，转变属性的权重，即改变这些信念的相对重要性 E_i；第三，增加新信念，即改变消费者所认知的产品属性数量 n；第四，改变品牌有关属性的观念，即改变理想点 I_i。

2. 改变情感成分

态度情感成分的改变强调的是，在不影响消费者的信念或行为的条件下影响他们对于品牌或产品的好感。可参考的方法如下。

首先，经典性条件反射。诺贝尔奖获得者、俄国生理学家伊凡·巴甫洛夫提出的经典性条件反射学说表明，将中性刺激与一个能引起某种反应的刺激相结合，会使动物学会对中性刺激做出反应。例如，耐克（Nike）设立的高端品牌空中飞人（Air Jordan）就巧妙洞悉了消费者的这一条件反射。空中飞人是以史上著名的 NBA 球星迈克尔·乔丹（Michael Jordan）命名的系列服饰，耐克将中性刺激（品牌本身）与正面刺激（消费者对乔丹的狂热喜爱）结合在一起，使耐克也赢得了消费者的心。

其次，激发对广告本身的情感。《广告说服力》（*Persuasive Advertising*）一书中提到，含有情感要素的广告首先能影响消费者的态度，并在消费者使用品牌的过程中进一步影响其满意度[25]。在广告中合理利用消费者的情感诉求，能够激发消费者对品牌的积极态度。例如，保健品脑白金在广告中为消费者展示的是老年夫妻穿着年轻、潮流服饰跳舞的场景，配合"今年过节不收礼，收礼只收脑白金"的洗脑广告词，收获了大批消费者（尤其是老年消费者）的喜爱。这是因为广告中刺激了消费者"渴望健康""娱乐消遣"的积极情感诉求（图 8-3）。

除此之外，更多的接触也能导致情感的产生。也就是说，向消费者频繁地、大量地展示某种品牌也能使其对品牌产生更积极的态度。重复是以情感为基础的营销活动的关键所在。

图 8-3　脑白金广告

资料来源：来源 https://www.nipic.com/show/1308396.html

3. 改变行为倾向成分

我们已经知道，消费者态度会影响其行为，而反过来，消费行为或消费行为倾向同样也会影响态度。行为既可以在认知和情感之前就产生，即态度的低介入层级，也可以在认知和情感之后发生，即态度的标准学习层级和经验层级（见知识拓展 8-1：态度的层级效应）；另外，态度也可以与认知、情感以相对立的形式发生。

利用低介入层级，营销者可以使消费者在改变情感或认知之前改变行为或行为倾向。需要注意的是：首先，在这类营销活动中，试用行为是关键。其次，一个健全的分销系统和必要的库存对于防止现有顾客再去尝试竞争品牌是很重要的。

8.4.2　影响态度改变的营销传播特点

营销人员可以通过提供直接的产品经验和使用劝导性的广告词来影响消费者的态度。能导致态度的产生、强化和变化的劝导性广告词有以下几个方面。

1. 来源可靠性

信息源是指个人为满足其信息需要而获得信息的来源。在态度改变中，消费者通常通过信息源的可靠性来判断信息的可靠性。信息源的可靠性由两个基本层面组成：可信度与专长性。品牌广告和营销活动通常具备充足的专业知识，但是可信度却常受到质疑。鉴于此，品牌可以邀请第三方权威机构对品牌的产品、广告、观点做出"官方"证明，以此来弥补消费者对品牌所缺乏的信任。

2. 恐惧诉求

营销人员还可以利用消费者的恐惧诉求来影响消费者的态度。恐惧诉求是指以恐惧为诉求点，以警戒的方式向消费者展示某些令人担忧或恐惧的事件或发生该事件的可能性，指明消费者如果不购买某种产品或服务，必将对其安全或健康产生严重威胁，使其产生恐惧心理，而对广告信息特别关注，进而付诸购买行动以消除恐惧心理。

恐惧之所以能感染消费者，是因为其强调态度和行为如果不做改变将会面临一系列令人不快的后果。然而需要注意的是，在渲染恐怖时要把握其内容的适度。安德森等人针对在"鬼屋"娱乐中进行了一项田野实验[26]，通过测试并分析参与者的脑电波而提出娱乐性恐惧（recreational horror）①的概念，指出在娱乐场景下，消费者的恐惧与快乐呈现倒 U 形关系。具体来说，在一定程度内，恐惧会刺激消费者的享受，当超过一定限度，消费者更多的是感到惊吓。因此，要使恐惧成功，需做到以下两点：首先，广告中的恐惧内容应适度，要使用那些可能发生或者后果严重但是能避免的威胁，以免消费者曲解或拒绝观看；其次，一旦成功渲染了恐惧的情绪，并告知消费者可能产生的后果，就应该立刻提出问题解决的方案，顺势推出相应的产品。

图 8-4 展示的是慢严舒柠咽炎片的宣传图片，正是充分利用了消费者的恐惧诉求。伴随着"嗓子干、痒、痛，是慢性咽炎，得治！"的广告词，顺势提出解决方案：慢严舒柠能有效治疗咽干咽痒、咽喉肿痛，信息接收者在看到广告之后，认为此信息能够有效解决和降低威胁。

图 8-4　恐惧诉求广告

资料来源：https://weibo.com/mysngolong?tabtype=album&uid=2248805990&index=116

3. 幽默诉求

与恐惧一样，幽默也是一种常用的广告沟通策略，但不同的是，幽默是通过基于正

---

① 娱乐性恐惧（recreational horror）广义地定义为恐惧和享受的混合情感体验，在这些现象中，人类从有趣地参与引起恐惧的情况中获得快乐。

面信息来满足消费者的诉求。据统计，在美国黄金时段播出的广告中有 24.4%含有幽默内容，在英国这一比例高达 35.5%。心境一致性假说（mood-congruent hypothesis）认为，在信息的编码或提取过程中，个体会对那些与当时心境相一致的信息进行优先处理[27]。也就是说，当个体心境不佳时，他所加工或回忆的信息多是负面性的；而积极心境下的个体则会贮存或提取更多积极性的内容。同时，积极心境还可能扩大其认知结构（如促进个体将更大范围的刺激组织起来），从而提升思维的整体性与灵活性，最终促进信息的精细加工。幽默的主要作用之一是"逗乐（joke）"，因而，广告中引进幽默内容很可能诱导出受众较佳的心境，良好的心境便会易化对广告品牌信息的理解，并形成积极的品牌态度。

图 8-5 是一汽马自达的"双十一"广告，广告上标注：忘掉"购物"，只有"车"，巧妙地结合了"双十一"主题与产品本身。这显然是利用幽默诉求设计的宣传广告，不仅会引起消费者对于广告本身的关注，还可能进一步提高广告品牌的被喜好程度。

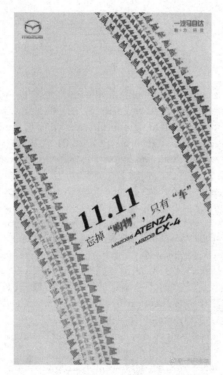

图 8-5　幽默诉求广告
资料来源：https://mp.weixin.qq.com/s/g0AJtiMbBAccNr-5shaqlg

4. 单面信息和双面信息

消费者态度的形成及转变与其所接触的信息也有很大关系，信息一般分为正面信息和负面信息。双面信息（two-sided message）是指同时包含产品优点和缺点的信息结构；而单面信息（one-sided message）是指只包含了产品的正面信息，而不涉及负面信息的信息结构。研究表明，通过适当提示产品缺点，双面信息可以降低传播内容的绝对性和完美度，从而提高传播内容的可信度[28]。尤其是当消费者对品牌印象不佳或初次接触该品牌时，双面信息结构能够适度暴露产品弱点，消除消费者的抵触心理，提高广告主张被接受的概率。在改变负面态度或建立新的有利态度时，双面信息更有效[29]。

接触信息之后，消费者会对信息进行怎样的处理呢？不同的信息评估模式对消费者态度的转变有何影响？

| 知识拓展 8-4　影响态度的情景因素：评估模式理论 | 知识拓展 8-5　如何说服消费者？——STEEP原则 | 知识拓展 8-6　态度转变的有趣效应 | 经典与前沿研究 8-3　资源稀缺性会改变消费者态度吗？ |

参考文献

[1] KRECH D. Attitudes and learning: a methodological note[J]. Psychological Review, 1946, 53(5): 290.

[2] THURSTONE L L. Theory of attitude measurement[J]. Psychological review, 1929, 36(3): 222.

[3] UEJIO C K, WRIGHTSMAN L S. Ethnic-group differences in the relationship of trusting attitudes to cooperative behavior[J]. Psychological Reports, 1967, 20(2): 563-571.

[4] FISHBEIN M, AJZEN I. Belief, attitude, intention, and behavior: an introduction to theory and research [M]. 1977.

[5] ROSENBERG M J. Cognitive, affective, and behavioral components of attitudes[J]. Attitude organization and change, 1960: 1-14.

[6] GURSOY D, CHI O H, LU L, et al. Consumers acceptance of artificially intelligent (AI) device use in service delivery[J]. International Journal of Information Management, 2019, 49: 157-169.

[7] CHATTERJEE P, ROSE R L. Do payment mechanisms change the way consumers perceive products? [J]. Journal of Consumer Research, 2012, 38(6): 1129-1139.

[8] 杨晨, 王海忠, 钟科, 等. 支付方式对产品偏好的影响研究[J]. 管理学报, 2015, 12(2): 264-275.

[9] FALK T, KUNZ W H, SCHEPERS J J, et al. How mobile payment influences the overall store price image [J]. Journal of Business Research, 2016, 69(7): 2417-2423.

[10] AJZEN I. The theory of planned behavior[J]. Organizational Behavior and Human Decision Processes, 1991, 50(2): 179-211.

[11] DAVIS F D. A technology acceptance model for empirically testing new end-user information systems: theory and results[M]. Massachusetts Institute of Technology, 1985.

[12] MYERS D G, TWENGE J M. Exploring social psychology[M]. New York: McGraw-Hill Eduction, 2012.

[13] FESTINGER L. Social comparison theory[J]. Selective Exposure Theory, 1957, 16: 401.

[14] TAYLOR S, PEPLAU L, SEARS D. Social psychology . Englewood[Z]. NJ: Prentice Hall. 2005

[15] BEM D J. Self-perception theory[M]//Advances in experimental social psychology. Acaoiemic Press. 1972(6): 1-62.

[16] KATZ D. The functional approach to the study of attitudes[J]. Public Opinion Quarterly, 1960, 24(2): 163-204.

[17] BASTOS W. Now or never: perceptions of uniqueness induce acceptance of price increases for

experiences more than for objects[J]. Journal of Consumer Psychology, 2019, 29(4): 584-600.

[18] STROBEL P. From poverty to exclusion: a wage-earning society or a society of human rights?[J]. International Social Science Journal, 1996, 48(148): 173-189.

[19] LEE J, SHRUM L. Conspicuous consumption versus charitable behavior in response to social exclusion: a differential needs explanation[J]. Journal of Consumer Research, 2012, 39(3): 530-544.

[20] WARD N. Social exclusion, social identity and social work: analysing social exclusion from a material discursive perspective[J]. Social Work Education, 2009, 28(3): 237-252.

[21] 江霞, 吴俊宝, 姚卿, 等. 你值得拥有! 消费者为何青睐傲慢的品牌?[J]. 南开管理评论, 2021: 1-24.

[22] 朱翊敏, 刘颖悦. 如何应对拒绝或忽视:社会排斥类型对拟人化品牌角色偏好的影响研究[J]. 南开管理评论, 2021, 24(4): 172-182, 224, 183-184.

[23] 吴莹皓, 蒋晶. 仆人还是伙伴:拟人化品牌角色对社会排斥影响的缓解作用[J]. 营销科学学报, 2018, 14(1): 44-57.

[24] FISHBEIN M. An investigation of the relationships between beliefs about an object and the attitude toward that object[J]. Human relations, 1963, 16(3): 233-239.

[25] ARMSTRONG J. Persuasive advertising: Evidence-based principles[M]. Springer, 2010.

[26] ANDERSEN M M, SCHJOEDT U, PRICE H, et al. Playing with fear: a field study in recreational horror [J]. Psychological science, 2020, 31(12): 1497-1510.

[27] BOWER G H. Mood and memory[J]. American Psychologist, 1981, 36(2): 129.

[28] KAMINS M A. Celebrity and noncelebrity advertising in a two-sided context[J]. Journal of Advertising Research, 1989.

[29] DARLEY W K, SMITH R E. Advertising claim objectivity: antecedents and effects[J]. Journal of Marketing, 1993, 57(4): 100-113.

[30] HSEE C K, LOEWENSTEIN G F, BLOUNT S, et al. Preference reversals between joint and separate evaluations of options: a review and theoretical analysis[J]. Psychological Bulletin, 1999, 125(5): 576.

[31] HSEE C K, ZHANG J. Distinction bias: misprediction and mischoice due to joint evaluation[J]. Journal of personality and social psychology, 2004, 86(5): 680.

[32] 孙瑾. 属性可比性对消费者品牌评价的影响: 评价模式的调节作用[J]. 管理评论, 2011, 23(8): 103-11.

[33] NOWLIS S M, SIMONSON I. Attribute–task compatibility as a determinant of consumer preference reversals [J]. Journal of Marketing Research, 1997, 34(2): 205-218.

[34] BAZERMAN M H, BOHNET I, VAN GEEN A V. When performance trumps gender bias: Joint versus separate evaluation[R], 2012.

[35] BERGER J. Contagious: Why things catch on[M]. New York: Simon and Schuster, 2016.

[36] AXSOM D, COOPER J. Cognitive dissonance and psychotherapy: the role of effort justification in inducing weight loss[J]. Journal of Experimental Social Psychology, 1985, 21(2): 149-160.

[37] TATAVARTHY A D, MUKHERJEE K. Payment methods and their effect on durable goods replacement [J]. Journal of Consumer Marketing, 2019, 36(4): 484-493.

[38] PARK H, LALWANI A K, SILVERA D H. The impact of resource scarcity on price-quality judgments [J]. Journal of Consumer Research, 2020, 46(6): 1110-1124.

即测即练

自学自测   扫描此码

第 9 章

社交媒体与消费者行为

本章要点

1. 了解什么是社交媒体和社交媒体营销；
2. 熟悉和掌握常见的社交媒体营销策略及模型；
3. 理解社交媒体营销对于消费者心理与行为的影响。

开篇案例

百雀羚的互联网新生

1931 年，百雀羚诞生于上海。百雀，取自于百鸟朝凤之意；羚，是上海话"灵光"的谐音。百雀羚也同时指从鸟羽中提炼出的油脂精华。1940 年，创始人顾植民发明了一款防冻防裂，滋润皮肤的护肤香脂，这就是一炮而红的"百雀羚冷霜"（Peh-ChaoLin Cream）。当时的社会名媛、贵妇对该产品推崇备至，阮玲玉、周璇、胡蝶等著名影星都是百雀羚的忠实用户。到 1949 年上海解放时，百雀羚的产品已经遍布全国，甚至远销到东南亚各国。百雀羚的产品持续畅销全国，到 20 世纪 80 年代，年产量已达 4000 万盒。然而百雀羚长期被定位为价格低廉的大众护肤品，利润不高。到了 90 年代，外资化妆品品牌大举进入中国市场，百雀羚作为本土品牌渐渐沉寂（图 9-1）。

图 9-1　1939 年的百雀羚香脂包装和现在的百雀羚香脂包装

2000 年起，百雀羚品牌再出发，不断推陈出新，重塑品牌形象（图 9-2）。而互联网浪潮的到来为这个老字号爆发新气象助力不少。早在品牌通过动画宣传这种营销方式火起来之前，百雀羚就推出了《发现百雀羚》的动画宣传片，可谓营销数字化的拓荒者了。随后，百雀羚接连推出《四美不开心》《东方之美看我的》等风靡社交网络的视频广告。例如，2017 年百雀羚合作推出的一镜到底的民国风《一九三一》广告就刷爆朋友圈，带来了 3000 万+的浏览量。

图 9-2　百雀羚旗下三生花品牌

除了积极在社交媒体投放广告，百雀羚也充分利用社交媒体尝试多种营销活动。2018年百雀羚参与了快手"全民造梦季"的互动活动去激发群体认同和参与。通过"敢梦敢美——百雀羚×快手造梦季"活动，发起用户在快手带上#百雀羚喊你来造梦#的标签用视频晒出梦想。该活动短短一周就吸引了近 900 万人参与。本次活动还带动了几千余家百雀羚线下终端"梦想店"火热起来，成功为百雀羚打通了线上活动到线下门店的营销闭环（online to offline，O2O）。借助快手的影响力，各地百雀羚门店实现了品牌和本地用户的直接沟通交流。活动期间线下引流效果显著，线下门店内由线上活动带来的单日业绩贡献为平时的两倍。

2019 年，百雀羚作为护肤类唯一合作品牌接入抖音"618 年中好物大赏"，推出关键词搜索即有机会 1 元抢购百雀羚精华水的活动。活动上线两天后，累积话题播放量破 2亿，上线 5 天累积话题播放量破 20 亿，收官累积话题播放量破 30 亿，成为抖音速度最快的话题播放量突破 10 亿和 20 亿的活动品牌。

近年来，百雀羚尝试了多种多样的社交网络营销方式，也收获斐然。2015—2018 年间，该品牌共获得过 18 项创意营销类奖项。社交媒体营销的成功也让这个已经 90 多岁的老牌国货护肤品品牌在 Web 2.0 时代重新焕发了活力。2021 年，百雀羚成为"全球最有价值个护品牌 TOP15"中唯一上榜的中国品牌。

资料来源：百雀羚 86 岁了，你可知道它的这些前世今生？http://www.pinguan.com/article/content/10096，2016-05-31。

老字号新气象 | 八旬百雀羚 香赢 80 后，http://newsxmwb.xinmin.cn/xinminyan/2017/02/09/30819852.html，2016-02-09。

随着互联网技术的发展及网络原住民逐渐成长为消费生力军，利用社交媒体进行营销活动，充分发挥社交媒体的特点来吸引消费者变得尤为重要。除了短视频网站以外，品牌和企业还可以在哪些类型的社交媒体上与消费者进行交互呢？除了多种类型的流媒体广告、KOL 带货、用户参与内容共创之外，还有哪些社交媒体营销方式呢？这些方式为什么能够影响消费者？社交媒体营销对于消费者来说总是有益的吗？在回答这些重要问题之前，首先要明确社交媒体营销的概念。

9.1 社交媒体与社交媒体营销

9.1.1 社交媒体概述与分类

1. 社交媒体概述

社交媒体（social media）指基于网络技术，用来分享观点、想法与信息的虚拟平台。现阶段主要的社交媒体包括社交网站（social networking sites，SNS）、博客、论坛、视频/音频网站，以及这些网站的移动端 App 应用。从 1991 年互联网的出现到现在也不过才三十几年时间，而目前全球的社交媒体数量则多达数百种。2022 年全球用户数量前三的社交媒体分别是 Facebook（26.4 亿活跃用户），优兔（You Tube，22.9 亿活跃用户）及 WhatsApp（20 亿活跃用户）。我国的社交媒体用户规模非常庞大，具体将在 9.1.3 小节中介绍。

人们在社交媒体上可以从事多种活动，如分享文字、图片、音频、不同长度的视频、消费点评、联机游戏、短信息交流、音频/视频通话等。个人会运用社交媒体与家人朋友保持联系、分享自己的生活；也有人利用社交媒体寻找与自己志趣相投的人，一起就共同感兴趣的话题交流心情与心得；还有些用户利用社交媒体拓展自己的人脉，寻求职业发展机会；甚至有人通过社交媒体寻求伴侣。

2. 社交媒体分类

大体来说，社交媒体可以分为即时通信（instant messaging，IM）、（短）视频、照片分享、社交平台等类型（表 9-1）。即时通信是允许两人或者多人实时地传递文字及其他类型消息的社交媒体。视频社交媒体是支持用户在线发布、浏览和分享视频作品的平台和网站。照片分享类也是非常受欢迎的社交媒体类型，用户主要通过在社交媒体上发布照片来分享和展示自己的生活。社交平台里既有专注提供新闻的，也有社交博客，还有专注某一特定领域的专业化社交媒体。问答类社交媒体则是拥有共同兴趣、爱好、经验的人，或者是某领域具备一定专业知识的人，通过网络媒体平台问答方式进行沟通和分享信息的虚拟社区。

3. 社交媒体使用动机

用户有多种使用社交媒体的动机。当前有关社交媒体使用动机的文献主要采用的理论视角是使用与满足理论（uses and gratifications approach）。使用与满足理论阐释用户会为了满足自己的需求选用某个特定的媒体[1]。根据需求，用户使用社交媒体的动机大体可以分为六类：信息获取、信息分享、社会互动、人际交往、自我表达和娱乐休闲（表 9-2）。

表 9-1 社交媒体类型

类型	代表媒体（全球）	代表媒体（中国）
即时通信	WhatsApp，Messenger, Line	微信、QQ
（短）视频	You Tube，Tiktok	抖音、快手、B 站
照片分享	Pinterest，Instagram	Lofter
社交博客	Twitter（推特）	新浪微博
社交新闻	Reddit	今日头条
专业化社交	LinkedIn（领英），Yelp	小红书、大众点评
问答	Quora	百度贴吧、知乎

表 9-2 社交媒体使用动机

动机	要素与内容
信息获取	了解信息、社会动态、获取有用的信息
信息分享	与他人分享有用的、共同感兴趣的信息
社会互动	与认识的亲朋好友保持联系、增进感情
人际交往	认识新朋友
自我表达	发表自己的声音，分享个人的特长等
娱乐休闲	打发时间；认为其他人也在使用

数据与咨询公司凯度发布的《2019 年中国社交媒体影响报告》中提到，我国大多数网民在被问及社交媒体对生活的积极影响时，排名前三的分别是"让我随时掌握家人/朋友动态""与家人朋友更便捷沟通"（均有 70%的受访者提及）和"更快了解社会热点"（69%的受访者提及）。此外，也有 61%的受访者提及"增长了知识面"和 55%的受访者提及使用社交媒体可以拓展交际圈。这些结果反映了在中国社交媒体用户中，社会互动、信息获取和分享及人际交往动机的重要性。

4. 社会网络理论与社交媒体

社会网络是许多节点（nodes）及节点之间的关系（ties）的集合。节点，又称行动者（actor），可以是个人、组织、城市、国家等。个体的社会网络中包括各种社会关系，如亲缘关系、朋友关系、同学关系、生意伙伴关系等。消费者社会网络的识别有赖于社交媒体的兴起。以下部分内容将介绍社会网络的相关理论和概念。

1）小世界现象

如何与一个陌生人建立联系呢？19 世纪 60 年代，哈佛大学心理学教授斯坦利·米尔格拉姆（Stanley Milgram）设计了一个连锁信件实验尝试回答这个问题。他让住在内布拉斯加州的人给在相隔 4 000 多公里的波士顿的某个陌生人寄信。实验要求被试者把这封信先发给他们认识的某个人，并且要是他们认为的比自己更有可能与送达目标有私人联系的人，然后再通过转交的方式最终送达目标联系人。最后，研究者计算这封信需要在人与人之间传递几次才能送达。这个研究中共有 64 条成功完成任务的关系链，这些关系链的联系数量中位数为 5[2]。这个现象也就是我们后来所称的"六度分隔"[3]（图 9-3），也称小世界现象（small world phenomenon）。六度分隔并不是说任何人与其他人之间的联系都必须通过六个联系人，而是表达出这个世界上任何两个素不相识的人之间的距离都比想象中短。社交媒体的跨时空性进一步缩短了联结两个陌生人所需的联系数量。

图 9-3　六度分隔理论示意图

2）社会网络特点

社会网络中的关系按照强度可以区分为强关系（strong ties）与弱关系（weak ties）。强关系指互动频繁、相互信任的两个节点之间的互惠关系；弱关系则是指互动频率低、信任水平低的两个节点之间的关系[4]。现实生活中，强关系常常指家庭成员之间及亲密朋友之间的关系。而弱关系指和只是认识的人及"泛泛之交"的关系。在社交媒体中，Facebook 和微信上的朋友更多是强关系，因为这种社交媒体上用户主要添加自己认识和有一定了解的他人；而推特和微博上则存在大量弱关系，因为用户可以在这类社交媒体上关注陌生人和被陌生人关注。强弱关系对于人们的行为会产生不同的影响。强关系在信息传播和消费决策方面更具影响力。例如：相较于弱关系，强关系更可能让消费者接受新产品[5]；强关系也更可能让用户进行信息转发[6]。然而强关系也带来信息冗余，因为强关系的双方已经频繁进行沟通从而比较了解对方的信息。弱关系可以带来非冗余的信息，在不同的社会群体之间搭建沟通的桥梁，将信息传递给更远端的人[7]。

嵌入程度（embeddedness）指一个人与社会网络中的其他节点的联系频率。如果与社会网络中他人的交流频率很高，是长期的互动关系，则该个体在其社会网络中的嵌入水平较高[8]。研究表明嵌入程度高的消费者更可能参与价值共创活动[9]。

中心性（centrality）指一个人在社交网络中基于其拥有的社会关系的数量所处的位置[10]，也可以理解为一个人基于其与网络中其他行动者的社会距离所处的位置。这里社会距离指联结两个成员所需要的最短的距离。例如，A 认识 B，而 C 不认识 B，且 C 需要通过其他人才能认识 B，那 A 和 B 之间的社会距离较 C 与 B 的社会距离更短。在社会网络中，中心性程度高的成员在社会网络中拥有大量关系，与网络成员中其他成员的平均距离也较短，与网络中的多数成员都更近。高中心性赋予该个体更多地社会资本，相较于社会网络中其他成员更多的权力，也让该个体更可能涌现成为领导者[11]。以往研究中发现中心性高的个体在消费者社会网络中地位更高，与网络中的其他消费者频繁交流。他们也因此更多地承担意见领袖的角色，可以对社会网络中的其他消费者施加更多的影响。高中心性的消费者能够分享、隐瞒，甚至操纵社交网络中的信息。[12]

9.1.2 社交媒体营销概述及特点

1. 社交媒体营销简介

社交媒体营销（social media marketing），也称社会化媒体营销，简单来说就是指企业和品牌在社交媒体上进行营销活动吸引消费者，与消费者互动，促进其购买行为。例如，品牌可以在社交媒体应用程序上投放开屏广告和横幅广告（banner advertisement），也可以在评论中穿插广告，还可以联合有影响力的博主推广自己的品牌与产品。社交媒体营销对于企业的潜在回报也是巨大的。全球一半以上的人口使用社交媒体，也就是有超过 46 亿的潜在消费者在社交媒体上[13]。我国的社交媒体营销活动非常活跃。2021 年，我国的互联网广告总体投入就达到五千多亿元，相比 2017 年接近翻倍。那社交媒体营销有哪些特点呢？

2. 社交媒体营销的特点

1）传播广、速度快

社交媒体较传统媒体的传播范围更广、速度更快。虽然看电视仍然是覆盖人口最多的活动，但上网已经成为最受欢迎的活动。互联网的用户更多，使用时间也更长。从早上 8 点到晚上 9 点，均有大量用户在使用互联网。2021 年我国网民每周人均上网时长达到 27.5 个小时[14]。移动互联网的普及使得人们随时随地都可以浏览和/或转载营销信息，这进一步提升了社交媒体营销内容的即时性和传播速度。品牌在社交媒体发布营销信息，能够接触到更为广泛的用户群体。消费者也可能会对品牌发布的营销信息进行点赞、转发和/或评论等活动。这些活动使得营销信息与内容进一步在社交媒体上扩散。

病毒营销（viral marketing）就是凸显传播速度的营销概念。病毒营销，又称病毒式网络营销，指通过已有的社交网络让营销信息扩散和传播，短时间内传向更多的受众。因为这种传播模式和病理学或计算机领域病毒的传播模式很像，所以命名为病毒营销。营销信息就像病毒一样被快速复制，迅速传播，让潜在消费者建立起对服务和产品的认知。

2）交互性与趣味性高

社交媒体为消费者提供了大量参与品牌和共创的机会。消费者可以分享和传播产品与服务的信息及体验，与其他消费者交流、参与品牌举办的活动、与品牌进行双向沟通等。社交媒体也使得用户能够和品牌方及其他消费者进行实时的互动。以往研究表明感受到品牌网站的互动性能够提升消费者的积极情绪情感体验、激活有关产品的认知处理、提高购买意愿和向他人推荐该产品的意愿[16]。

经典与前沿研究 9-1 人们更喜欢分享怎样的内容？

社交媒体的互动性使得用户生成内容（user generated content，UGC）对于消费者的影响愈发凸显。UGC 是消费者自发生产的，在社交媒体上分享的，自己没有盈利意图的与产品/服务有关的内容。UGC 的形式多样，包括消费者评分、评价、博客、图片、动图、视频等。伴随着（短）视频网站的崛起，UGC 的形式（modality）从传统的纯文本，向融合动图、声音和视觉内容等更丰富的形式变迁。研究表明，相较于文本形式（textual modality），音频和视频结合的形式传递的简单信息能够产生更大的说服力[17]，从而更可能影响消费者行为。在社交媒体这种网络虚拟情境中，形式更为丰富（modality richness）的内容也更加引人注意，让人印象深刻[18]。而来自产品/服务用户的信息也较来源于传统广告源的信息对消费者有更强的影响。消费者更加信赖 UGC 的信息，从而更愿意去和其他人分享这些信息[19]。

3）有效性容易衡量

社交网络营销较传统媒体营销方式而言，其有效性更加容易衡量。"流量"就是社交网络营销效果一个重要的衡量方式，如内容的阅读量、点赞率、分享/转发数量、广告点击率、在线订单数量，以及线下转化率等。传统营销方式更多只能衡量有多少客户接触和接收到了广告。而社交网络营销有些能直接测量产生了多少收入，如通过单场直播的下单数量与总金额，在线广告链接的直接下单情况等。

简单来说，社交媒体营销在过去的几年里蓬勃发展。社交媒体营销的传播更广、速度更快，与消费者的互动性更高，趣味性也更高，且更容易进行有效性度量。这些特点使得社交媒体营销被各个品牌广泛使用。然而社交媒体营销也同时面临隐私保护、算法透明度等挑战。这些社交媒体营销的风险将在本章最后一节 9.4 中详细介绍和讨论。

9.1.3　中国社交媒体营销的发展

我国互联网行业虽然起步较晚，但是发展非常迅速。1999 年，腾讯公司推出 OICQ 这款即时通信工具，是我国的第一款即时通信工具，其后于 2000 年更名为 QQ。同年阿里巴巴公司成立，但直到 2003 年，淘宝网这一电商平台才正式投入使用。2000 年 1 月，百度成立，并迅速成长为中国最大的搜索引擎公司。而此时，我国网民总数刚刚突破 1000 万人。20 年过后，我国互联网基础设施建设已经非常完善，成为全球第五代网络（5G）建设中的领头羊。我国各类社交媒体的互联网使用者规模都较为庞大，为社交媒体营销提供了巨大的潜在消费者群体。根据中国互联网络信息中心（China Internet Network Information Center，CNNIC）发布的第 49 次《中国互联网络发展状况统计报告》显示，截至 2021 年 12 月，我国网民规模达 10.32 亿，占人口总数 73.0%[14]。各互联网应用企业也不断进行创新，为多种多样的社交媒体营销提供技术支持。现有的各类网络应用中即时通信应用的使用率最高（96.5%），视频的使用率紧随其后，达 94.5%；短视频的使用率达 90.5%。短视频网站抖音的月活跃账户高达 6 亿；即时通信工具 QQ 有 5.95 亿的月活跃账户，同为腾讯公司旗下的微信（WeChat）的月活跃账户数更是高达 12.6 亿。我国社交媒体营销活动近几年呈现了爆发式的增长。2021 年，抖音为其母公司字节跳动提供了 1500 亿元的广告收入。我国社交媒体营销的规模可见一斑。

我国社交媒体营销的发展大致可划分为三个阶段。这三个阶段其实并没有明确的时间界限，而是相互交织存在的。社交媒体营销的发展是依托互联网技术的进步实现的。新的发展阶段并没有完全淘汰之前阶段的营销形式，而是在之前的基础上增加更为丰富的营销活动，运用更加多元的媒体形式。不同阶段营销活动中的主体也随技术和营销方式变化发生了转移。

1. 单向营销阶段

这期间属于 Web1.0 时代。Web 1.0 时代是互联网技术的"静态"时代。技术基础决定了本阶段的营销活动大多停留在品牌和企业对消费者与用户的单向输出。此时的主要营销活动大多是网页广告，且广告也多以图文形式发布。消费者更多仍然是浏览者和营销活动的被动接受者。这期间的网络营销活动由门户网站提供，如新浪、搜狐、和腾讯。这些网站主要提供各类新闻资讯，同时为各品牌企业提供广告服务，媒体提供的互动机会非常有限。当然，各种论坛已经开始提供交互功能并呈现出了一些营销活动的互动倾向。论坛往往是集结对同一个话题感兴趣的人群建立的在线交流平台。新浪、搜狐、网易三大门户网站都有自己的论坛。此阶段也有地方性论坛、文学/小说、影视、软件等专业领域论坛出现。

2. 品牌主导的互动营销阶段

随着技术的进步，媒体的"社交"属性和功能不断拓展丰富。除了品牌和企业方等机构能够推出他们的营销内容外，社交媒体个人用户也可以发布自己的内容，并且允许其他用户在自己的内容基础上进一步贡献内容。此阶段的 Web2.0 技术支持"一对多"及"多对多"的传播方式。单向营销活动依然存在，但形式和内容更加丰富多元。品牌方主导的互动营销活动在此阶段比较活跃。

这一时期，电商行业迎来了高速发展。先是淘宝的网络购物蓬勃发展，京东也在 2004 年完成了从线下到线上的电商平台企业构建。品牌与企业无法忽视网络购物在我国消费市场中的迅速增长，也开始重视在电商平台上的营销推广活动、消费者评价管理等。

企业也开始借助其他社交媒体平台开展多样的消费者互动。2009 年 8 月，新浪推出了"微博"的内测版。新浪微博用户可以通过平台发布 140 字以内的文字信息，也可以发表长文、图片、视频等多种形式的内容。微博有关注功能。关注后，对方在微博上公开发出的信息都会显示在用户的个人首页上。用户可以自行选择自己所关注的信息进行转发或评论。用户也可以选择通过@名人或者机构账号让对方注意到自己的信息。企业也可以注册微博账号，发布各类营销相关信息。企业微博账号发布广告及其他营销信息后能够及时和关注者（粉丝）进行互动，也可以通过评论等获得用户反馈。微博影响力可以通过账号活跃度，即原创微博数量、转发次数、评论次数等维度来衡量。2020 年，新浪微博的全年阅读量超 24 000 亿，视频播放量约 4000 亿，互动量超 66.8 亿。截至 2021 年年末，新浪微博的月活跃用户高达 5.21 亿。

2011 年 1 月，腾讯推出了微信系统，可以发送语音短信、视频、图片和文字。微信是我国目前月活跃用户规模最大的社交媒体。微信的公众号、广告等功能使得其成为企业的重要营销工具。2014 年 9 月，企业号功能在微信上线。微信用户可以关注企业公众号，了解营销信息，并进行即时互动、服务预约、投诉等多种活动。公众号可以实现微官网和微商城的功能。2015 年朋友圈广告功能上线。2017 年年初微信小程序上线，可以开设微店线上购物。目前，微信上可以通过公众号文章、朋友圈广告、公众号底部广告位等多种方式投放广告。

通过官方微博、微信公众号、论坛等社交媒体，此阶段消费者拥有了更多与品牌和企业直接沟通的机会。此外，诸多平台也开始提供消费者之间互动的方式与机会。2003 年，大众点评成立。起初大众点评只着重提供各类餐厅的评价，后来发展为渗透生活，包含酒店、旅游、休闲、医疗等多个领域的消费体验与点评，致力于提供丰富的当地生活信息。商家可以利用平台发布优惠信息等吸引消费者，也可以运用平台经营自己的口碑。消费者可以浏览其他消费者的评价，也可以与其他消费者进行沟通与交流。

这一时期，品牌和企业在营销活动中仍然更多地起到主导作用，积极利用多种社交媒体工具与消费者直接互动，推广品牌和产品。在线社区也逐步形成。随着消费者之间沟通机会的增加，社交媒体平台的发展，营销活动逐步从由品牌和企业主导向多中心或者去中心的方向发展。

3. 去中心化的互动营销

移动互联网技术兴起后，手机、平板等移动终端成了消费者接触品牌和产品信息的重要端口。2013 年 12 月，工业和信息化部门向手机三大运营商发布 4G（第四代网络）牌照。移动互联网的速度大幅度增加，画质也更加清晰。社交媒体提供的互动模式更为丰富，营销活动运用的互动手段也进一步更新。此阶段营销活动的主体由企业主导变成了企业、KOL 和消费者多元互动的去中心化形态。

小红书诞生于 2013 年，鼓励用户通过短视频、图文等形式记录生活点滴并分享给他人。2021 年，小红书已经拥有 3 亿多账号。其主要用户群体为 17～35 岁人群，主要分布在沿海省份，且超过 3/4 的用户为女性。小红书早期是主要用于海淘经验分享的社交媒体，但近几年愈发频繁地被用于消费购物。2020 年电商平台在按照购物频次进行排名的榜单上，小红书就已经超过了京东，仅排在淘宝之后。小红书作为内容社区导购平台和电商交易平台，通过用户分享图片、文字与短视频推广营造品牌/产品声誉，吸引其他消费者。在小红书上，用户既是分享者，也是潜在消费者，因为在小红书上还可以浏览其他用户发布的消费体验等内容。

电商平台在这一阶段开启了直播带货。2016 年，蘑菇街就开始试水直播方式。随后，淘宝、苏宁、京东等电商平台相继推出直播功能。2019 年淘宝的"双十一"购物节，直播带货的成交金额就达到了 200 亿元。2020 年"双十一"购物节时，有 3 亿人观看淘宝直播。直播营销是在实时播出节目的进程中销售商品。直播带货的既有专门的带货主播，又有演艺明星，甚至还有企业和品牌的负责人，以及政府官员。例如，2020 年 3 月，山东菏泽曹县、县长就曾经在一场直播中穿上汉服为"曹县汉服"代言。随着直播带货的兴起，2020 年 5 月，中华人民共和国人力资源和保障部正式将"直播销售员"列入发布的新职业中。

短视频平台也加入了营销大军。短视频指短片视频，一般指时长在 5 分钟以内的视频。2022 年的《中国互联网络发展情况统计报告》显示，我国短视频用户规模达 9.34 亿，超过半数的人每天都会刷短视频。快手和抖音是我国目前规模最大的两家用户，也是最具代表性的短视频社交媒体平台。快手诞生于 2011 年，在 2012 年开始转型短视频社区，在 2015 年后迎来了用户快速增长期。同年字节跳动公司成立，旗下的短视频平台抖音在 2016 年上线。抖音的国际版 Tiktok 也在 2017 年上线。短视频平台通过打造内容生态，运用算法将创作者生产的视频推送给可能感兴趣的用户，通过用户的关注点赞评论转发等活动，进一步推动粉丝分发强化互动。大量品牌选择在快手和抖音投放广告，利用平台上规模巨大和黏性高的用户群传播自己的营销内容和信息。也有很多品牌选择和短视频平台上拥有诸多粉丝的"网红"合作，助其进行产品/品牌推广。品牌还可以在短视频平台上发起话题挑战，由平台官方将活动推送给用户，要求用户根据视频统一要求或动作完成参与挑战。挑战赛可以整合话题、音乐等营销资源，全方位激发用户参与感，引导用户共创，提高营销活动效果。

经过二十多年的蓬勃发展，我国当前社交媒体营销形式多样且竞争激烈。基于技术的进步，今后视频方面的营销可能是社交媒体营销投入最多的领域。而随着元宇宙的发展，以及 AR、VR、物联网等技术的进步，未来的社交媒体营销有更多的潜能。

9.2 社交媒体营销策略与模型

运用社交媒体营销的策略和方式有很多。本小节首先介绍社交媒体营销中的相关重要概念和方式，然后介绍社交媒体营销模型的演进。

9.2.1 相关概念

1. 关键意见领袖

在消费领域中，关键意见领袖指对目标消费者群体购买行为有较大影响力的人。[20,21]在消费情境中，KOL 一般被认为拥有更多、更充分、更准确的产品信息，且观点能够被目标消费者群体接受和信任。KOL 有关内容更详细的介绍可以回顾本书第 2 章。互联网时代的 KOL 常常在社交媒体上发布内容，吸引大量的粉丝并与之互动。KOL 往往专注于某一领域，如时尚、美食、家居等。在这些特定领域里，KOL 对于产品和品牌的观点能对粉丝群体产生较大的影响。越来越多的企业和品牌选择与 KOL 合作，由 KOL 发布产品信息并分享他们的消费经验和观点，来影响消费者的购买行为。我国当前消费品品牌的 KOL 广泛活跃于微博、小红书、淘宝直播、抖音、快手等。

目前的实证研究发现 KOL 对于消费者购买行为的影响主要源自消费者的信任及价值感知。[22]KOL 的某些特性会影响消费者在营销过程中产生的信任和价值感知。例如，KOL 的专业性、知名度和自身魅力都可能提升消费者的信任及价值感知，从而增加消费者购买行为。此外，KOL 的产品涉入度（product involvement）如果较高，即 KOL 对产品抱有浓厚的兴趣并拥有丰富的知识，更可能对消费者的态度与购买行为产生较大影响。KOL 与消费者沟通的交互性也有助于提升消费者的信任从而影响其后续态度和行为。最后，KOL 提供的产品信息对消费者购买行为也有重要影响。高质量的产品信息会提升 KOL 对消费者购买意愿与行为的影响力。

2. 直播带货

直播（live streaming）最早是指广播电视节目的后期与播出同时进行的方式。互联网时代来临后，直播更多指网络直播。直播的形式也随着互联网技术的进步从图文直播发展到视频直播为主。较为热门的直播平台有泛娱乐化的直播平台、游戏直播平台和电商直播平台。直播带货是指主播通过直播的方式来销售商品。主播通过在线的直播房间为消费者提供产品展示、产品使用和产品经验分享，并直接提供在线购买服务。[23]这种方式之所以受到消费者欢迎，部分是因为随着电商崛起和消费者购物习惯的改变，网上购物已经成为人们日常生活中的重要消费方式，但传统网上购物方式往往无法提供有关产品和服务的直观体验。例如，传统网上购物往往提供产品的相关图片，但产品的大小和颜色会受到对照物和光的影响，也无法提供试用。直播销售能够一定程度上弥补传统网上销售的不足。直播提供了消费者与卖家直接沟通的机会，让消费者能够获得更直观的、客制化的信息。直播带货兴起之后，很多主播也成了 KOL，对于消费者的品牌态度与购物行为产生重要的影响。

有研究关注社会临场感（social presence）在直播带货中的作用。社会临场感指个体在利用媒体进行沟通时感知自己是一个"真实的人"以及与他人联系的程度[24]。直播带货过程中，主播能够向消费者传递非语言信息和语境信息，而且能够与消费者实时互动。消费者能够通过弹幕表达自己的观点，还往往能够得到回复。直播的特点使得消费者更可能认为直播方式是社交性的、温暖的和人性化的，从而有更为强烈的临场感。通过电子媒介沟通时，社会临场感是沟通效果的重要预测因素。在线购物情境下，社会临场感与信任、享受及感知有用性正相关，并进一步增加了购物倾向[25]。

经典与前沿研究 9-2　直播如何留住消费者？

3. 电子口碑

口碑指的是出于非商业目的，传递者与信息接受者之间关于产品和服务相关信息的非正式的沟通[27]。消费者在沟通过程中，可能交流有关产品和服务的正面评价（正面口碑），或者负面评价（负面口碑），也可能传递一些中性的信息（中立口碑）。有关口碑的具体介绍可以参见本书第 2 章。互联网兴起后，越来越多的营销者将目光投向了电子口碑（electronic word of mouth，EWOM）。电子口碑指潜在的、实际的或者以前的消费者通过互联网传播给他人和机构的对某一产品或公司所做出的正面、负面或中性的评价[28]。消费者通过文本、图片和视频等多种方式在网上讨论交流与产品及服务体验相关的信息。前面 9.1.2 小节中提到的 UGC 就是电子口碑的一种形式。只不过 UGC 强调用户自己生成新的内容，而简单转发也能形成电子口碑。电子口碑内容大多发表在社交媒体上。因此，电子口碑是品牌进行社交媒体营销时关注的重点。

电子口碑对消费者及企业均有影响。一般来说，电子口碑是消费者购买决策的重要影响因素，对消费者购买意愿和实际购买行为有重要影响。电子口碑通过影响消费者对产品/服务的质量感知和态度影响其购买意愿和行为，也会进一步影响消费者的推荐行为。电子口碑对于企业的销售额、市场份额也会产生影响[29]。

消费者是否采纳电子口碑的影响因素众多，包括电子口碑特征、消费者自身特质、消费目标等。电子口碑的可信度是消费者是否采纳电子口碑的重要影响因素之一。消费者会通过多种渠道来核验电子口碑可信度，如电子口碑内容的重复性与一致性、电子口碑来源的专业性与可靠性、来源的相似性、自身与传递者之间的社会关系等[30]。消费者自身的知识、专业程度、之前运用电子口碑信息的经验等也会影响消费者对电子口碑信息的采纳程度。此外消费者个人动机（如利他、形象塑造、成就动机）也影响电子口碑采纳[28]。

4. 个性化营销

个性化营销（personalized marketing）指为消费者个人设计并提供专门特制的产品/服务的营销方式。个性化营销与传统营销方式最大的区别就在于传统营销采用的是"一刀切"（one-size-fits-all）策略，为所有消费者提供同质化的产品和服务；个性化营销通过消费者相关数据，根据消费者的喜好来提供特制的产品和服务。个性化营销可以使得消费者感受到品牌是了解他们和知道他们的喜好并乐意与他们进行交流的。在社交媒体营销情境中，品牌可以收集到更多的消费者数据，并且有更先进的算法和自动化技术来分析消费者偏好并为其提供服务。

个性化营销的重要应用场景是个性化推荐和个性化广告。个性化推荐和广告需要运用算法对于消费者数据进行挖掘（data mining）来推荐最契合消费者需求的广告，以及产品/服务信息。现在各媒体平台还出现了互动视频广告，允许消费者自己选择广告内容、决定广告剧情走向，探索隐藏内容。

9.2.2 社交媒体营销模型

1. AIDA 模型

AIDA 模型，即 awareness、interest、desire 和 action 的首字母缩写词，大概是最早的购买漏斗模型了。购买漏斗，又称销售漏斗、营销漏斗，描述从吸引消费者的注意到消费者购买行动的过程。AIDA 模型认为消费者购买一般从意识（awareness）阶段开始，让消费者通过广告等方式知道产品或服务的存在；然后进入到兴趣（interest）阶段，通过演示、展示等方式，让消费者进一步了解产品/服务，从而让消费者感兴趣；再进入渴望（desire）阶段，激发消费者的消费欲望；直到行动（action），消费者采取购买行为。

2. AIDMA 模型

美国广告专家 Louis 在 AIDA 模型过程中插入了一个环节——记忆（memory）阶段，形成了 AIDMA 模型[31]。记忆阶段，即留下记忆，是在消费者产生对于产品/服务的渴望之后的一个阶段。消费者在产生较高的消费欲望时一般会对品牌厂商进行比较，往往会选择记忆中印象最深刻的一方，并进入到购买行动阶段。这个理论可以很好地解释实体经济情境下的购买行为。

3. AISAS 模型

21 世纪初，随着互联网技术的兴起，消费者开始分享产品体验，同时也在购买决策前进行产品搜索，购买漏斗进一步演变。日本电通公司（Dentsu Group）2005 年提出基于网络购买行为的 AISAS（Attention，Interest，Search，Action，Sharing）模型[31]。与之前模型相比，这一模型的主要变化是其认为兴趣被引发后，消费者会进行搜索（search），获取产品/服务的相关信息后才会进行购买行为。并且该模型在购买行动后增加了分享（share）阶段，即消费者会在购买之后进一步评价、分享与传播，分享的信息又会作用于其他消费者的搜索阶段。此外，该模型还认为某些步骤可以省略掉。例如，有些消费者看到感兴趣的产品的广告，就会立马去购买该产品，只经历了注意——兴趣——购买的环节。AISAS 模型中，有关产品信息的发布，从由原来的企业向消费者发布，变成了企业向消费者发布后，消费者再与其他消费者共享的形式。这个模型开始将消费者购买行为与互联网商业环境结合了起来。

4. SICAS 模型

随着社交媒体的进一步普及，即时分享成为新的消费特点。2011 年，中国互联网数据中心信息中心（DCCI）提出了 SICAS 模型，即感知（sense），兴趣互动（interest and interactive），联系沟通（connect and communicate），行动（action），分享（share）模型。购买行为源于消费者感知到产品/服务，之后会对品牌产生兴趣，进行互动；有了互动后，品牌进一步与消费者建立联系，随时沟通；通过以上步骤，消费者会被打动，产生购买行为；购买之后，消费者会分享传播自己的消费体验。

SICAS 与以往模型的区别不仅仅是阶段命名，也是对社交媒体营销环境下消费者在购买行为上的主动性的进一步强调，直接提出消费者的分享会影响其他消费者对产品/服务的感知（图 9-4）。

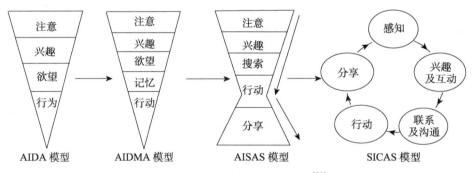

图 9-4 社交媒体营销模型演变[30]

综观消费购买行为的各个环节，从注意到购买行为的过程是营销者主导的。购买之后，从使用产品/体验服务，形成意见和想法，到分享产品/服务意见的过程则是消费者主导的。现在绝大多数的购买过程都包括从有意愿体验产品/服务到评价或者分享消费经历的循环。社交媒体营销情境下，消费者主导的过程又会去影响购买漏斗的注意、兴趣和购买过程。互联网技术及网络社交媒体提供了大量分享和推荐内容的工具，彻底颠覆了购买决策模式，也极大提升了消费者在营销过程中的能动性和影响力。消费者不满足于仅从广告和促销信息了解产品/服务，他们在社交媒体上分享自己真实的产品、品牌和服务体验。同时，消费者也在购买行动前从网络上汲取他人的经验。也就是说，原来的购买模型阶段都是单向进行的。而社交媒体营销时代，购买模型更多时候是一个社会反馈的循环。

9.3　社交媒体营销中的消费者

9.3.1　消费者参与

1. 概念与定义

早期营销活动更多关注消费者交易，通过消费频率、消费金额等直接的交易量来衡量营销结果。而到了 20 世纪 90 年代末，企业营销目标从交易转化成为关系营销（relationship marketing）视角。关系营销视角下，企业营销重点在于如何与消费者建立积极关系，如何通过更好的产品和服务确保消费者满意度和忠诚度。有大量的研究提供了消费者满意度、忠诚度及盈利能力之间关系的证据。当然，营销人员明白仅仅让消费者满意不足以确保忠诚度和盈利。关系营销的重点进一步发展为如何与消费者建立联结，从而提升企业绩效。

随着社交媒体营销的兴起，消费者有了更多的机会发表有关产品和服务体验的观点，并与企业品牌方进行互动。于是很多企业将营销资源投放到社交媒体上，与消费者直接交流。诸多品牌致力于通过交互式多媒体环境打造独特的品牌体验。营销人员开始运用社交媒体来识别参与度高的消费者并且保持他们的参与度。研究表明消费者参与对于企业有着积极价值。消费者参与正向影响消费者继续与品牌保持联系的意向、消费者购买意向、品牌口碑及企业绩效[32]。

学者对于消费者参与的定义有不同看法，主要从动机、心理状态和行为视角来定义。消费者参与的动机视角根植于品牌社区参与的研究，认为消费者会受到内在的驱动去和品牌及品牌社群里其他成员互动。具体的测量维度包括品牌联结、品牌热情、自我表达等方面。消费者参与的心理状态视角主要强调高参与的消费者会将一些重要品牌内化为自我概念的一部分，即消费者将自我概念与品牌联结起来，认为与品牌建立联系会带来积极的情绪体验。还有些学者认为消费者参与应该直接从行动的角度来衡量。这种视角认为消费者参与是消费者与品牌之间特定的互动活动，如撰写在线推荐和评论，参加品牌组织的活动等。这些活动超出了与品牌之间简单的交易行为，而是能够体现消费者对品牌的承诺感，且消费者自身感知到认知、情绪和行为上积极价值的。本章内容倾向于整合以上视角，将消费者参与定义为消费者与品牌互动的心理上和行为上的倾向。[32]

社交媒体营销情境下的消费者参与指消费者与企业和品牌方在不同媒体平台上的交流互动及积极的情感与认知体验。用合适的测量方式来衡量社交媒体上的消费者参与水平目前还比较困难。品牌社交媒体账号的粉丝数一定程度上能够反映消费者参与水平，尽管有学者认为这是一个很肤浅的指标。消费者评论似乎是衡量参与水平更好的指标，因为评论比关注账号需要付出更多的精力。还有学者提出可以通过衡量消费者对广告的反应以及点击观看广告的可能性来衡量参与水平。此外，消费者的点赞、转发行为等也被认为是衡量参与的指标。总的来说，消费者参与在社交媒体上的行为衡量方式包括关注、点赞、评论、转发等。[33]当然，购买行为本身也是一种直接的参与。除此之外，也有学者开发了量表来测量消费者参与的心理维度，即认知体验和情感反应。

2. 消费者参与的影响因素

信任是指在一个有风险的环境中，个体对其自身的弱点不会被利用的一种期望。信任是消费者参与的重要预测变量。除了对品牌和企业方的信任外，消费者之间的互动和信任也会影响对品牌的投入。例如，在线产品社群的用户会形成一种群体归属感，进而建立对社群的信任感。[34]

经典与前沿研究 9-3 品牌社交媒体广告的内容策略

承诺感是指消费者愿意与品牌维系长期关系的意愿。如果消费者认为他们与品牌之间的关系对于他们是有价值的，那么他们会愿意继续投入精力来维持与品牌的关系，从而积极参与品牌社区活动，购买品牌产品和推广品牌。[35-36]这些与品牌的互动能够产生满意度和积极的情绪。[37]对品牌的信任感和承诺感是消费者参与的近端（proximal）影响因素。影响品牌信任和承诺感的因素也是消费者参与的远端（distal）影响因素。已有较为丰富的文献总结了哪些因素会影响消费者信任感知和承诺感，此处不再赘述。

3. 消费者参与的结果

消费者参与会提升消费者的行为意愿及口碑行为。行为意愿包括消费者继续与品牌互动的意愿和购买意愿。消费者参与品牌的经历会使得他们感知到自我与品牌的关联，从而激励他们继续与品牌互动，购买产品和服务。同时，消费者参与也会增加口碑行为。参与水平较高的消费者会自发地传播有关品牌的积极或消极信息，这是因为消费者们想要建立和维系社会关系。参与水平高的消费者倾向于使用社交媒体来分享积极的消费体验[39]。

消费者参与也对企业水平的结果有所影响。社交媒体平台鼓励用户获得更多的关注者，吸引更多的潜在消费者。营销人员则期望消费者投入能够转化为销量增长和利润。有些学者认为社交媒体上的消费者参与能够直接作为企业绩效的指标。[40]然而以往的研究发现消费者投入与企业绩效之间的关系有限，甚至有时候是负向的。[41,42]这就有必要探讨情境因素是如何调节消费者投入与企业绩效之间的关系了。

4. 情境因素

产品价值是调节消费者投入与企业绩效的重要情境因素之一。消费者期望通过消费产品/服务实现享乐型（hedonic）价值还是实用型（utilitarian）价值会影响消费者参与对企业价值的贡献。享乐型价值指消费者期望通过使用该产品获得情感或感官上的愉悦体验；实用型价值更多强调满足人们基本日常需求或功能需求，让人实现自身的目标或完成实际的任务。[43]研究表明，享乐型消费中，消费者参与对于企业绩效的作用远强于实用型消费。也就是说，享乐型的价值能够让企业从消费者参与中更多获利。所以，期望从消费者参与获益的企业与品牌应该着眼于提高消费者的享乐价值体验。[37]

消费体验也会影响消费者参与与企业绩效之间的关系。此处的消费体验指消费者购买商品或服务所需要花费的时间和精力。[44]更便利的消费体验意味着消费者更容易获得产品/服务相关信息，只需要花费更少的时间和精力购买产品/服务，有更多的机会消费。研究表明在消费体验便利水平较低的情况下，消费者参与对企业绩效的提升效应更强。[37]

另外，企业所在的行业也会影响消费者参与与企业绩效之间的关系。相较于服务业来说，制造业中消费者参与与企业绩效之间的正向关系会更强。[37]

9.3.2 消费者隐私关注

1. 概念与定义

消费者隐私关注（privacy concern）指消费者对于营销情境下品牌方及网络平台等收集和使用其个人信息行为的忧虑。[45]互联网的普及和大数据技术的发展使得消费者数据的价值愈发凸显。现代企业营销行为中企业和平台常以直接或者间接的方式收集、保存和使用消费者的隐私数据（消费大数据的使用详情请参考本书下一章的内容）。与此同时，数字化技术的发展使得收集消费者信息更为容易。而消费者隐私和数据使用的相关立法及行业规范相对滞后。企业滥用消费者数据及消费者数据隐私受到侵害的行为时有发生。

具体来说，企业可能收集消费者的个人信息主要分为五类：①人口统计特征；②生活方式特征；③购买习惯；④金融数据；⑤个人识别信息（如姓名、住址）[45]。根据网络用户隐私关注模型（internet users' information privacy concerns，IUIPC），隐私关注主要由三方面因素构成——收集、控制与知晓[46-47]。消费者会因为其个人数据被他人占有的情况与自己所获价值不相当而产生担忧（收集），也会因为对个人信息的控制能力不足而感到担忧（控制），同时会因为对企业隐私保护实践的了解不够而产生担忧（知晓）。该理论模型与实际调查的结果比较契合。在安永与国际隐私专家协会（IAPP）联合发布的《2020安永全球消费者隐私保护调查报告》中，当消费者们被问及共享个人数据最重要的因素时，数据的安全和存储（63%）、对共享的组织的信任（51%）、个人可以决定哪些数据共享（57%）是排名前三的因素。

2. 影响因素

性别、年龄、收入和教育背景等人口统计学特征会影响消费者隐私关注的水平。一般来说，女性较男性呈现出更高水平的隐私关注[48]。年长者较年轻人呈现出更高水平的隐私关注，这可能是因为年轻的消费者更信任自己的数据管理能力，认为自己更有能力保护隐私数据[49]。

此外，个体差异也会影响消费者隐私关注水平。大五人格框架是重要的个体差异维度，被广泛应用于解释消费者个体心理与行为上的差异。在隐私关注的实证研究中，大五人格维度也有一定的解释力。例如，在披露健康相关信息的场景中，神经质（neuroticism）较高的人，和宜人性（agreeableness）高的个体对隐私关注度更高，因为他们对于信息更为敏感。开放性（openness to experience）则会降低人们的隐私关注水平。外向性（extraversion）和尽责性（conscientiousness）这两个维度的人格特质与隐私关注度之间的关系不显著[50]。

与网络及信息有关的信念也会影响消费者的隐私关注水平。例如，消费者自身如果拥有较为丰富的互联网知识，他们的隐私关注水平就会较低[51]。对于隐私保护相关法律法规的熟悉了解也能降低消费者的隐私关注。消费者对信息控制的渴望及信息透明度的重视则会正向影响他们对隐私的关注[52]。此外，消费者对于企业的期望与评价也会影响隐私关注水平。消费者对于企业保护隐私的期望越高，隐私关注水平越高[53]。

隐私相关的经验也会影响消费者隐私关注。这里的经验除了直接的一手体验，也包括观察和了解到的他人的经历。总的来说，有关隐私方面的负面体验会提升消费者的隐私关注水平。例如，个人隐私数据被企业滥用的经历会提高消费者对隐私的关注，甚至社交网络上同伴对个人隐私数据的滥用也会提升这些个人的隐私关注水平[54]。此外，数据泄露等隐私数据保护不力的相关新闻消息会使得消费者担心自己的数据也可能有泄露风险[55]。

3. 消费者行为结果

隐私关注水平较高的消费者会减少信息披露，增加个人隐私保护行为[45]。此外，消费者的隐私关注也会影响消费相关的行为。例如，关注隐私的消费者更愿意从提供严密隐私保护的网站购买商品，并愿意支付额外费用（premium）[56]。对引发高水平隐私关注的广告，消费者会产生消极的态度和回避行为[57]。隐私关注对行为结果的影响也受到若干因素的调节。例如，用户会因为网络隐私控制的复杂性而感到无力控制隐私泄露，进而产生隐私疲劳（privacy fatigue），当疲劳水平较高时，隐私关注带来的隐私保护行为会降低[58]。

4. 隐私悖论

尽管消费者已经感知到隐私信息的重要性并且希望保护自己的隐私信息防止被滥用，但他们依然经常分享自己的个人信息数据。消费者表达出强烈的隐私关注，又常常做出相悖的行为的现象被称为隐私悖论（the privacy paradox）[59-60]。有大量的实证研究证实了隐私悖论的存在。即使是隐私关注水平较高的消费者，也会向在线商户提供大量的可能为自身带来潜在风险的隐私数据。那为什么会出现隐私悖论呢？

1）隐私计算

隐私计算（privacy calculus）视角认为消费者透露个人隐私信息的倾向是基于个人对于透露行为的预期风险—收益分析的结果[61]。用户会比较透露隐私信息的风险与预期透露该信息可能获得的收益。如果用户感知到分享个人信息可能获得的收益更高，则会选择透露隐私信息；反之则会选择保护个人隐私信息。当然，人们是无法预知未来的，所以在进行预期风险—收益评估时，人们往往依赖过去的经验、直觉和知觉来评估。

隐私计算最早是基于隐私可以作为经济商品用于获取其他商品或收益提出的。理解隐私计算，首先要了解分享一些隐私信息对于消费者来说可能是有收益的。社交媒体中分享个人信息可能更好地满足个人自我呈现、关系维系和娱乐的需要，也有助于建立新关系和进行身份构建。很多品牌也表示采集消费者个人信息有助于他们更好地提供个性化的服务。当消费者预期分享个人信息能够在将来获得上述这些好处时，隐私计算中收益这侧的砝码就更重了。实证研究结果也表明，社交媒体用户往往都认为透露信息的收益是高于潜在风险的[62]。绝大多数的用户对个性化服务的需求也很高，所以也愿意透露更多的隐私信息以获取个性化服务[63]。

2）认知偏见与有限理性

高隐私关注的消费者也可能因为自身认知、知识与能力的局限性而陷入隐私悖论中[45]。例如，有些消费者可能并不了解能够通过删除 cookies，加密电子邮件等方式来保护自己的隐私，也不了解法律方面对于隐私保护的要求和条款。这些消费者即使关注自己的隐私，也很难充分评估潜在威胁，采取保护行为[64]。与此同时，有些用户也会对于自己控制信息和防止隐私泄露的能力过度自信和盲目乐观[65]。所以尽管他们也有较高水平的隐私关注，但依然在社交媒体上提供大量与隐私相关的信息。

9.4　社交媒体营销风险

9.4.1　用户数据泄露

社交媒体营销活动方便了品牌和媒体平台获取大量的消费者数据。原本这些数据是为了更好地为消费者提供服务的。但是，消费者却面临着这些数据在他们不知情的情况下被利用/分析，甚至被第三方获取的情况。消费者也不知道数据泄露给谁、泄露了多少，以及这些数据被用来做了什么。甚至有不法分子和机构通过售卖消费者数据牟利。

2018 年 3 月 Facebook 被爆出的大规模数据泄露事件就是一个著名案例。作为 Facebook 的裙带机构，剑桥分析公司在未经用户同意的情况下利用在 Facebook 上获得的五千万用户个人资料数据进行分析，并在 2016 年美国总统大选期间针对这些用户进行定向宣传。近年来，平台、营销公司、企业等都不时爆出数据泄露的报道。消费者也愈发关注社交媒体收集信息的合理性及保护信息安全的能力。2022 年，中国国家互联网信息办公室经过调查发现滴滴全球股份有限公司（互联网打车平台）存在多项违法收集信息、过度收集信息、未明确告知消费者情况下分析消费者数据等违法事实，于 7 月 21 日宣布对该公司处以 80.26 亿元罚款。

9.4.2　精准营销陷阱

精准营销（precision marketing）是指在精准定位消费者和充分市场细分的基础上，利用消费者数据和网络技术来建立个性化的消费者沟通服务体系，以激发品牌忠诚度和购买行为。精准营销依托收集到的消费者数据，对消费者进行画像（profiling）与定位，更加深入了解消费者，从而做到在适宜的时间和地点，以适宜的价格、通过适宜的沟通渠道，精准满足消费者需求。淘宝网站的个性化推荐就是一种精准营销方式。搜索引擎会通过买家在淘宝上的浏览和购买商品的数据对买家进行画像，然后据此对买家进行个性化商品推送，方便买家浏览与购买。例如，你在淘宝上浏览过自行车，再次进入淘宝时，首页就会推送自行车及骑行相关用品和产品。现在视频网站、微博等社交媒体都有自己的个性化推荐功能。精准营销模式虽然看起来能够提供更契合消费者需求的服务，其自身的技术手段以及部分企业对于技术的滥用却可能为消费者带来诸多风险。

信息茧房（information cocoons）是指人们依赖于自身的兴趣与偏好选择关注信息，从而将自己桎梏于像是蚕茧一般的"茧房"中。社交媒体的出现提供了海量的信息获取机会，其实为用户提供了大量的接触自己并不了解的信息的机会。但是个体搜集信息时会更加关注自己当前认可的，以及令自己感到愉悦的信息，最后可能演变成"我们只听我们乐意听到的声音"。精准营销中的画像技术和算法很可能形成过滤气泡（filter bubble），加剧信息茧房的形成。搜索引擎随时了解消费者的偏好，将消费者可能不认同的信息过滤掉，一方面打造了个性化的信息世界，另一方面也打造了一个缺乏多元化观点的"网络泡泡"让消费者陷入其中。

精准营销中，消费者很容易受到营销活动的诱导进行冲动性购买和过度消费。算法技术可以预测消费者期望的商品并进行频繁推送。消费者一打开手机应用程序或者网页就能够看到想要的东西，浏览产品精美的图片，伴随着欢快的背景音乐的介绍，很容易产生冲动性购买的行为。同时，平台在推送有吸引力的商品过程中，还推荐信用付和分期付等金融产品，进一步鼓励超前消费、过度消费和负债消费。这些营销手段对于消费者来说形成了很大的诱惑，甚至是风险。

上述提到的精准营销的阴暗面，很多都和消费者数据收集与使用及算法应用有关。目前，世界各国都已意识到这些问题并出台了若干法律法规对这些行为进行治理。在我国，自 2022 年 3 月起，国家网信办等四部门出台的《互联网信息服务算法推荐管理规定》开始实施，明确互联网平台要保障用户的算法知情权和保障用户的算法选择权，以维护消费者的合法权益和市场秩序。我们期待能出台越来越多、越来越完善的能够管理精准营销阴暗面的政策法规和治理措施。

9.4.3　其他风险

社交媒体营销活动也常常让消费者体验到过度营销。品牌可以通过多个社交媒体平台投放多种类型的广告，但这些广告却成了消费者的困扰。不仅打开应用程序就会看到诸多弹窗广告，观看视频新闻等也会要看到广告，还会遇到广告无法/难以关闭、广告伪装成其他内容骗点击、乱跳转等现象。

此外，流量造假也是社交媒体营销带来的风险之一。社交媒体营销业态的发展使得流量成了很多营销人员追求的目标，也滋生了流量造假的空间。直播、短视频等新媒体平台上流量造假现象频出，误导消费者并损害了消费者的经济利益。2022 年 3 月，中国信息通信研究院、中国广告协会、中国互联网协会联合发布《数字营销异常流量研究报告（2022年）》。报告指出2021年互联网广告异常流量占比10.1%。短视频、KOL等广告形式流量数据造假问题严重。报告进一步指出主要的异常流量数据来源分为三类：一是虚假粉丝，包括机器人、真人水军、僵尸粉等；二是虚假数据，主要包括无效的阅读量、点赞量、收藏量、转发量和评论量等；三是直播数据造假。

9.5　社交媒体营销的未来

过去二十几年，社交媒体营销通过搭载互联网技术的发展及大数据、算法技术的进步获得了爆发式的增长。主流的社交媒体的类型在发生变化，但不变的是营销者一直在利用社交媒体将广告和其他数字化形式的营销信息传递给消费者。随着社交媒体的成熟、网络技术的进一步发展及消费者心态的变化，我们要拓宽社交媒体营销的视野，展望社交媒体营销的未来会是怎样的。

未来的社交媒体营销将进一步结合VR及AR技术，提供感官刺激更为丰富的营销活动方式。AR技术能够提供更为真实的情景感受，允许现实与虚拟情境的交互。大家比较熟悉的AR技术可以追溯到宝可梦游戏（Pokemen Go）这种利用手机或者其他智能穿戴设备将虚拟和现实场景结合起来玩的游戏（图9-5）。宜家（IKEA）上线了IKEA place这款基于AR场景的应用程序，允许消费者利用自己的手机屏幕来体验将宜家家具放到他们居住的空间中会是什么样子，从而能更直观地感受产品是否和自己的居住环境相契合。VR技术则能够使用户脱离时空限制，更深入地沉浸在另一个（虚拟）情境中。例如，房产中介贝壳就推出了VR看房功能，利用3D重建技术为消费者还原真实的空间体验。消费者通过手机画面能够看到真实的房屋细节、尺寸、朝向、格局，还可以了解到周边的环境等信息（图9-6）。可以推测，未来的社交媒体营销活动会更多地利用整合这些AR和VR技术为消费者提供体验感更真实的服务。

图9-5　宝可梦游戏的AR应用

图9-6　贝壳的VR看房

在未来的社交媒体营销过程中，会有越来越多聊天机器人、机器和数字人等非人的加入。聊天机器人（bots）已广泛应用于多种营销服务场景，如售前和售后各类客户服务。聊天机器人对消费者态度与行为的影响将在下一章内容中介绍。数字人甚至成了知名KOL。Lil Miquela大概是最成功的数字人网红之一。2016年Lil Miquela才发布第一条网络动态，短期内就拥有了300万粉丝，被《时代》杂志评选为2018年"互联网最具影响力的25人"之一，为诸多知名品牌做模特。洛天依则是首位登上中国主流电视媒体的虚拟歌手。洛天依有 500 多万的微博粉丝和近 300 万的 B 站粉丝，是首个开启线下直播演唱会的国内虚拟偶像。此外，洛天依还参与过不少品牌代言，如肯德基、百雀羚、三只松鼠等。

除此之外，物联网、元宇宙等概念与技术的发展，都势必影响社交媒体的运行方式，甚至重新定义社交媒体。扎克伯格就在 2021 年 10 月 28 日宣布脸书改名为 Meta，即元宇宙 Metaverse 单词的前部。许多科技巨头已经开始进军这个全新的领域。可以确信的是，社交媒体营销将会迎来更多的发展与变化。

参考文献

[1] RUGGIERO T E. Uses and gratifications theory in the 21st century[J]. Mass Communication and Society. 2000: 3(1), 3-36.

[2] MILGRAM S. The small world problem[J]. Psychology Today.1967,1(1): 60-66.

[3] DUNCAN J W. Six Degrees: The Science of a Connected Age[M]. New York: W.W. Norton and Company, 2004.

[4] GRANOVETTE M S. The strength of weak ties[J]. American Journal of Sociology. 1973, 78(6): 1360-1380.

[5] ARAL S, WALKER D. Tie strength, embeddedness and social influence: a large-scale networked experiment[J]. Management Science. 2014, 60(6): 1352-1370.

[6] SHI Z, RUI H, WHINSTON A B. Content sharing in a social broadcasting environment[J]. MIS Quarterly.2014,38(1):123-142.

[7] BURT R S. Structural holes: The social structure of competition[M]. Cambridge: Harvard University Press, 1992.

[8] UZZI B. Social Structure and competition in interfirm networks: the paradox of embeddedness[J]. Administrative Science Quarterly. 1997, 42(1): 35-66.

[9] LI G, YANG X, XU W, ZHU Y. Social embeddedness and customer-generated content: the moderation effect of employee participation[J]. Journal of Electronic Commerce Research. 2017, 18: 245-253.

[10] FREEMAN L C. Centrality in social networks conceptual clarification[J]. Social Networks.1978, 1215-1239.

[11] COTTE J, NOSEWORTHY T Y. The role of network centrality in the flow of consumer influence[J]. Journal of Consumer Psychology. 2010, 20(1): 66-76.

[12] 贾建民，杨扬，钟宇豪. 大数据营销的"时空关"[J]. 营销科学学报, 2021, 1(1): 97-113.

[13] We are social, Hootsuite. Global report digital 2022[R]. New York: We are social ltd. 2022. https://wearesocial.com/blog/2022/01/digital-2022/

[14] 中国互联网络信息中心. 第 49 次中国互联网络发展状况统计报告[R]. 北京: 中国互联网络信息中心, 2022.

[15] TELLIS G J, MACINNIS D J, TIRUNILLAI S, et al. What drives virality sharing of online digital content? The critical role of information, emotion, and brand prominence[J]. Journal of Marketing. 2019, 83(4): 1-20.

[16] NOORT G V, VOORVELD H, REIJMERSDAL E. Interactivity in brand web sites: cognitive, affective, and behavioral responses explained by consumers' online flow experience[J]. Journal of Interactive Marketing. 2012, 26(4): 223-234.

[17] EAGLY A H, CHAIKEN S. Communication modality as a determinant of message persuasiveness and message comprehensibility[J]. Journal of Personality and Social Psychology. 1976, 34(4): 605-614.

[18] JIN S A A. The roles of modality richness and involvement in shopping behavior in 3D virtual stores[J]. Journal of Interactive Marketing. 2009, 23(3): 234-246.

[19] HAUTZ J, Füller J, Hutter K, et al. Let users generate your video ads? The impact of video source and quality on consumers' perceptions and intended behaviors[J]. Journal of Interactive Marketing. 2014,

28(1): 1-15.

[20] CHILDERS T L. Assessment of the psychometric properties of an opinion leadership scale[J]. Journal of Marketing Research.1986,23:184-187.

[21] FEICK L F, PRICE L L, HIGIE R A. People who use people: the other side of opinion leadership[C]. In R. J. Lutz (Ed.), Advances in consumer research. Provo, UT: Association for Consumer Research. 1986, 13: 301-305.

[22] 涂红伟, 严鸣. 国外消费者意见领袖研究述评与展望[J]. 外国经济与管理. 2014, 36(5): 32-39.

[23] HU M, CHAUDHRY S S. Enhancing consumer engagement in e-commerce live streaming via relational bonds[J]. Internet Research. 30(3): 1019-1041.

[24] SHORT J, WILLIAMS E, CHRISTIE B. The social psychology of telecommunications[M]. London: John Wiley and Sons, 1976.

[25] HASSANEIN K, HEAD M. Manipulating perceived social presence through the web interface and its impact on attitude towards online shopping[J]. International Journal of Human-Compute Studies. 2007, 65: 689-707.

[26] ZHANG M, LIU Y, WANG Y, et al. How to retain customers: understanding the role of trust in live streaming commerce with a socio-technical perspective[J]. Computers in Human Behavior. 2022, 127: 107052.

[27] ARNDT J. Role of product- related conversations in the diffusion of a new product[J]. Journal of Marketing Researching. 1967, 4(3): 291- 295.

[28] HENNIG-THURAU T, GWINNER K P, WALSH G, et al. Electronic word-of-mouth via consumer-opinion platforms: what motivates consumers to articulate themselves on the internet?[J]. Journal of Interactive Marketing. 2004, 18(1): 38-52.

[29] ROY G, DATTA B, MUKHERJEE S, et al. Systematic review of eWOM literature in emerging economy using ACI framework[J]. International Journal of Emerging Markets. 2022,Vol. ahead-of-print No. ahead-of print. https://doi.org/10.1108/IJOEM-08-2021-1313.

[30] BROWN J, BRODERICK A J, LEE N. Word of mouth communication within online communities: conceptualizing the online social network[J]. Journal of Interactive Marketing.2007, 21(3):2-20.

[31] 潘建林, 汪彬, 董晓晨. 基于 SICAS 消费者行为模型的社交电商模式及比较研究[J]. 企业经济. 2020, 39(10): 37-43.

[32] TAFESSE W. An experiential model of consumer engagement in social media[J]. Journal of Product and Brand Management. 2016, 25(5): 424-434.

[33] LEE D, HOSANAGAR K, NAIR H. Advertising content and consumer engagement on social media: evidence from facebook[J]. Management Science. 2018, 64: 5105-5131.

[34] HOLLEBEEK L. Exploring customer brand engagement: definition and themes[J]. Journal of Strategic Marketing. 2011, 19(7): 555-573.

[35] MOORMAN C, DESHPANDE R, ZALTMAN G. Factors affecting trust in market research relationships[J]. Journal of Marketing. 1993, 57(1): 81-101.

[36] MORGAN R M, HUNT S D. The commitment-trust theory of relationship marketing[J]. Journal of Marketing. 1994, 58(3): 20-37.

[37] SANTINI F DE O, LADEIRA W J, PINTO D C, et al. Customer engagement in social media: a framework and meta-analysis[J]. Journal of the Academy of Marketing Science. 2020, 48: 1211-1227.

[38] GAVILANCES J M, FLATTEN T C, BRETTEL M. Content strategies for digital consumer engagement in social networks: why advertising is an antecedent of engagement[J]. Journal of Advertising. 2018, 47(1): 4-23.

[39] ALGESHEIMER R, DHOLAKIA U M, HERRMANN A. The social influence of brand community: evidence from European car clubs[J]. Journal of Marketing. 2005, 69(3): 19-34.

[40] ASHLEY C, TUTEN T. Creative strategies in social media marketing: an exploratory study of branded social content and consumer engagement[J]. Psychology and Marketing. 2015, 32(1): 15-26.

[41] CHENUG C M, SHEN X L, LEE Z W, et al. Promoting sales of online games through customer engagement[J]. Electronic Commerce Research and Applications. 2015, 14(4): 241-250.

[42] WONG H Y, MERRILEES B. An empirical study of the antecedents and consequences of brand

engagement[J]. Marketing Intelligence and Planning. 2015, 33(4): 575-591.

[43] BABIN B J, DARDEN W R, GRIFFIN M. Work and/or fun: measuring hedonic and utilitarian shopping value[J]. Journal of Consumer Research. 1994, 20(4): 644-656.

[44] PANSARI A, KUMAR V. Customer engagement: the construct, antecedents, and consequences[J]. Journal of the Academy of Marketing Science. 2017, 45(3): 294-311.

[45] 谢毅, 高充彦, 童泽林. 消费者隐私关注研究述评与展望[J]. 外国经济与管理. 2020, 42(6): 111-125.

[46] MALHOTRA N K, KIM S S, AGARWAL J. Internet users' information privacy concerns (IUIPC): the construct, the scale, and a causal model[J]. Information System Research. 2004, 15(4): 336-355.

[47] 杨姝, 王渊, 王刊良. 互联网环境中适合中国消费者的隐私关注量表研究[J]. 情报杂志. 2008, (10): 3-6.

[48] BENAMATI J H, OZDEMIR Z D, SMITH H J. An empirical test of an antecedents-privacy concerns-outcomes model[J]. Journal of Information Science. 2017, 43(5): 583-600.

[49] MILTGEN C L, HENSELER J, GELHARD C, et al. Introducing new products that affect consumer privacy: a mediation model[J]. Journal of Business Research. 2016, 69(10): 4659-4666.

[50] BANSAL G, ZAHEDI F M, GEFEN D. The impact of personal dispositions on information sensitivity, privacy concern and trust in disclosing health information online[J]. Decision Support System. 2010, 49(2): 138-150.

[51] HONG W Y, CHAN F K Y, THONG J Y L. Drivers and inhibitors of internet privacy concern: a multidimensional development theory perspective[J]. Journal of Business Ethics. 2021, 168: 539-564.

[52] PHELPS J, D'SOUZA G, NOWAK G J. Antecedents and consequences of consumer privacy concerns: an empirical investigation[J]. Journal of Interactive Marketing. 2001, 15(4): 2-16.

[53] WRIGHT S A, XIE G X. Perceived privacy violation: exploring the malleability of privacy concerns[J]. Journal of Business Ethics. 2019, 156(1): 123-140.

[54] OZDEMIR Z D, SMITH H J, BENAMATI J H. Antecedents and outcomes of information privacy concerns in a peer context: an exploratory study[J]. European Journal of Information Systems. 2017, 26(6): 642-660.

[55] JANAKIRAMAN R, LIM J H, RISHIKA R. The effect of a data breach announcement on customer behavior: evidence from a multichannel retailer[J]. Journal of Marketing. 2018, 82(2): 85-105.

[56] TSAI J Y, EGELMAN S, CRANOR L, et al. The effect of online privacy information on purchasing behavior: an experimental study[J]. Information System Research. 2011, 22(2): 254-267.

[57] BAEK T H, MORIMOTO M. Stay away from me: examining the determinants of consumer avoidance of personalized advertising[J]. Journal of Advertising. 2012, 41: 59-76.

[58] CHOI H, PARK J, JUNG Y. The role of privacy fatigue in online privacy behavior[J]. Computers in Human Behavior. 2018, 81: 42-51.

[59] MOSTELLER J, PODDAR A. To share and protect: using regulatory focus theory to examine the privacy paradox of consumers' social media engagement and online privacy protection behaviors[J]. Journal of Interactive Marketing. 2017, 39: 27-37.

[60] SMITH H J, DINEY T, XU H. Information privacy research: an interdisciplinary review[J]. MIS Quarterly. 2011, 35(4): 989-1016.

[61] LAUFER R S, WOLFE M. Privacy as a concept and a social issue: a multidimensional developmental theory[J]. Journal of Social Issues. 1977, 33: 22-42.

[62] DEBATIN B, LOVEJOY J P, HORN A K, et al. Facebook and online privacy: attitudes, behaviors, and unintended consequences[J]. Journal of Computer-Mediated Communication. 2009, 15(1): 83-103.

[63] PENTINA I, ZHANG L, BETA H, et al. Exploring privacy paradox in information-sensitive mobile app adoption: a cross-cultural comparison[J]. Computers in Human Behavior. 2016, 65: 409-419.

[64] BAEK Y M. Solving the privacy paradox: a counter-argument experimental approach[J]. Computers in Human Behavior. 2014, 38: 33-42.

[65] CHO H, LEE J S, CHUNG S. Optimistic bias about online privacy risks: testing the moderating effects of perceived controllability and prior experience[J]. Computers in Human Behavior. 2010, 26(5): 987-995.

即测即练

自学自测  扫描此码

第 10 章

人工智能与消费者行为

◇ **本章要点**

本章的主要学习目标包括：
1. 熟悉人工智能的发展阶段和应用场景；
2. 理解影响消费者接受人工智能应用的主要因素；
3. 掌握人工智能应用对消费者决策的影响和作用机制；
4. 了解人工智能普及的社会影响和潜在风险。

◇ **开篇案例**

无人酒店的发展和挑战：日本海茵娜酒店和杭州菲住布渴酒店

2015 年，洲际酒店集团（HIS）在日本长崎县的荷兰主题公园豪斯登堡内，开设了全球第一家以机器人为主题的"古怪酒店"——海茵娜酒店（Henn na Hotel）。海茵娜酒店有三个前台接待"人员"，分别为美女和恐龙机器人（图 10-1），都通晓日语和英语，能够与顾客进行日常沟通。酒店内还有大约 200 多台不同类型的机器人为顾客服务，有的打扫卫生，有的负责搬运行李，还有的负责在吧台调酒。除此之外，仅有 7 名"真人"员工协助整个酒店的运行，管理着酒店的 72 间客房。旅客入住酒店不需要与任何人交流，通过酒店的人脸识别系统就能够自由进出。客房里也是各种智能设备的天下，如躺在床上喊一声"开灯"，灯光就会自然亮起的智能电灯。

图 10-1　日本海茵娜酒店的机器人服务员
资料来源：https://www.hennnahotel.com/ginza/zh-tw/concept/

海茵娜酒店迎合了"无人化潮流"，利用机器人来缓解日本日渐凸显的"用工荒"。此外，使用服务机器人，可以极大地降低酒店对各类不同员工进行培训的时间和精力成本，提高了运营效率。海茵娜酒店的运营成本仅为同等规模酒店的 1/3 到 1/4，投资回报率达到 20%[1]。因此，洲际酒店集团于 2018 年在日本东京西葛西又开设了第二家机器人酒店。

然而，这样的经营状况并没有一直延续。随着时间的推移，顾客们逐渐发现酒店机器人反应落后，只能回答简单的问题，并且在执行如调整室内温度和照明等简单任务时，表现远远不及预期。更为重要的是，随着设备和系统的老化，越来越多的机器人员工出现问题。例如：大堂的舞蹈机器人经常罢工，四仰八叉地躺在地上；房间的助理机器人有时会因顾客睡觉打鼾而叫醒顾客，或者因无法正确理解客人的需求而与客人吵架；行李机器人的老化，让它们效率变得低下，只能完成原本行李输送工作量的 20%。

由于高昂的升级成本、维修成本，以及越来越差的工作效率，酒店在 2019 年时不得不做出"开除"约 50% 的机器人员工的决定，仅保留了部分表现还不错的机器人，并重新招聘了人类员工来提供服务。酒店管理人员也承认基于现有的技术水平，有许多工作是机器人无法取代的，但未来仍然会将更多的资金投入到酒店机器人和人工智能技术升级上。

2018 年 12 月，由阿里巴巴集团投资开发的"菲住布渴"酒店（FlyZoo Hotel）在杭州正式营业，这也是我国第一家无人智慧酒店。顾客可以通过"菲住"手机 App 进行在线预订，并且通过 App 内嵌套的全景技术 360 度浏览酒店房间的布局和设备，选择自己喜爱的房型。如果顾客驾车抵达酒店，还可以通过 App 快捷停车服务，添加车牌后直接进入酒店专属停车场停车，简单方便。

用户到达酒店大堂后，将由机器人引导至自助机器上刷卡登记入住。入住后，机器人利用人脸识别确认用户身份后，会引导客人前往相应的电梯。电梯内的无感体控系统会识别客人身份并抵达预订房间所在楼层。在客房门口，客人通过人脸识别打开房门，保障了用户的隐私，提高了酒店的安全性。用户也可以选择在手机上通过 App 的面部识别技术，不用一分钟就可以快速完成"刷脸入住"。在酒店入住期间，用户开启 Facekey 人脸识别后，就可以实现全场景"刷脸"，无障碍使用酒店的就餐、休闲、健身等服务。（图 10-2）

房间内的设备也全部可以通过智能语音交互操作。例如，用户可以通过天猫精灵下达指令，控制客房内电视、灯光、空调、窗帘等设备。用户退房，只需要在菲住 App 上一键点击，无须等待查房。完成退房后，酒店启动定位系统通知附近的清洁人员前去打扫，从而实现更好的人员规划并节约人力成本[2]。菲住 App 同时还提供开具电子发票、点餐、预约客房服务等多种功能。

图 10-2　菲住布渴酒店内的送餐机器人（左）和调酒机器人（右）

资料来源：https://www.orissapost.com/welcome-to-flyzoo-hotel-here-robots-take-order-and-mix-cocktails/

开业之后，"菲住布渴"酒店受到了大量的关注并吸引了很多顾客前往打卡。然而，在顾客表示酒店"很酷""设施齐全""方便快捷"等优势的同时，也反映了酒店"科技感不强""服务很差""没有人情味"等问题。此外，尽管使用了大量的服务机器人和人工智能设施，用以降低运营成本，但是酒店高昂的价格还是让不少顾客望而却步。

综上，基于当前的技术水平，定位为"无人服务"或者"机器人服务"的新型智慧酒店，在考虑利用机器节约运营成本、提高运营效率的同时，还需要思考如何给顾客提供高质量、有温度的服务体验来保证酒店的长期发展和维持良好的顾客关系。

10.1 人工智能的诞生和发展阶段

人工智能学科（artificial intelligence，AI），最早源于科学家艾伦·图灵（Alan M. Turing）于 1950 年提出的"图灵测试"概念。"图灵测试"是用于确定计算机是否达到人类大脑智商的方式。具体来讲，当一台计算机和一个人或几个人在共同接受一位人类裁判的提问时，当这位人类裁判无法分辨哪个是人类哪个是计算机时，那么这台计算机就具备了"智力"。

1956 年夏，美国学者约翰·麦卡锡（John McCarthy）、马文·闵斯基（Marvin Minsky）、克劳德·香农（Claude Shannon）、艾伦·纽厄尔（Allen Newell）、赫伯特·西蒙（Herbert Simon）等，以及来自 IBM 公司和贝尔实验室的多位计算机专家，在达特茅斯学院（Dartmouth College）召开了一次为期 2 个月的研讨会，探索"如何用机器模拟人的智能"，并首次提出"人工智能"这一概念，也标志着人工智能学科的诞生。而提出人工智能这一名称的约翰·麦卡锡教授，则被誉为"人工智能之父"。人们也普遍用 1956 年作为人工智能的元年。

目前，对于人工智能的定义尚未统一，根据研究领域、研究内容的不同，定义的侧重点也不同。在营销和服务领域，人工智能被定义为机器或算法具有模仿人类解决问题和学习行为的能力，如认知能力、理解能力和学习能力等，从而使计算机系统能够自动从经验中学习并执行类人任务[3,4]。具体而言，人工智能学科是研究开发能够模拟、延伸和扩展人类智能的理论、方法、技术及应用系统的一门新的技术科学，研究目的是促使机器实现会听（语音识别、机器翻译等）、会看（图像识别、文字识别等）、会说（语音合成、人机对话等）、会思考（人机对弈、定理证明等）、会学习（机器学习、知识表示等）、会行动（机器人、自动驾驶汽车等）[5]等技能。

根据人工智能执行的任务，人工智能可以划分为四个类型：只具备自动执行常规和重复任务能力的机械智能（mechanical intelligence）、能够处理和分析数据的分析智能（analytical intelligence）、能够凭借思考能力灵活地处理各种特殊情况的直觉智能（intuitive intelligence），以及能够识别和分析人类的情绪并做出适当情绪反应的同理心智能（empathetic intelligence）。[6-8]

一般而言，人们普遍认为人工智能自出现以来，经历了三次高潮两次低谷（图 10-3），而当前我们正处于人工智能快速发展的第三次浪潮中。[9]

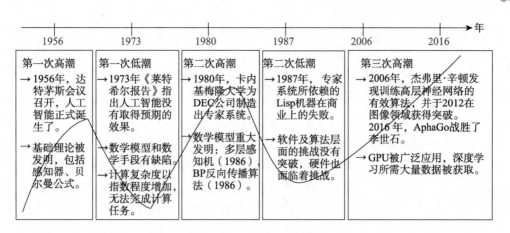

图 10-3　人工智能发展阶段和重要事件

资料来源：孙松林.5G时代：经济增长新引擎[M]. 北京中信出版集团，2019.

10.1.1　第一次高潮：1956年—20世纪60年代末

1956年，人工智能学科出现后，即迎来了发展的第一次高潮。在此后的十多年里，专家学者和从业人员在机器学习、定理证明、模式识别、问题求解、专家系统，以及人工智能语言等领域不断深耕，取得了显著的成果。在此期间，人们研制出了具有基础学习功能的感知机、实现了机器数学定理证明、编制了问题求解模型、并开发了专家系统和自然语言计算机程序，为人工智能学科的发展打下了基础。

1969年举办的国际人工智能联合会议（International Joint Conferences On Artificial Intelligence，IJCAI）和1970年创办的国际性人工智能杂志 *Artificial Intelligence*，都标志着这门学科得到了世界的认可，并对学科的前期发展有极大的促进作用。在此期间，也生产了越来越多的可以用于生产制造、移动的机器人。例如，1968年，由美国斯坦福研究所研发的机器人 Shakey，通过传感器装置，能够根据人的指令发现并抓取物品，尽管当时控制它的计算机有一个房间那么大，Shakey 还是被认为是世界第一台智能机器人。

10.1.2　第一次低潮：20世纪70年代

尽管经过十余年的努力和发展，人工智能学科在基础理论、程序设计语言，以及机器识别等方面有了一定的进展。但是由于当时计算机的算力和硬件条件限制，以及数学模型和计算手段的不完善，尤其是人工智能在大数据、复杂数据处理方面的不足，学科的发展没有取得突破性的进展。1973年，英国著名的数学家詹姆斯·莱特希尔（Sir James Lighthill），在政府部门的指派下对英国 AI 研究进行了相关的调查，并发表了历史上赫赫有名的《莱特希尔报告》（*Lighthill Report*）。在这项报告中，莱特希尔以十分严厉的口吻指出，AI 领域的任何一部分都没有能实现最初的很多设想，也没有取得当时承诺的影响力，并对当时的计算机技术、语言处理技术和图像处理技术都进行了严厉的批评。自从这份报告问世，包括英国在内的世界上很多国家，都停止或者减少了对人工智能产业的投入，引发了 AI 发展史上的第一次寒冬。

10.1.3 第二次高潮：20 世纪 80 年代

经历了第一次低潮期的沉寂，人工智能领域的专家认真反思并不断总结经验和教训，以及计算机硬件提升而带来的算力提升，带动了人工智能发展的第二次浪潮，人工智能开始运用在地质勘探、医疗诊断、信用卡认证等领域。例如，美国 DEC 公司推出的各类专家系统（expert system），能够帮助客户提供协助诊断、辅助决策等，在提高效率的同时为顾客节约了大量的资金和人力成本。而地矿勘探专家系统 PROSPECTOR，则为客户勘探出了价值超过 1 亿美元的矿藏。1987 年，日本早稻田大学研究团队推出了第一款可以自行阅读曲谱弹奏电子琴，且可以与人直接沟通的机器人 Wabot-2。各种专家系统的成功，以及人形机器人的进步，让人们越来越清楚地意识到人工智能可能运用的方向，并激发了大量以知识为中心的人工智能理论研究和实践探索。

10.1.4 第二次低潮：20 世纪 90 年代初—21 世纪初

然而，人工智能的发展，并没有自此一帆风顺。到了 20 世纪 80 年代后期，人们发现各类专家系统的局限性很强，无法做到大范围的推广和应用，这也导致了专家系统所依赖的 Lisp 机器没有成功商业化。在具有通用性的人工智能程序研究上遇到的阻碍，也导致了人工智能又一次步入低谷。更为重要的是，1992 年日本政府宣布对第五代计算机（即智能计算机）的研发计划失败，让人工智能的发展雪上加霜。

尽管在 1997 年，IBM 开发的超级电脑"深蓝"（Deep Blue），战胜了当时的世界国际象棋棋王加里·卡斯帕罗夫（Garry Kasparov），在一定程度上展示了人工智能的潜力并吸引了大众的目光（1996 年，"深蓝"第一次对阵加里·卡斯帕罗夫以失败告终）。但是 20 世纪 90 年代末和 21 世纪初的因特网泡沫，导致大量互联网和科技公司的市值大幅缩水，以及投资的减少，导致了人工智能的相关研究进入了第二个低潮期。

10.1.5 第三次高潮：21 世纪初—2016 年

随着因特网泡沫的逐渐复苏，同时依托于新的算法模型及网络普及带来的海量数据，人工智能的研究迎来了又一次高潮。2006 年，加拿大科学家杰弗里·辛顿（Geoffrey E. Hinton）创造性地将基于神经网络的"深度学习"（deep learning）带入到人工智能的研究与应用中，很快成为各大互联网公司采用的核心技术，极大地促进了人工智能的发展。深度学习的采用，使计算机的运算能力再次获得质的飞跃，使得和人工智能相关的各种技术发展得更快。

随着深度学习的广泛采用和算力的极大提升，人工智能在 2010 年后大踏步前进。例如，2011 年 IBM 研发的沃森机器人（Watson）参加了美国最受欢迎的智力竞猜节目《危险边缘》（Jeopardy），击败了其他人类选手，成了最后的冠军。沃森机器人的数据处理和分析模式，能应用在医疗领域、在线自助服务、电话支持等领域，极大地扩展了人工智能的应用广度。2014 年，由俄罗斯团队研发的智能聊天程序"尤金·古斯特曼"（Eugene Goostman），在英国皇家学会举行的"图灵测试"大会上，首次通过了图灵测试，这预示着人工智能进入全新时代。2016 年，由谷歌研发的运用了深度学习的超级电脑"AlphaGo"，在围棋这个项目上击败了世界冠军柯洁和李世石，进一步展示了人工智能的超强运算能力，也成了人工智能发展史上的一次标志性事件。

10.1.6　新的发展：2016 年至今

2017 年，在国际电信标准组织 3GPP RAN 第 78 次全体会议上，5G NR 首发版本正式发布，并推出了 5G 官方标志。此后，韩国、美国、中国等逐渐颁发 5G 牌照，实现了5G 的商业化运营。截至 2022 年 6 月，我国已经建成 5G 基站 161.5 万个，5G 移动电话用户数超过 4 亿，成了全球最大、最活跃、最具潜力的数字服务市场。5G 系统的开发和应用，极大地推动了大数据、云计算、互联网、物联网等信息技术的发展，也带动了以深度神经网络为代表的人工智能技术飞速发展。5G 系统优秀的数据处理和传输能力，也进一步推动了人工智能技术的商业场景化落地，使其从实验室和工厂走向日常工作和生活。

随着人工智能技术的提升，以智能识别、自然语言处理、智能机器人、虚拟现实、自动驾驶等为代表的人工智能应用，实现了从"不能用、不好用"到"可以用"的技术突破，并朝着"更好用"继续发展。例如，2017 年，由中国香港汉森机器人技术公司（Hanson Robotics）开发的高度类人机器人——索菲亚与世人见面。它拥有人类女性的外表，仿真橡胶皮肤，能够表现出超过 62 种面部表情，也可以识别人类表情，并与人进行眼神接触和直接交流。索菲亚也被人们称为第一个"机器人公民"，仿真机器人成为未来机器人研究的一个新的方向。

2020 年，脸书 CEO 马克·扎克伯格（Mark Zuckerberg）宣布，脸书将从一家社群媒体公司转变为一家"元宇宙"（Metaverse）公司，并认为"元宇宙"将是科技公司和人工智能的未来。为凸显其决心，扎克伯格还将公司的名称改为 Meta（社交平台不更名）。这一新举措，将"元宇宙"这一概念推向一个新的高潮，吸引了大量的科技公司、网络游戏公司，以及政府机构进入这一赛道。在"元宇宙"的构思下，未来的人工智能将通过结合社交媒体、在线游戏、AR、VR 和加密货币（non-fungible token，NFT）等技术和应用，实现视觉、声觉、触觉等感官输入叠加到现实环境中，让用户可以进行与真实类似的虚拟互动。政府和企业对"元宇宙"这一产业的重视与投资，也意味着"元宇宙"拥有良好的发展前景。摩根士丹利公司预计，到 2030 年"元宇宙"潜在市场空间将超 8 万亿美元。

10.2　人工智能技术的主要应用场景

随着运算能力和运算模型的改进，以及相关硬件的提升，越来越多的人工智能设备和应用走进了人们的日常生活，如智能识别、人工智能推荐、智能诊断、智慧家电、自动驾驶、服务机器人等[10]。2020 年疫情暴发后，出行不便造成的人员缺口，以及保持社交距离激发的"无人化""无接触式"服务的需求，进一步促进了人工智能技术的研发及应用场景推广。

10.2.1　智能识别

人们认识世界，91%是通过视觉来实现。因此，人工智能开发的一大重点是计算机视觉，其最终目的是让计算机能够像人一样通过视觉来认识和了解世界。目前计算机视觉最广泛的应用包括人脸识别、商品识别和语音识别[10]。

其中，人脸识别（face recognition）是一种依据人脸图像进行身份识别的生物特征识别技术。人脸识别的研究始于 20 世纪 60 年代，与虹膜识别、指纹识别等生物特征识别技术相比，人脸识别具有更便捷、更高效、更易普及的优点。如图 10-4 所示，人脸识别过程一般包括：①人脸检测——将人脸从图像中检测出来；②人脸关键点检测——从检测到的人脸中检测关键点（landmark；如眼睛、鼻子、嘴巴等）；③人脸对齐——根据人脸关键点，将人脸"扭正"；④人脸特征提取——把"扭正"的人脸照片送进特征提取网络，产生特征向量（如 128 维、512 维的特征向量）；⑤人脸比对——将人脸特征和图库里面存储的人的特征向量进行比较。最后，在比对结果的基础上，输出人脸识别结果，如是否是公司员工、是否是证件持有人等。

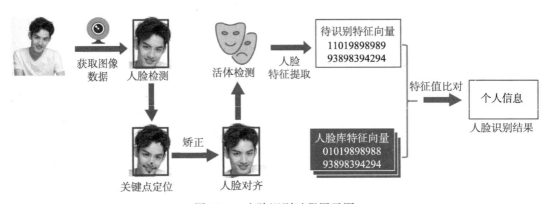

图 10-4　人脸识别过程展示图

资料来源：https://t.cj.sina.com.cn/articles/view/2286037382/8842298602000usny

近年来，基于卷积神经网络和深度学习的人脸识别方法受到了广泛研究，其中如何提取强判别性的特征仍然是人脸识别的关键步骤。[11]当前人脸识别技术常用特征值是基于 Dlib-ml 特征关键点，包括脸部长和宽、左右眼角的位置、瞳孔的大小、鼻尖等等（图 10-5）。人脸识别技术现在已经广泛使用在门禁系统、身份核验、客流量统计、考勤记录、人员预警（如犯罪嫌疑人警示）、安检系统、无人销售、刷脸支付等场景中，大大节约了人力和时间成本，并且保证了极高的识别准确度。根据蚂蚁金服的工作人员介绍，当前支付宝"刷脸支付"的精确度已经达到了 99.99%，高于肉眼识别的 96.52%。

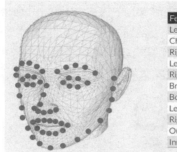

Feature	Point range
Left jaw line	0-7
Chin	8
Right jaw line	9-16
Left eyebrow	17-21
Right eyebrow	22-26
Bridge of nose	27-30
Bottom of nose	31-35
Left eye	36-41
Right eye	42-47
Outer edge of lips	48-59
Inner edge of lips	60-67

图 10-5　Dlib-ml 人脸识别特征关键点示意图

资料来源：King D E. Dlib-ml: A machine learning toolkit[J]. The Journal of
Machine Learning Research, 2009, 10: 1755-1757.

图像识别（image recognition）是人脸识别的一个扩展，是指利用计算机对图像进行处理、分析和理解，以识别不同模式目标和对象的技术。2009 年，普林斯顿大学的华人学者李飞飞（Fei-fei Li）带领团队建立了全球第一个超大型图像数据库 ImageNet，供计算机视觉研究使用[12]。这个数据库包含超过 120 万个图像，从属于 1000 多个不同的类别，都被手工标记。首先，人工智能程序会基于这 120 万个图像进行学习和训练，然后建立起相应的预测模型，再使用新的图像对模型准确率进行验证。

2012 年时，杰弗里·辛顿（Geoffrey E. Hinton）教授和他的两个学生亚历克斯·克里泽夫斯基（Alex Krizhevsky）、伊利娅·苏特斯科娃（Ilya Sutskever），利用深度神经网络建立新的预测模型（AlexNet），在 15 万个测试图像中，预测的头五个类别的错误率约为 15.3%[13]，在当年的 ImageNet 的图像识别竞赛中排名第一，准确率远高于排名第二的日本团队的 26.2%。这也成为人工智能技术突破的一个转折点。此后几乎所有参加 ImageNet 比赛的团队都使用了神经网络技术，不断降低图片识别的错误率，并于 2017 年下降至 5%。2015 年来自微软亚洲研究院（Microsoft Research Asia，MSRA）的团队尝试了一种称为"深度残余学习"（deep residual learning）的算法，使用了深达 152 层的神经网络，创造了头五个类别的识别错误率3.57%的新低，这个数字已经低于一个正常人的大约 5%的错误率，标志着人工智能图像识别技术的突破性发展。

随着运算设备的提升和运算模型的改进，图像识别技术不断克服图片折叠、变形、遮挡等严重干扰，不仅在识别准确率上有了显著提升，也不断改进其在内存占用、参数设置、操作时间、操作次数、推理时间、功耗等方面的表现。当前图像识别技术，已经被广泛应用于商品识别、场景识别、路线导航等微观领域，也被应用在天气预报、环境监测（如火灾预警、环境污染监测）、生理病变诊断等，还被应用于军事领域（如打击目标识别）。在日常生活中，人们常用的搜索引擎"图片搜索"功能，以及电子商务平台的"找同款"或"商品识别"等功能也已经受到越来越多消费者的欢迎（图 10-6）。

语音识别（speech recognition），也被称为自动语音识别（automatic speech recognition，ASR），是一种让机器识别、理解语音信号，并转化成相应的文本或者命令的技术，并最终实现"能听会说、能理解能思考"。语音识别的相关研究最早可以追溯到 20 世纪 50 年代，早期主要集中于音节和独立单词的识别，直到 20 世纪 80 年代开始转向连续、大量语句的识别，并取得了突破性进展。20 世纪 90 年代后，语音识别技术开始实用化，与其他技术结合进行实用产品开发。进入 21 世纪后，语音识别技术和算法不断提升，识别准确率也显著改进。2015 年，谷歌语音的单词错误率降到了 8%（普通人一般错误率约为 4%），首次突破 10%这个界限，也意味着语音识别进入了一个新的阶段。

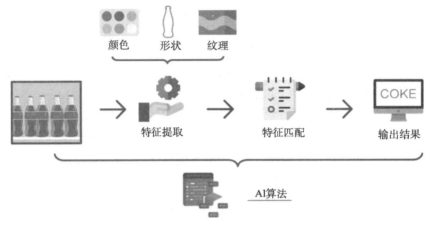

图 10-6　商品识别过程示意图
资料来源：http://www.swbd.cn/cont_qy.ASP?WZBH=72763

当前，语音识别技术现在已经逐渐扩展为语音输入（包括手机、电脑等）、机器人对话、语音内容转化、实时语音转录等，并且被应用在智能家居（智能音箱）、智能办公（录音笔）、智慧驾驶（车载语音系统）、智慧教育（学习机）、智慧电信（智能客服）、智慧政务（政策咨询）、公安司法（如声纹识别）等不同领域。2019 年，微信推出语音转文字功能，并且同时支持普通话、粤语和英语三种语言转化，也是语音识别技术应用的一个典型案例。截至 2020 年，我国的智能语音市场规模超过 200 亿元，其中以科大讯飞、百度、腾讯、阿里巴巴、搜狗等企业表现最为亮眼。以科大讯飞为例，当前其语音识别技术在安静环境中错误率仅为 2%，在高度嘈杂和干扰环境中错误率为 30.5%，处于全球领先水平。科大讯飞语音输入还支持多达 23 种方言，其中粤语、四川话、东北话等识别率均已超过 90%，同时也支持中英混合输入和识别。

10.2.2　人工智能推荐

随着互联网的发展与普及，人们在享受网络资源带来极大便利的同时，也受到信息碎片化与信息超载的困扰，即人们发觉很难在海量的信息中找到满足自己真正需求的内容。虽然通过百度、谷歌等搜索引擎的关键字或者图片搜索功能可以满足大众的简单需求，但无法满足个性化与定制化的用户需求。因此，人工智能推荐或者个性化推荐系统应运而生，成为当前解决"信息超载"问题的主流方法。智能推荐系统，一般通过收集用户个人信息和行为日志等数据，分析用户的偏好并向其推荐感兴趣的信息或者商品。

当用户在网站平台注册时，不可避免会留下个人的基本信息。而在网页上浏览商品或者下单购买时，相关电子商务平台（如京东、淘宝、天猫等）会自动记录用户的浏览记录、购买记录、购物车、收藏商品等信息，从中挖掘和预测出用户的潜在需求与消费习惯，并基于此预测将相关商品精准地推荐给用户，从而真正地实现个性化和精准推荐。[14]同时，系统也会不断学习用户对于不同的个性化推荐不仅可以满足用户的个性化需求，提升用户忠诚度，并且更容易将潜在的用户转变为真实客户，提高商业利益。

当前的人工智能推荐系统，在电子商务平台、音乐视频网站、在线广告、社交网络、个性化阅读等领域都有了广泛的应用[15]。具体而言，在购物和娱乐平台常见的"猜你喜欢"，新闻资讯平台的"您可能感兴趣"，搜索引擎网站的"您是不是在找"，社交网站的"您可能认识"等标识，甚至使用输入法时的"拼音联想或者笔画联想"都是人工智能推荐算法的体现。

当前常用的推荐产生方法有：基于人口统计学的推荐（demographic-based recommendation）、基于内容的推荐（content-based recommendation），以及两者结合的基于协同过滤的推荐（collaborative filtering recommendation）等[16]。

其中，基于人口统计学的推荐，也被称为基于用户的推荐，指的是系统对每个用户，基于其人口统计信息：包括年龄、性别、位置、教育水平、收入水平、职业、政治倾向、亲密关系等，建立个人档案（profile），然后再根据与系统中其他用户的相似度来进行产品或者信息推荐。例如，社交网站很有可能会向你推荐你的校友、居住在同一栋楼里的人、参加过同一场音乐会的人做你的新朋友。由于这种推荐方法，仅基于用户个人信息，不依赖于推荐的产品或情境特征，因此可以在不同的领域使用。同时，也避免了因为缺乏用户前期浏览或者购买信息而不知道如何进行推荐的"冷启动"（cold start）问题。当然，这种推荐方法相对粗糙，不适用于个性化需求较高的推荐情境。

基于内容的推荐，则是根据用户以往的喜好记录，包括浏览记录、消费记录、点赞记录、转发记录等，然后基于物品或者信息之间的特征，建立起用户喜爱物品的特征库或者标签库，并基于此给用户推荐相似的物品和信息。基于内容推荐的一个常用场景是电影推荐。电影网站会基于用户过去的观看记录，对其偏好电影的类型（如爱情片、动作片）、风格（如古典主义、现实主义）、演员、导演、国别、年代等信息，然后给用户推荐 TA 可能喜欢的新电影。如果能够对平台物品建立起一个具体、有效地描述元数据库，如请专业人员对所有音乐进行编码，那么这种推荐方式的整体效果较高。但是，这也意味着这种推荐方法的质量依赖于物品模型的完整性和推荐模型的精准度。同时，由于只考虑了物品的特征，而忽视了人的因素，对新用户而言容易出现"冷启动"的问题。

基于协同过滤的推荐系统，是综合用户个人信息和内容显示反馈信息，筛选出目标用户可能感兴趣的内容进行推荐[16]。以亚马逊购物平台（Amazon.com）为例，基于物品协同过滤推荐系统，平台会先找到并分析目标客户打分比较高的物品，然后利用物品模型计算物品之间的相似度，最终将与高评分物品类似的物品作为推荐列表[17]。同理，平台也可以基于目标客户的个人信息，寻找到相似度高的其他用户，并向其推荐该相似客户打分较高的物品。这两种方法一般被称为基于物品的协同过滤和基于物品的协同过滤（图 10-7）[18]。这也意味着，用户可以通过不断地和推荐平台互动，如给所选物品打分、给浏览视频点赞、对某个话题表示不感兴趣等行为，使自己的推荐列表能够不断过滤掉自己不感兴趣的物品，从而使得推荐越来越满足自己的需求。

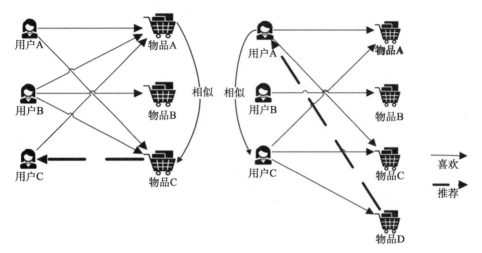

图 10-7　基于物品（左）和基于用户（右）的协同过滤推荐系统
资料来源：赵俊逸，庄福振，敖翔，等. 协同过滤推荐系统综述[J].
信息安全学报，2021, 6(5): 16-34.

协同过滤推荐系统相比于其他推荐系统，具有较好的可解释性，能够发掘出用户新的兴趣点，但随着用户和物品的规模增大，相似度准确率的计算会降低，从而影响推荐效果。这也是除"冷启动"之外，协同过滤推荐的另外一个主要问题：稀疏性，即由于用户和物品数量过于庞大，导致项目重叠数量过少（如用户 A 和用户 B 之间没有购买过任何相似物品），从而影响了推荐效果。随着计算机运算能力的提升，以及更加精准的推荐模型的构建，基于深度学习的个性化推荐系统不断完善，既能够节约用户的搜索时间和精力也提高了用户体验。

10.2.3　智能诊断

1. 疾病诊断

医学人工智能是指 AI 理论技术在医学领域的应用，亦称人工智能医疗。而在诸多应用中，又以 AI 医学影像诊断最受关注。AI 医学影像诊断，是人工智能在医学影像辅助诊断中的应用，特别是在智能影像识别、智能辅助个性化诊断、人机交互辅助诊断、精准治疗辅助决策等方面起到核心支撑作用。

在我国的人工智能医疗领域，AI 医学影像诊断获得的投资金额最高、投资轮次最多。根据 Global Market Insights 的统计数据，AI 医学影像诊断是人工智能医疗领域第二大细分市场，预计到 2024 年市场总规模将达到 25 亿美元。其中，腾讯医疗、联影智能、依图医疗、西门子医疗等企业已经研发出多款具有核心竞争力的 AI 医学影像诊断产品，甚至开发了集成化的诊断云平台。不过当前大多数产品尚处于临床试点应用阶段,获得美国 FDA 认证、欧盟 CE 认证或中国 NMPA 医疗器械证的产品仍十分稀少。

2020 年年初全球爆发的新冠疫情，进一步推动了 AI 智能诊断的发展，尤其是对于 CT 影像的诊断。2021 年期间，市场上关于 AI 医学诊断产品的种类中，以新冠肺炎 CT 诊断最多，其次是胸部 X 光片、肺部结节、肺癌、心脏病等的诊断。例如，澳门科技大学基于来自中国胸部 CT 影像研究联盟的 444034 幅 CT 影像进行训练、交叉验证和测试，研发了一款适用于临床的新冠肺炎 AI 诊断系统，能够基于肺部 CT 影像对 COVID-19 肺炎进行精确诊断、量化和预测。通过与放射科医师的诊断结果进行比较，该系统的诊断达到了中高级医师的诊断水平，极大地节约了人力成本，并提高了诊断准确率。[19]

2. 风险诊断

近年来，随着大数据、云计算、人工智能、区块链等新技术的应用，商业银行都在向数字化、智能化转型，金融科技在拓展客户、改进服务、防控风险、增强竞争力等方面发挥着积极作用。智能风控作为金融科技在金融领域最主要的应用之一，也受到广泛重视。智能风控以大数据场景化为基础，以云计算和人工智能为技术依托，应用于前端获客、授信审批、贷后管理等工作环节，通过规则嵌入、建立模型、智能判断、自动纠错升级等环节，精准获客、智能管理，以降低运营成本，有效防控风险[20]。

例如，招商银行 2016 年上线的智能风控平台"天秤系统"，目前可以实现在 30 毫秒内对疑似欺诈交易做出判断并拦截，将盗用金额比例降低至千万分之八，帮助客户拦截电信诈骗金额超过 18 亿元，大大节约了风控成本也提高了风控效率。腾讯公司开发的"云天御"智能风控平台，服务于中国银行、华夏银行等十多家银行，可以基于不同的风控场景（如信贷、交易、营销等），定制不同的风控方案，并提供如交易反诈、活动防刷等服务，且都已经取得了很好的效果。

10.2.4　虚拟现实与增强现实

1. 虚拟现实

虚拟现实即 VR 是一种人与计算机生成的虚拟环境之间可自然交互的人机界面。它综合了计算机图形技术、多媒体技术、网络技术、人机交互技术、传感器技术、立体显示技术及仿真技术等多种科学技术。使用户通过 VR 设备，就可以和虚拟现实进行交互。

VR 从 20 世纪 60 年代左右开始萌芽，并于 1972 年出现了第一款交互式电子游戏 Pong。直到 1984 年，美国 NASA-AMES 研究中心开发出了用于火星探测的虚拟环境视觉显示器后，VR 这一概念和相关研究得到了重视和发展[21]。进入 20 世纪 90 年代后，VR 技术被逐渐应用于航空航天、飞机制造、汽车制造等领域。例如，1993 年波音公司将虚拟 VR 应用于 777 机型的设计开发上，使得设计错误修改量减少了 90%、研发周期缩短了 50%、成本降低了 60%。

相比于其他的技术手段，VR 技术具有浸入性、交互性和构想性三个特征。基于三维建模软件、VR 开放平台等软件，通过图像和视频输入和输出设备，让用户沉浸其中，获得更好的体验和效果。VR 技术的前景十分广泛，目前，在军事、教育、医疗、室内设计、娱乐等领域均有亮眼的表现[22]。随着研究的不断深入，VR 技术未来可应用的领域将会越来越多。

2. 增强现实

增强现实即 AR，一般被认为是虚拟现实的一个扩充，是通过将计算机生成的虚拟信息叠加到真实环境中，来丰富人们与现实世界和数字世界的互动，以达到超越现实的感官体验[23]。1968 年，美国科学家伊万·萨瑟兰（Ivan Sutherland）使用光学透视头戴式显示器开发出了世界上第一套增强现实系统，命名为"达摩克利斯之剑"（The sword of damocles）。1992 年，波音公司的两位工程师汤姆·考德尔（Tom Caudell）和大卫·米泽尔（David Mizel）正式创造了"增强现实"这一名词，意指"将计算机生成的材料叠加于真实世界之上"，但当时该技术主要用于帮助图解和组装各种复杂的电路板。

2000 年，世界上第一款室外 AR 游戏——ARQuake，由来自南澳大利亚大学的布鲁斯·托马斯（Bruce Thomas）团队发布。该游戏利用用户自身的位移和一些简单的界面输入，来实现在户外的真人游戏对战。2016 年由任天堂、宝可梦公司，以及谷歌旗下的 Niantic 实验室联合制作开发的现实增强对战类游戏《宝可梦 GO》，在全球掀起了 AR 游戏热潮。

随着智能手机等移动设备的不断更新，越来越多的 AR 应用程序被开发出来，并已被广泛应用于游戏、军事、教育、医疗和零售等领域[24]。与此同时，谷歌眼镜（Google Glass）的研发和商业化，将 AR 的发展重心从移动设备（如手机）转向了可穿戴设备（wearable devices），推动 AR 技术更加直接地呈现在用户眼前。

10.2.5 自动驾驶/无人驾驶

对于自动驾驶的研究，最早可以追溯到 20 世纪 70 年代初。自动驾驶汽车，也被称为无人驾驶汽车，与传统的人类参与驾驶的车辆不同，主要通过车载传感系统，包括相关智能软件及多种感应设备，感知车辆周围环境，并根据感知所获得的道路、车辆位置和障碍物信息做出判断，控制车辆的速度和转向，实现车辆自动、安全、可靠地在道路上正常行驶。从图 10-8 中可以清晰地看出，自动驾驶硬件系统主要包含感知模块、自动驾驶计算机、供电模块、信号通信模块、执行和制动模块。五个模块利用摄像装置、超声波传感器、雷达、卫星导航系统和控制系统等部件，协同合作完成环境感知、定位导航和自动驾驶等不同功能[25]。

按照自动化程度，我国和世界上多数国家将自动驾驶分为五类：驾驶辅助（driving assistance，DA）、部分自动驾驶（partial automation，PA）、有条件自动驾驶（conditional automation，CA）、高度自动驾驶（high-level automation，HA）、完全自动驾驶（full automation，FA）[26]。无人驾驶汽车，突破了传统的以驾驶员为核心的模式，在一定程度上提高了行车的安全性和稳定性，可以降低交通事故的发生率，并且能够减少尾气排放和能源损耗，具有极高的经济效益和社会效益，是未来智慧城市发展的重要组成部分。目前，以谷歌、特斯拉、奔驰、宝马等国外公司为主的无人驾驶汽车研发团队，在关键技术可行性和实用性方面取得了突破性的进展，并在市场规则方面也取得了较好的成果。

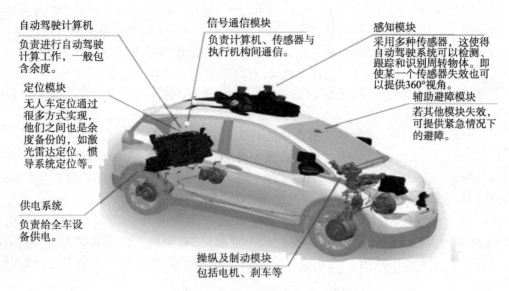

自动驾驶计算机
负责进行自动驾驶计算工作，一般包含余度。

定位模块
无人车定位通过很多方式实现，他们之间也是余度备份的，如激光雷达定位、惯导系统定位等。

供电系统
负责给全车设备供电。

信号通信模块
负责计算机、传感器与执行机构间通信。

操纵及制动模块
包括电机、刹车等

感知模块
采用多种传感器，这使得自动驾驶系统可以检测、跟踪和识别周转物体。即使某一个传感器失效也可以提供360°视角。

辅助避障模块
若其他模块失效，可提供紧急情况下的避障。

图 10-8 自动驾驶汽车硬件系统架构
资料来源：吴琦，于海靖，谢勇，等. 人工智能在自动驾驶领域的应用及启示[J].
无人系统技术，2019, 2(1): 23-27.

我国的无人驾驶汽车的研究起步较晚，最早源于 1989 年国防科技大学研究出的首辆智能小车。随着各大高校和科研机构，以及百度、上汽、奇瑞等相关企业加大在无人驾驶领域的研发投入，我国的无人驾驶汽车的研发将得到稳定而快速的发展。同时，工信部等部门于 2018 年出台了《智能网联汽车道路测试管理规范（试行）》，对无人驾驶测试主体、测试驾驶人、测试车辆等提出要求，进一步规范化自动驾驶汽车测试，促进行业有序发展。例如，上汽研发的"享道"、百度研发的"Apollo 阿波罗"、小马智行研发的"小马 Pony"自动驾驶出租车已分别于上海、苏州、广州、北京等多个城市完成试点运营，正式进入商业化运营阶段。

10.2.6 社交机器人

随着科技的发展，服务机器人正在逐渐进入日常生活，而其中又以社交机器人最受关注。社交机器人作为一种具有社会智能的服务型机器人，其最终目的是能够在人类环境中与人进行自然、有效的人机交互，并通过赋予其情感化和人性化的特征，给人以相应的情感交互体验[27]。这也意味着，在机器人提供各种功能性服务的基础上（如识别和诊断），人们也越来越看重其带来的情感体验及其背后的情感内涵。

按照社交机器人的典型代表和主要特点，一般将社交机器人的发展历程划分为以下五个阶段。

第一阶段：20 世纪 60 年代（能聊天的社交机器人）
1966 年，美国麻省理工学院教授约瑟夫·魏泽堡（Joseph Weizenbaum）开发了世界上第一个社交机器人 Eliza。Eliza 本质上来说并不是机器人，而是一个电脑程序，最初被赋予了虚拟心理治疗师的角色。Eliza 可以通过扫描对话中的关键词，并基于脚本库给这些关键词配上对应词，再返回给提问人。在这个过程中，Eliza 可以识别提问人的情绪（如悲伤），并给予反馈（如"听到你说的，我很难过"）。而且当她无法找到合适的对应词来回答问题时，Eliza 还会利用"请你说详细点可以吗？"，或者"这很有意思，请继续"来避免穿帮。因此，很多人都无法快速地发现这是一个电脑程序，甚至有些病人对 Eliza 的信任超过了人类医生[①]。

第二阶段：20 世纪 70 年代（有态度的社交机器人）

1972 年，在 Eliza 的基础上，精神科医生肯尼斯·科尔比（Kenneth Colby）在斯坦福大学开发出了第二款社交机器人 Parry。不同于 Eliza 扮演的是一位心理医生，Parry 则扮演的是一名具有妄想症人格特点的患者。相比于 Eliza 的语言程序，Parry 的语言系统更加复杂和先进，也被称为"有态度的 Eliza"。例如，如果聊天对象的怒气值很高，Parry 的回复也会有敌意。整体而言，在 20 世纪 70 年代，社交机器人与人类的沟通效果有了一定程度的提升，但是由于资金短缺和技术遭遇瓶颈，相关产品的探索进展缓慢。

第三阶段：20 世纪 80—90 年代（有情感的社交机器人）

进入 20 世纪 80 年代后，对于社交机器人的研究逐渐从"让有躯体的机器人更智能"转向"让有情感的机器人更智能"。例如，1988 年开始研发，并于 1997 年推出的聊天机器人 Jabberwacky，拥有更加强大的记忆和储存能力，因而通过对话整理了庞大的资料库。更为重要的是，Jabberwacky 聊天机器人不再简单地基于规则或者脚本这类"硬性规则"来进行对话，而是能够在沟通过程中基于得到的反馈不断改进，表现出一定的学习能力。

同一时间，理查德·华莱士（Richard S. Wallace）博士开发出了 Alice 系统，拥有庞大的语料库，可以基于模式匹配技术和用户进行对话，也被称为是 20 世纪最先进的社交机器人，并于 2000 年、2001 年和 2004 年三次获得了人工智能"图灵测试"的勒布纳奖（The Loebner Prize）。1997 年，美国麻省理工学院教授罗莎琳德·皮卡尔提出了"情感计算"的概念，并认为要让社交机器人与人类自然交互，必须有识别情感和表达情感的能力，即"情感智能"（emotional intelligence），这也为社交机器人的研究指明了新的方向。

第四阶段：2000—2010 年（能模仿表情并表达情感的社交机器人）

在这一阶段，社交机器人领域的研究主要以基于开放域的知识问答系统技术等为主，而针对垂直领域进行情感劳动的社交机器人则比较少。其中以英国埃克塞特郡人工智能公司于 2006 年研制出的智能交互机器人"乔治"最为出众。"乔治"不仅可以陪来宾聊天，而且能做出很多酷似人类的姿势和表情，如点头、微笑、生气等，以及敲桌子等动作。"乔治"的出现，代表了相关技术达到模仿人类交流的全新阶段，同时也获得了"勒布纳奖"。

[①] 来自百度百科：ttps://baike.baidu.com/item/%E8%89%BE%E4%B8%BD%E8%8E%8E/9030600.

第五阶段: 2010 年至今 (融入日常生活的社交机器人)

从 2010 年至今,能够彻底改变人们生活方式的社交机器人开始大量出现,在不同领域代替人类进行情感劳动。其中,最具有代表性的是 2010 年和 2012 年相继问世的语音个人助理 Siri (搭配苹果手机和其他穿戴设备)和 Google Now (搭配 Chrome 浏览器)。之后,微软亚洲公司于 2014 年发布了虚拟对话机器人"微软小冰"。2015 年,亚马逊公司推出了 Alexa 语音助手,微软公司推出了 Cortana "微软小娜"语音助手[28]。

在中国,最具代表性的社交智能机器人是由小米公司于 2017 年 9 月推出的人工智能语音助手"小爱同学",搭载在小米电视机、小米 AI 音箱、小米手机等众多小米生态链产品上。"小爱同学"能够通过语音对话帮助用户实现信息查询、日常聊天、协同唤醒/响应、智能提醒、AI 翻译等功能,并且可以定制声音和性格,最新版本还支持粤语对话。自身附带的机器学习功能,能够让"小爱同学"在不断的沟通中学习成长,实现更加智能的对话体验。"小爱同学"在市场上取得了很好的客户反馈,截至 2021 年 8 月,"小爱同学"月活跃用户突破 1 亿人。AI 智能语音助手这一赛道也吸引了越来越多的科技公司。例如,百度公司于 2018 年 3 月推出了自主研发的"小度"助手智能屏音箱,持续多年保持全球智能屏出货量第一及中国智能音箱出货量第一的领先地位。

随着家用智能设备的普及,社交机器人或者 AI 智能助手,正不断影响着人们生活和工作的方方面面,扮演着知识问答、事件提醒、协同操作等不同角色。

10.3 影响消费者对人工智能接受意愿的因素

技术变革往往带来了各种形式的消费变革,如电子商务、电子支付、人工智能推荐 (AI recommendation)、AR、无人化服务 (humanless service)等。尽管这些变革在给商家带来益处的同时(如更低的运营成本),也提高了消费者的效用(如节约决策时间),人们往往还是需要一定的激励才会接受并使用他们。

接受意愿 (willingness to accept)是指个体对某些事物的态度、意愿和心理过程,消费者的接受意愿是个人实际购买行为的关键决定因素。随着人工智能商业化进度的不断提升,越来越多的人工智能技术从"幕后"(如生产)走向"台前"(如接待),与员工和顾客进行直接接触。因而,对消费者人工智能接受和使用意愿的影响因素的研究,有着重要的理论和实践意义。

10.3.1 技术接受模型

技术接受模型 (technology acceptance model,TAM)是研究个人对技术的态度和接受行为最具代表性的理论,最早由美国学者 Fred D. Davis 在 1989 年提出 (图 10-9)[29]。作者认为决定人们接受或拒绝某项技术的因素主要有两个:一是感知有用性 (perceived usefulness),即使用某项技术对个人工作绩效提高的程度;二是感知易用性 (perceived ease of use),即使用某项技术的容易程度[30]。这两个感知价值正面影响了消费者的态度、行为意向和最终的技术使用行为。

图 10-9　技术接受模型

资料来源：鲁耀斌，徐红梅. 技术接受模型及其相关理论的比较研究[J]. 科技进步与对策，2005, 22(10): 176-177.

与传统技术和应用相比（如电脑和电子商务），人工智能技术的主要区别在于智能化与类人化。因此，在技术接受模型的基础上，有学者提出了 AI 设备使用接受度理论模型（AI device use acceptance model），加入了享乐动机、社会规范、人文交互等影响用户接受人工智能设备的因素（见图 10-10）[31]。可见，就人工智能产品而言，消费者感知的娱乐性（如享受、生动）和社会性（如互动感）都是影响其接受意愿的重要因素[32]。此外，拟人化程度和感知亲和力也是消费者是否接受人工智能助手或者服务机器人的重要因素[33,34]。当然，由于当前技术的发展水平，人工智能在很大程度上无法做到 100%替代人类服务，有时甚至无法正确地识别用户的问题和需求，因此人工智能所提供服务的可靠性也是影响用户接受意愿的一个重要因素。

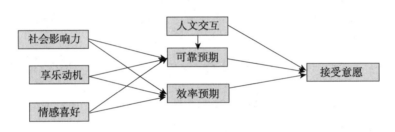

图 10-10　AI 设备使用接受度理论模型

资料来源：王林，荆林波. 用户对人工智能设备的接受意愿研究[J]. 产业经济评论，2020(3):93-106.

此外，基于技术–任务匹配度（task-technology fit）相关理论，研究发现人们对于人工智能的接受程度还取决于当下任务的特征，即技术与任务越匹配，则用户的接受意愿越高[35]。当然，任务与技术的匹配程度，其实也会受到用户本身的技术准备水平（technology readiness）的影响。用户本身的技术水平更高，则对于功能更多的人工智能有更高的接受水平。

消费者对人工智能的接受意愿程度也随着执行任务类型的不同而变化。例如，人们普遍认为人工智能的认知灵活性不如人类，所以当人工智能从事高创造性的任务时，消费者使用人工智能的意愿较低[36]。同样，当某项任务的主观性更高时，消费者会认为人工智能是不足以被信任和依赖的，这是因为消费者认为算法不足以被执行主观型任务所需的能力[37]。在最新的研究发现中，有学者指出针对功能型的产品，人们更相信人工智能的信息处理和分析能力，因而更愿意接受其推荐；而针对享乐型的产品，人们会更相信人类的感知

经典与前沿研究　10-1
机器口碑效应

和评价，从而对人工智能推荐表示拒绝[38]。

10.3.2 恐怖谷理论

消费者对于人工智能的抵抗或者反感，在很大程度上源于人们对于社交和人类接触（human touch）的追求和需要[7]。因而，作为应对，企业和技术人员一直试图通过改善自动化应用的社交水平，如赋予机器人类的特征（如外貌、身形、声音、表情等）来提升其拟人化程度（anthropomorphism）[3]，进而提高消费者的接受意愿。例如，研究发现更加可爱的、类人的脸部设计，更加自然的对话沟通能力，以及更强的情绪理解和共情能力都能够提升人们对于人工智能设备的接受程度[39]。当然，也有学者指出，对机器拟人化程度的感知会受到个体的认知需求、效能动机和社会动机的影响，即并不是每个用户感知的拟人化程度都一样[40]。

尽管大量的研究和实践都表明，人工智能设备和应用的拟人化程度越高，人们的接受意愿也更高。然而，也有研究表明，当某一个人工智能设备或者机器人，与人类的相似度达到一定程度时，会导致人们产生反感、不适等负面情绪，即恐怖谷现象（the uncanny valley）。恐怖谷理论，是由日本机器人学者森政弘（Masahiro Mori）在1970年首次提出的[41]。森政弘认为机器人与人类在部分外表和动作上相似，所以人会对机器人产生正面的情感，而当机器人与人类的相似度到一定程度，但未能达到栩栩如生时，人们对机器人的反应会突然从共情转变为厌恶。

如图10-11所示，人类对机器人好感度显著下降的这个拟人化范围就被称为"恐怖谷"。"恐怖谷"产生的主要原因是当机器人拟人程度较高时，其非拟人特征也会变得非常显眼。而一旦人们意识到看起来真实的机器人实际上是人工的，就会体验到一种怪异的感觉。当然，如果机器人和人类的相似度持续上升至二者看起来几乎没有区别时，人们对于机器人的情感反应则会再度回升。基于恐怖谷理论，高度拟人化特征可能唤起人们对于机器人和设备的怪异感，甚至厌恶感（eeriness and revulsion），从而引发相应的负面反应。

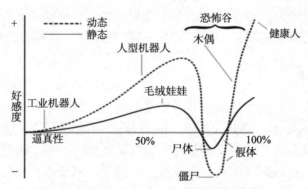

图 10-11 恐怖谷理论

资料来源：MORI M, MACDORMAN K F, KAGEKI N. The uncanny valley [J]. IEEE Robotics and Automation Magazine, 2012, 19(2): 98-100.

恐怖谷现象的出现，不仅体现在人类对外形高度类人的机器人的反感，也体现在对能够像人类一样思考，甚至有自我意识的机器人或者人工智能的反感。这种对高级人工智能的焦虑和威胁感，在很多电影和文学作品中都有所体现。例如，1999 年上映的电影《黑客帝国》，讲述了当人工智能拥有自我意识后，控制人类意识为自己服务，甚至杀害主动反抗的人类的故事。尽管电影最终以人类反抗取得成功结尾，但是和其他大部分人工智能作品（如机械公敌、机械姬、西部世界等）类似，人类最终都与拥有了自我意识的人工智能走上了对抗的道路，这也在一定程度上反映了人们对于人工智能的担忧和恐惧。

10.3.3　身份威胁

技术提升和人工智能应用普及所形成的社会环境和社会规范，进一步提高了人们对人工智能技术的接受和使用。然而，尽管人工智能在许多消费领域具有明显的成本、效率和质量的优势[38]，但也不总是被消费者接受。很多人担心人工智能的存在会威胁人类存在的意义，这种对人工智能的焦虑会降低人们对人工智能的接受意愿[42]。例如，高度类人的服务机器人有时也会被认为威胁到了人们的"人类身份"（human identity）感知。[43]在这种情况下，消费者会更多地参与到炫耀性消费（conspicuous consumption，如购买奢侈品）和补偿性消费（compensatory consumption，如摄入高热量的食物）中，以重塑个人的价值来应对感知的身份威胁[44]。当用户在游戏过程中从具有类人特征的数字助手获得帮助时，助手拟人化的外观会破坏游戏玩家的自主意识，导致消费者对该助手的喜爱度降低[45]。

此外，消费者对于能够从事与他们的职业、爱好相关工作的自动化设备的接受意愿更低，因为这类设备会对他们的身份认知（identity recognition）造成威胁[46]。具体来说，当机器能够替代人类的付出和努力时，人们往往很难将相关的能力进行内部归因（internal attribution），从而削弱了个人感知的价值。例如，专业的烘焙师，往往认为用料、火候和时间把握等能力是无可替代的也是其重要的身份象征，那么他们会更不愿意购买自动烹饪机。同理，一位对于自身的驾驶技术十分看重的人，也会更少地选择自动驾驶汽车。[53]在工作场所中，引入人工智能导致的工作变动和职业地位丧失，也会激发人们对于 AI 身份威胁的认知，从而导致一些抵制行为，如算法厌恶等。[47]

10.3.4　个性化忽视

影响人们对于人工智能产品或服务的接受意愿的另外一个重要因素是感知的个性化忽视（uniqueness neglect）。感知独特性（perceived uniqueness）是很多心理学理论的核心内容。人们总是认为他们的观点、信念、态度、技能、个性，以及处理问题的方法等都是与众不同的，这也是感知个人价值的重要来源[48]。对于感知独特性的追求是一个非常强烈的个人动机，而一旦有外部因素对个人感知独特性造成威胁，人们会感到焦虑，并远离这些威胁因素或者参与到一些能够重新塑造他们独特性的行为中。

而人们认为人工智能在进行信息处理和诊断，并做出推荐或者结论时，往往是基于固定的计算模型或者算法，或者是基于普通大众的平均水平，而无法像人类一样考虑到独特的情境特征（如给他人挑选礼物而不是自用）和个体特征（如病人对某种药物过敏），因而其结论往往忽视了个体的独特需求。以医疗人工智能技术为例，研究指出人们认为 AI 医生无法像人类医生一样关注到每个病患的独特症状，无法提供最佳的解决方案，因此更不愿意接受 AI 医生的诊断服务，即使被告知 AI 医生诊断的准确率更高[46]。当然，人工智能的这种标准化的无差别对待，有时候也被认为是好的，因为弱势群体和少数族裔表示在接受机器人的服务时，他们感受到更少的歧视[49]。

综上，尽管科技发展和人工智能应用普及所形成的社会环境和社会规范，进一步提高了人们对人工智能技术的接受度和使用率，但更多的证据表明人们还是对人类员工提供的服务评价更高，并愿意为此支付更高的价格，即使人工智能可以提供与人类同等水平甚至更好的服务和判断。例如，人们更加愿意相信一名真正的医生而不是电脑程序提供的处方[50]，更愿意看朋友推荐的而不是系统推荐的电影和书籍[50]，更加重视人类专家给出的建议，而不是统计模型[51]。并且，在 AI 和人类专家都犯了同样的错误后，人们会更快地对 AI 系统失去信心[52]。因此，想要消费者接受并使用人工智能产品和服务，除了让人工智能技术更智能、更有效率、使用更方便外，还需要找到降低消费者对人工智能反感和焦虑等负面情绪，以及认为人工智能忽视个性化需求的方法。

经典与前沿研究 10-2　不确定情境与人工智能接受意愿

10.4　人工智能对消费者的影响

10.4.1　人工智能应用对消费体验的影响

随着科技的发展，人工智能应用（如人脸识别、虚拟现实、自动驾驶等）和智能机器人（如配送机器人、医疗机器人等），不仅可以支持企业幕后的生产和物流工作，也可以执行传统意义上由人类员工进行的台前活动，如顾客接待、路线引导、娱乐互动等[4]。消费者与机器和人工智能的直接互动，很大程度上改变了他们的消费体验及与服务提供商的关系，而这种改变通常被认为是有益的[6,54]。例如，自助付款机减少了消费者购物所需的时间和精力，[59]酒店和餐厅中使用的服务机器人，增加了客人感知享乐性和服务价值，尤其是当机器人的拟人化程度较高时[55]。整体而言，研究指出零售和服务环境中的人工智能应用提高了消费体验的便捷性、娱乐性、互动性和信息生动性（information vividness），进而提高了人们的满意度、重购意愿和幸福感[56,57]。

此外，越来越多的零售商们也开始采用数字屏幕技术，帮助顾客进行商品推荐和搭配建议，在降低消费者购物精力投入的同时也提升了消费体验。例如，日化美妆零售品牌"屈臣氏"从 2019 年开始不断推进其数字化程度（图 10-12），安装了很多数字智能屏幕和智慧柜台。搭配肌肤测试仪，数字智能屏幕可以显示顾客的肌肤测试分析报告，并推荐符合需求的产品。而当顾客拿起智能货架的任何一件商品时，该商品的具体信息和使用方法也会展示在智能屏上，帮助顾客快速地了解产品并做出正确的决策。

图 10-12　屈臣氏店内的韩束智能货架
资料来源：https://www.digitaling.com/projects/65372.html

尽管机器和程序在不断地替代人类提供相关服务，然而现有的人工智能技术水平还无法真正做到 100%替代人类，而低水平的人工智能服务可能会导致更差的服务体验和较低的客户满意度。如开篇案例中提到的日本海茵娜机器人酒店。又如在 2018 年第一家店开业之后，截至 2022 年 6 月，亚马逊在美国仅有 25 家无人超市，远低于其最初预计 4 年内开设 3000 家无人超市的目标。

亚马逊无人超市遇冷的原因是多方面的：①"免结账即走"型人工智能超市的基础投入较高。例如，第一家亚马逊超市的前期投入约为 400 万美元，占到运营成本的 40%，而后期的维护和管理费用也价格不菲；②尽管技术不断提升，店内的人工智能设备还是会出现各种问题，最常见的是无法正确地识别某件商品，尤其是类似的商品或者反复挑选和放回的商品，导致账单错误；③也有不少顾客表示对于店内安装的大量摄像头表示不适，并且完全无人的消费过程也缺乏"人情味"。

在我国，不少无人便利店和无人超市在最初的热潮过后，也遇到了发展瓶颈。除了存在与亚马逊无人超市类似的问题外，无人便利店在选品方面也有更多的限制，尤其是无法提供大量的生鲜品类。同时，当前无人便利店主要以开放式无人货架、无人售卖机/盒子为切入点，以扫码进入和自助结账技术为基础，在科技创新感和购物体验感方面并没有显著提升。而以"海底捞无人餐厅"为代表的智慧餐厅或机器人餐厅，在试运初期的新奇感褪去后，多数因顾客反映体验不佳，而不得不聘用服务人员，无法真正实现"无人服务"。

10.4.2　人工智能对消费者心理和动机的影响

近年来越来越多的学者开始关注人工智能，尤其是与人工智能进行互动，对消费者心理和动机的独特影响。首先，不少研究表明，当人们在与机器或者人工智能交流的时候，会将它们想象为一个人，赋予他们一些人类独有的特征（如性别、个性、国籍等），并遵循人际关系的部分规则与其进行互动[58]。例如，当机器人向实验人员打招呼并主动握手后，人们会更愿意帮助机器人将摆放在它们行进路线上的障碍物挪开，即表现出更多的帮助行为[59]。

然而，更多的证据表明人与机器或者人工智能之间的互动，与人与人之间的互动有本质上的区别。首先，研究发现人们在与机器（人）交流的时候，相比于和其他人沟通时，会更少地使用"我们"等关系词汇，交流的时间也更短[60]。这也意味着，尽管人们会基于人际交往的方式与机器人交流，但是人们也清楚地知道这并不是一个人类，因而很难建立起和人类交流时的亲密关系。其次，在独裁者博弈游戏中（the dictator game）①，人们会将更多的钱分配给另外一个人类玩家，而更少的钱分配给机器人玩家。而这种区别并不会随着机器人拟人化程度的提高而有所下降[61]。这也意味着，人们在与机器人相处时，会表现出更少的利他行为。再者，当看到机器人受到暴力对待时，尽管人们对于受害的机器人也表达出同情，但是相比于看到人类受到暴力对待的视频时更低[62]。总的来说，尽管人们认为机器（人）具有一些人类的特质，但是相比于人与人之间的沟通，人们在与机器人或者人工智能互动时，会表现出更低的情感联系、信任、利他和同情。

此外，人工智能应用（如智能家居、人工智能推荐等）使用过程中的流程化、标准化操作，一方面提高了工作效率并简化了决策流程，另一方面也削弱了人们感知的自主性和控制力[63]。例如：人工智能推荐能够很好地解决信息过量、选择过多的问题，帮助消费者快速地做出选择；但是由于人工智能推荐在很多情况下是基于消费者过去的购买记录，或者与之相似的顾客的购买物品，从而导致消费者更少思考自己真实的偏好，或者有更少的机会尝试不一样的产品或服务，反而损害了消费者的福利。另外，也有研究发现，使用人工智能和机器人提供的服务，而不是与真实的服务人员互动，降低了消费者感知的社会联结（social connectedness），从而导致了更少的亲社会行为，因此在一定程度上也对社会福祉有负面影响[64]。

此外，受限于当前的技术水平，人工智能应用在使用过程中往往会出现技术不稳定、不够智能等问题，存在一定的服务失败风险。但是当人工智能出现服务失败时，消费者表现出更少的批评和更低负面口碑传播动机，因为人们会更少地将服务失败归因于人工智能而更多地归因于企业自身，即人们认为人工智能并没有为自己行动负责的能力[65]。

综上，消费者在使用人工智能的过程中，展示出的抵抗倾向、焦虑、感知威胁等负面情绪，很大程度上是源于人们对于社交或者人类接触（human contact）的需求[7]。作为应对，研究人员试图通过改善人工智能体验的社交水平和自动化社交临场感（automated social presence，ASP），来削弱人机互动过程中的负面体验和心理抵抗[66]。例如，增强机

---

① 独裁者游戏是由心理学家丹尼尔·卡内曼（Daniel Kahneman）及其合作者于 1986 年首次提出的。在这个游戏中，有两个玩家一起参与。其中一个人扮演独裁者的角色（the dictator），而另外一个人则扮演接受者的角色（the receiver）。独裁者会决定是否要将实验人员分配给 TA 的一个分值（代表相应的金钱数量）的一部分分给另外一位游戏参与人员。由于扮演接受者身份的人只能选择接受独裁者的决定，且两人在之后不会有其他的接触，因此独裁者的分配决定在一定程度上反映了 TA 的利他行为（altruistic behavior）。

器人的外表吸引力（如可爱）、沟通能力（如语音识别）和共情能力（如情感识别），都可以提高顾客对人工智能的信任和感知温暖，进而提高交互体验[6,67]。尽管对机器人拟人化程度的感知，也可能受到个体的认知需求、效能动机和社会动机的影响[39]，以及高度拟人化可能造成"恐怖谷效应"和"身份威胁"等后果，拟人化仍是提高人工智能接受意愿和交互体验的重要手段。

10.5　人工智能的社会影响

10.5.1　就业威胁

自从第一次工业革命开始，人类就不断在自动化、智能化的道路上前行，从最初的蒸汽机、蒸汽船，到现在的机器人、人工智能，都是为了帮助人们从简单重复（如抄写）、重体力（如搬运）及危险的（如污染治理）工作中解脱出来。相比于人类，机器往往效率更高而成本更低，因为它们可以工作更长的时间、速度更快，并且可以避免一些简单的错误。

随着人工智能技术的发展和硬件支持能力的提升，人工智能技术应用的范围已经不仅限于传统的生产制造、物流运输等幕后工作，而是也在不断向零售、服务、咨询、教育、金融、医疗、社会安全等领域拓展，并开始执行越来越多原本只能由人类完成的工作，而这也意味着更高的失业威胁。例如，麦肯锡咨询公司的研究报告显示，预计到2030年，人工智能在美国将会替代人类员工从事大量的数据收集和处理工作，并贡献约19.2万亿工作小时数，这也意味着有大量相关的从业人员可能失业或者需要调整工作内容[68]。麦肯锡全球研究院甚至预计到21世纪中叶，约有49%的传统工作岗位将被人工智能替代，其中大部分是人员密集型和劳动密集型工作。

美国学者尼古拉斯·埃贝尔斯塔特（Nicholas Eberstadt）在其2016年出版的书籍*Men without Work*中也指出，按照当前的自动化和人工智能发展速度，到2050年约有24%的25～45岁的美国男性失业[69]。技术革新不仅导致了更少的工作机会，而且还进一步拉低了传统岗位的工资。例如，一项研究发现，美国通勤区（commuting zones）每千人拥有机器人数量对该地区的就业人口比例和平均时薪有显著负面影响[70]。

我国拥有14亿的庞大人口基数，这为我国最初基于劳动密集型的工业化转型提供了强大的支持，然而随着自动化和人工智能的发展，这也将对我国的产业结构调整和就业带来新的挑战。艾瑞咨询公司《2021年中国人工智能产业研究报告》指出，人工智能相关技术已经在政府、金融、互联网、医疗、交通、零售、教育、制造等多个领域进行了应用和尝试，并且在风控和安全、人机对话交互、远程作业、管理调度、运筹优化、营销运营、货仓物流等领域都进行了大规模场景化落地（见图10-13）。这也意味着，从事包装、运输、会计、收银、客服、机械操作、统计、风控、校对、翻译等工作的人员，将面临被人工智能替代的极大风险。

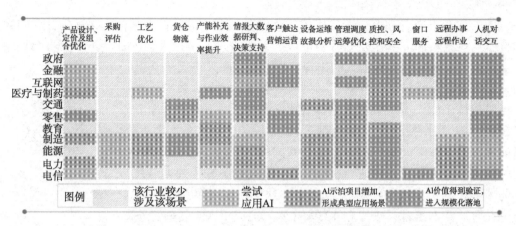

图 10-13　我国不同行业经济生产活动环节的人工智能技术渗透程度

资料来源：艾瑞咨询. 2021 年中国人工智能产业研究报告. 2022 年 1 月，
https://report.iresearch.cn/report_pdf.aspx?id=3925.

　　我国公众对人工智能带来的就业威胁也表现出较高的担忧。人民论坛问卷调查中心于 2018 年 12 月—2019 年 1 月，就当前公众对人工智能的看法进行了一项网络问卷调查，参与人数为 3399 人。调查结果显示超过八成的受访者认为自己从事的职业将在未来 20 年内被人工智能取代，超过一半的人认为会在 10 年内被取代；而认为自己正在或将要从事的行业不会被取代的受访者不足 1/5（图 10-14）[71]。

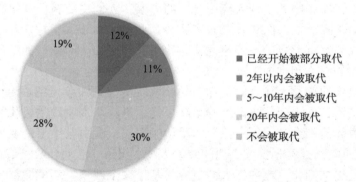

- ■ 已经开始被部分取代
- ■ 2年以内会被取代
- ▨ 5～10年内会被取代
- ▨ 20年内会被取代
- ■ 不会被取代

图 10-14　我国公众对人工智能是否会取代其所从事职业的认知

资料来源：人民智库. 当前公众对人工智能的认识、担忧与期待[J]. 人民论坛，2019, (7): 37-39.

　　当然，人工智能产业的发展也创造了新的就业岗位，并且可以从事一些人类无法从事的工作。首先，随着人工智能产品的发展，市场对计算机视觉、智能语音、机器学习、自然语言处理、自动驾驶、AI 芯片、知识图谱、增强现实、虚拟游戏、云计算、计算机算法等领域的从业人员的需求快速增长。拉勾招聘数据研究院发布的《2021 人工智能人才报告》显示，2021 年我国人工智能行业人才需求指数较去年增长 103%，其中算法人才缺口高达 170 万。2021 年人工智能行业的平均薪酬为 20 000 元，相较于 2020 年增长 12.4%。换言之，人工智能产业的发展催生了更多的高薪岗位。需要注意的是，这些新岗位有很高的从业门槛，这也意味着有计算机知识、高学历，且具备创造性、灵活性等软实力的人，在未来会拥有更多更好的就业机会。而这也会带来其他更深远的社会问题，如技术从业人员和非技术从业人员的收入差距将进一步拉大，即社会不平等将会加剧。

其次，人工智能和机器人的出现，让原本一些人类无法从事的工作或者高度危险的工作有了新的解决方案。例如，采矿机器人可以代替工作人员从事高危险性的地底勘探、井下喷浆、地下挖掘、运输、瓦斯检测等工作，保障了矿工们的生命安全。此外，当前在月面工作时间最长的月球车是我国的"玉兔二号"月球车，代替我国科研人员在月球进行探测工作，极大地促进了人类对月球的了解和进一步开发。截至 2022 年 7 月 6 日，"玉兔二号"月球车在月球背面累计行驶里程 1239.88 米，完成了人类暂时无法执行的任务。

知识拓展 10-1　机器人与就业

10.5.2　政治倾向和态度

随着人工智能在人们学习、生活和工作中的普及，研究人员也开始关注人工智能的推广和应用是否会产生除就业威胁之外的社会影响。其中，美国的学者发现在人均机器人数量更高的城市，选民在 2016 年的总统选举中会更多地支持特朗普而不是希拉里。这是因为这些城市的选民更加担心失业的风险，而特朗普的就业促进政策正好符合他们的需求，因而得到更高的支持[72]。类似地，基于 2017 年 28 个欧盟成员国的一个大型问卷调查发现，在人工智能和服务机器人应用更广的国家，人们更支持极端组织和民粹组织，部分原因是自动化降低了人们对政府的信任[73]。此外，由于人工智能和自动化引起了公众对失业的担忧和经济形势的不确定性，导致了人们更加反对政府的移民政策，也对移民表现出更负面的态度和行为[74]。

尽管社交媒体的普及，让人们更加容易获取政治信息和参与到政治活动中，但是有研究指出社交媒体的人工智能自动推荐系统可能会进一步加剧政治极化和种族歧视。首先，很多社交媒体网站会基于用户注册的政治倾向，或者对某个事件和人物的态度（支持或者反对），而向其推荐相关或类似的政治人物、报道、活动和政策信息，从而导致其政治态度和倾向更加固化，也导致人们更容易基于某个政策发布的党派（如共和党或者民主党）而不是政策本身的内容做出支持或者反对的决定，造成更强的政治对立。这也是人们常说的"回音室效应"（echo chambers），即人们总是看到相同的观点和信息[75]。其次，在社交媒体上，由于每天都有大量的信息发布，从而导致只有更加极端的观点和事件，才更容易吸引人们的注意力，并产生影响。例如，有证据表明在推特（Twitter）平台意识形态更加极端的政治家拥有更多的粉丝[76]。

综上，从社会层面来看，人工智能的快速发展和应用普及，将会逐步取代很多原本由人类从事的工作，如生产制造、挖掘运输、顾客服务等劳动密集型工作，也包括识别、诊断、数据分析、风险控制等技术含量更高的工作，造成就业威胁。此外，人工智能的发展也会催生更多的工作岗位，但是这些工作岗位的变化，

知识拓展 10-2　自动化影响 2016 年美国总统大选结果

很有可能会进一步拉大不同岗位间的收入差距。此外，由于人工智能导致的就业威胁，会进一步引起公众的担忧，并影响人们的政治态度。此外，需要引起注意的是人工智能推荐系统的广泛应用，很有可能加剧政治极化和对立。

10.6　人工智能风险治理

人工智能作为新兴技术，在应用推广过程中也给不同的领域造成影响和冲击，带来新的风险和争议，如隐私与数据风险、伦理与道德风险，甚至人身安全风险等。而这些新的风险和争议，也给各国政府的人工智能风险管理政策的制定和实施带来了新的挑战。

10.6.1　人工智能风险问题

1. 隐私风险

在基于机器学习的人工智能技术应用中，大量的个人信息不可避免地被采集、挖掘和利用，尤其是涉及个人生物特征、健康、家庭和出行等高度敏感信息，使得由人工智能应用引发的隐私泄露风险被推到风口浪尖。本书第九章中曾提及，脸书公司的用户敏感信息，包括用户的电话号码、姓名、登录 ID、家庭住址、出生日期、个人简历，以及电子邮件地址等，都曾多次遭遇过黑客泄露，涉及超过 100 个国家的 5 亿多名用户。而这些信息的泄露，很可能会对用户的人身和财产造成极大风险。更为严重的是，脸书（Facebook）还涉嫌利用用户隐私进行政治干预。2018 年美国联邦贸易委员会（Federal Trade Commission）就脸书及剑桥分析公司（Cambridge Analytica）滥用用户信息进行政治干预进行了漫长而深入的调查，并于 2019 年 7 月认定脸书存在未能保护用户数据隐私的问题，而剑桥分析公司存在未经同意滥用用户隐私，并进行广告干预和舆论操纵的问题。调查显示，剑桥分析公司利用数据分析和脸书人工智能推荐系统，参与干预了美国 2016 年总统大选、英国脱欧等政治事件。最终，剑桥分析公司因此次调查破产，而脸书因未能保护用户隐私信息被罚款 50 亿美元，为史上最高纪录。

在我国，近年来隐私泄露风险也受到了越来越多的关注，也有不少公司因未能做好用户隐私信息保护、滥用或者泄露用户信息用于他用，甚至影响国家安全问题，而受到调查和严惩。例如，2021 年 7 月，国家互联网信息办公室（网信办）发布通告，因"滴滴出行" App 存在严重违法违规收集使用个人信息问题，被勒令下架整改。经调查，滴滴出行涉及收集用户手机相册信息，过度收集乘客人脸、年龄、职业、亲情关系等信息，以及关键的"家"和"公司"打车地址信息，同时还涉及过度收集司机学历信息和身份证号信息等违法行为。同时，滴滴出行还存在未经乘客同意使用收集信息分析乘客出行意图、常住城市、商务、旅游等信息用于其他目的。滴滴出行违法违规收集和分析的信息，可能用于区分或追踪个人身份，从而挖掘特定用户，给乘客的个人隐私安全带来极大风险。更为重要的是，滴滴拥有的高精度国家地理数据、人口分布、地域流动等信息，一旦泄露还将严重危及国家安全。经过一年的深入调查，因违反《网络安全法》《数据安全法》《个人信息保护法》，网信办于 2022 年 7 月 21 日对滴滴全球股份有限公司处以 80.26 亿元人民币罚款，为我国史上最高，并勒令整改。

此外，2021年"3·15"晚会，揭露了中国正通汽车服务控股有限公司，在消费者不知情的情况下，通过店内安装的"无感非配合式"摄像头收集了大量的顾客人脸数据，通过公司的人脸识别和分析系统，分析出客户的年龄、性别、国籍、大概的收入水平，甚至心情等信息，并将这些信息用于辅助店员进行客户有效转化。正通汽车作为国内领先的豪华汽车经销集团，本次非法收集客户信息涉及含宝马4S店在内的正通汽车100多家经销商，针对的多数都是高端客户群，受到了较大的关注。

2021年，媒体报道还揭露我国12亿条淘宝个人信息被盗取案件，阿里云员工泄露用户注册信息案件，以及某银行1679万条用户个人信息泄露等信息安全问题，由此引发了公众对于人工智能和个人隐私风险的担忧，甚至在一定程度上使公众产生了恐慌心理。这也促进了社会对于"隐私安全与公共安全的协调""数据安全与价值利用的平衡"，以及"数据所有权与使用权的边界厘清"等问题的思考和讨论。

2. 伦理与道德风险

人工智能的发展也带来了一系列伦理问题。首先，人工智能技术应用可能导致决策的歧视性和不公平性，进而导致特定场景的种族歧视、就业歧视、性别歧视等。例如，2021年英国广告监测部门表示，Facebook采用一种具有偏见的算法，将含有性别歧视的广告针对某些特定用户投放。例如，机械师职位的招聘广告只向男性用户展示，而保育员的招聘广告则几乎只向女性用户展示。尽管Facebook公司表示在网站发布的任何广告信息都被要求不能含有歧视内容，但网站使用的人工智能推荐系统会"根据不同类型的信息来匹配对这些信息最感兴趣的用户"，而这个推荐算法是基于用户的历史点击记录，因而最终会出现更加极端或者带偏见的推荐结果。此外，尽管Facebook表示在平台提交的广告内容不能包含任何歧视信息，但是调查发现广告投放商可以指定广告投放的对象，例如"不超过50岁的白人女性用户"。

除去性别与种族歧视外，价格歧视（price discrimination）也是人工智能技术应用带来的伦理问题之一。商品或服务提供商一般会通过向不同的目标顾客提供不同等级、不同质量的商品和服务，并设定不同的收费标准来达到差异化经营的目的。但是，在没有正当理由的情况下，向不同的客户提供相同质量、相同等级的商品或服务时收取不同的价格，则是价格歧视的一种行为。在第九章也提及，商家利用人工智能和大数据应用，获取和分析消费者的浏览记录、购买记录、购买价格、优惠偏好、品牌偏好等信息，从而得到每个用户的消费喜好和支付意愿，赚取最大垄断利润，这也被称为"大数据杀熟"[77]。

越来越多的案例表明，商家会向使用频率更高、平台黏性更高、收入更高、所处地理位置竞争对手更少、需求更迫切的顾客，收取更高的价格，因为这些顾客的"价格敏感度"（price sensitivity）更低。例如，早在2000年，美国亚马逊公司就被发现利用顾客的浏览记录来调整用户感兴趣产品的价格。2021年，携程因其向钻石贵宾客户收取远超实际酒店定价的价格这一行为，被判"退一赔三"，成为我国首例"大数据杀熟"罚款案例。近年来，"大数据杀熟"事件不仅频繁发生在电子商务平台，也经常出现在打车平台、外卖平台和第三方票务平台等服务平台。针对此，2021年7月，我国市场监管总局发布了《价格违法行为行政处罚规定（修订征求意见稿）》，明确对电商平台经营者利用大数据"杀熟"、低于成本价"补贴倾销"等新业态中的违法行为，将给予警告、并处上一年度销售总额1‰以上5‰以下的罚款，情节严重的需责令停业整顿，或者吊销营业执照。

此外，人工智能应用在医疗和司法领域的应用也遭遇了新的伦理问题。证据表明，人工智能可能在情感倾向、决策公平和责任边界等问题上出现偏差或者缺乏人文关怀。例如，2017年，来自上海法院、检察院、公安机关的64位业务骨干，和215位科大讯飞公司的技术人员，共同开发了一套未来法院人工智能系统——"上海刑事案件智能辅助办案系统"。人工智能辅助办案系统基于大量的庭审裁判文书、电子卷宗等资料，通过机器学习全国最顶尖法官的判案逻辑和标准，实现统一证据标准、制定证据规则、构建证据模型，并给司法人员最终案件评判和量刑尺度提供参考意见。该系统未来还会在证据抓取、要素比对、单一证据校验、逮捕条件审查、社会危险性评估、证据链和全案证据审查判断、非法言词证据排除等方面提供支持。

人工智能辅助办案系统已于2018年年底在上海全市试运营，得到了办案人员的认可，之后也先后在安徽、山西、贵州、云南、深圳等11个省市进行试运营。与此同时，人工智能辅助办案系统也引起了专业人员和公众新的思考和担忧，即人工智能协助判案是否具备正当性？人工智能是否具备自主评判能力？是否能为其判断承担责任？人工智能是否会形成对某类人群的"模型偏见"，从而导致量刑偏差？人工智能如果预测某人有犯罪风险，但在犯罪事实还未发生时，司法人员应该如何应对？

3. 人身风险

人工智能的应用还会造成一系列人身安全问题，尤其是在自动驾驶领域。自从自动驾驶汽车于2014年开始在美国进行路测后，截至2017年，美国加州车管局（Department of Motor Vehicle，DMV）公布了51起自动驾驶交通事故[①]。在这51起交通事故中，其中88%（45起）的事故发生当时是处于完全自动驾驶状态（66.2%）或者有人工介入的自动驾驶状态（21.6%）；事故产生的原因有距离估算错误、物体识别错误、反应不及时等。尽管这51起交通事故没有导致人员死亡，但是有多起事故司机和行人受伤，这也让人们对于自动驾驶的人身风险有了更多的认识。截至2022年7月，加州车管局收到了499起自动驾驶汽车关联交通事故，涉及通用、谷歌、Zoox、Lyft、苹果等公司（图10-15）。

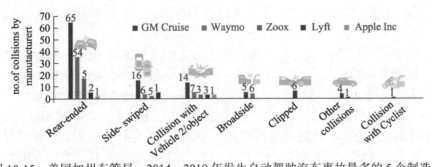

图10-15　美国加州车管局：2014—2019年发生自动驾驶汽车事故最多的5个制造商
资料来源：Zimlon，https://www.zimlon.com/b/top-5-autonomous-vehicle-manufacturers-involved-in-the-most-number-of-collisions-in-california-cm555/

---

① 数据来源：美国加州车管局（https://www.dmv.ca.gov/portal/vehicle-industry-services/autonomous-vehicles/autonomous-vehicle-collision-reports/）

2018年3月18日晚，美国亚利桑那州一名女子被Uber自动驾驶汽车撞伤后不幸身亡，这是全球首例自动驾驶车辆致行人死亡的事故。调查显示，当时有一名司机坐在方向盘后面，但是车辆当时正处于自动驾驶模式。警方的后续调查指出该名司机当时并没有关注在驾驶上而是在使用手机，致使未能在自动驾驶汽车判断撞向行人时第一时间控制车辆，因此该名司机于两年后被判"过失杀人"而入狱。本案例的宣判也引发了关于"如果人与机器一起犯下错误，那么是否应该由人来承担所有责任？"的探讨。

作为全球自动驾驶汽车的领军型企业，特斯拉（TESLA）自2013年至2021年4月，在全球发生数百起事故，累计造成175人死亡。其中大部分事故是由于汽车突然加减速、踏板失灵、方向盘突然失灵，以及驾驶员未能及时接管车辆而造成的[78]。以中国为例，2020年5月至2021年4月的一年时间内，特斯拉至少发生了20起事故，致3死19伤，其中还有一起2死6伤的重大事故，其中失控和起火是最主要的事故原因。

此外，新闻媒体也报道了多起"机器人伤人""机器人杀人"事件。其中最为著名的是1985年，一台国际象棋机器人在连续3次失败的情况下发生了系统紊乱，向金属棋盘释放了大量的电流，"杀死"了与之对弈的苏联国际象棋冠军古德柯夫，在当时造成了很大轰动。在2022年7月举办的莫斯科国际象棋公开赛中，一台机器人夹断了一名7岁参赛儿童的手指，再次引起了人们对于人工智能安全性的担忧。种种迹象表明，由于技术尚未成熟，人工智能技术仍存在极大的人身安全风险，这也对政府的人工智能风险治理及相关法律法规的完成提出了更高的要求。

10.6.2　中国政府的人工智能风险治理措施

我国的人工智能技术相关研究源于20世纪80年代，在经过长期的缓慢发展后，在21世纪初取得蓬勃发展，并在计算机视觉与图像、语音识别、自然语言处理等领域处于世界领先地位。2015年，国务院发布的《中国制造2025》强调了人工智能技术在促进我国信息化与工业化深度融合、强化工业基础能力、加强质量品牌建设、全面推行绿色制造、推进制造业结构调整、提高制造业国际化发展水平等方面都发挥着不可或缺的作用。在政府和相关政策的推动和支持下，我国的人工智能产业逐渐由发展走向了成熟，进入稳步增长阶段。根据《2021年中国人工智能产业报告》，2021年我国的人工智能产值约为1998亿元，并预计在2026年将超过6000亿元。

然而，随着人工智能产品的发展和普及，与之相关的隐私风险、伦理道德风险，以及人身安全风险等问题也频发。对此，相关部门陆续出台了一系列政策法规以规范行业监管，确保人民生命、财产和隐私安全，以及国家经济和政治安全（见表10-1）。例如，2015年7月1日，国务院印发了《关于积极推进"互联网＋"行动的指导意见》，强调依托互联网平台，加速人工智能核心技术的突破，促进其在社会各领域的推广应用。2017年，国务院印发了《新一代人工智能发展规划》，要求要完善人工智能法律法规、伦理规范和政策体系。2019年，国家新一代人工智能治理专业委员会发布了《新一代人工智能治理原则——发展负责任的人工智能》，突出了发展负责任的人工智能这一主题，强调了和谐友好、公平公正、包容共享、尊重隐私、安全可控、共担责任、开放协作、敏捷治理等八条原则。

表 10-1　2015—2020 年国家级人工智能相关政策汇总

发布时间	政策	主要方向	具体内容
2015 年 7 月	《关于积极推进"互联网+"行动的指导意见》	加速人工智能核心技术的突破，促进其在社会各领域的推广应用	• 培育发展人工智能新兴产业。构建包括语音、图像、视频、地图等数据的海量训练资源库，进一步推进计算机视觉、智能语音处理、生物特征识别、自然语言理解等关键技术研发。 • 推进重点领域智能产品创新。鼓励传统家具行业与互联网企业开展创新合作，提升家居产品智能化水平。推动汽车企业与互联网企业设立跨界交叉平台，加快车载智能设备、复杂环境感知等技术的研发。支持安防企业与互联网企业开展合作，发展图像精准识别等大数据分析技术。 • 提升终端产品智能化水平，扩大高端移动智能终端产品和服务的市场规模、提高移动智能终端核心技术研发及产业化能力。推动互联网技术及智能感知、智能分析等智能技术在机器人领域的深入应用，大力提升机器人产品在传感、交互等方面的性能和智能化水平。
2016 年 7 月	《"十三五"国家科技创新规划》	大力发展安全智能，研发新一代互联网技术，保障人工智能信息产业安全	• 从创新主体、创新基地、创新空间、创新网络、创新治理、创新生态六方面提出国家创新体系要求，并从构筑国家先发优势、增强原始创新能力、拓展创新发展空间、推进大众创业万众创新、全面深化科技体制改革、加强科普和创新文化建设等六个方面进行了系统部署。 • 规划列出了 2020 年科技创新主要目标值：科技进步贡献率达到 60%，研究与试验发展经费投入强度达到 2.5%，每万名就业人员中研发人员达到 60 人，高新技术企业营业收入达到 34 万亿元等。
2017 年 7 月	《新一代人工智能发展规划》	完善人工智能法律法规、伦理规范和政策体系	**明确了我国新一代人工智能的发展目标：** • 到 2020 年，人工智能总体技术应用与世界先进水平同步，成为改善民生的新途径，人工智能产业成为新的重要经济增长点。 • 到 2025 年，人工智能部分技术应用达到世界先进水平，成为我国产业升级和经济转型的主要动力。 • 到 2030 年，人工智能理论、技术应用总体达到世界领先水平，成为世界主要人工智能创新中心。 **提出六个方面的重点任务：** • 构建开放协同的人工智能科技创新体系，从前沿基础理论、高端人才队伍等方面强化部署。 • 培育高端高效的智能经济，发展人工智能新兴产业，推进产业智能化升级。 • 建设安全便捷的智能社会，促进社会交往的共享互信。 • 加强人工智能领域军民融合。 • 构建安全高效的智能化基础设施体系，加强基础设施的建设升级。 • 针对新一代人工智能特有的重大基础理论和共性关键技术瓶颈，形成以新一代人工智能重大科技项目为核心的人工智能项目群。
2018 年 1 月	《人工智能标准化白皮书》	成立国家人工智能标准化专家组，全面推进人工智能标准化工作	• 成立国家人工智能标准化专家组，负责为总体组提供我国人工智能标准化规划、体系和政策的咨询，对人工智能领域国际国内标准研制、试点、应用实施、标准传导机制建立提出意见建议。同时建立人工智能标准体系框架，统筹各学科领域的理论和方法，对智能制造、智能家居、智能医疗等各领域进行标准化需求分析，初步形成人工智能标准明细表。 • 对人工智能标准化工作提出重点建议：加强人工智能标准化顶层设计、加强人工智能核心关键技术研究、推进人工智能重点标准研制、搭建标准符合性测试公共服务平台、完善安全、伦理和隐私等相关标准法律政策。
2019 年 6 月	《新一代人工智能治理原则》	强调发展负责任的人工智能，提出八条原则	人工智能的发展应遵循以下原则：和谐友好、公平公正、包容共享、尊重隐私、安全可控、共担责任、开放协作、敏捷治理、

续表

发布时间	政策	主要方向	具体内容
2020 年 8 月	《国家新一代人工智能标准体系建设指南》	明确人工智能标准化顶层设计,加快人工智能标准体系建设和在社会各领域和重点行业的推进	• 人工智能基础:术语、参考架构框架、测试评估标准。 • 支撑技术与产品标准:大数据、边缘计算、智能传感器标准等。 • 基础软硬件平台标准:智能芯片、系统软件、开发框架标准。 • 关键通用技术标准:机器学习、知识图谱、量子智能计算标准等。 • 关键领域技术标准:计算机视觉、生物特征识别、人机交互标准等。 • 产品与服务标准:智能机器人、智能终端、智能服务标准等。 • 行业应用标准:智能制造、智能交通、智能医疗等领域。 • 安全伦理标准方面进行规范:人工智能技术和系统、人工智能数据和模型、人工智能产品和应用等安全标准。

在这些在人工治理原则、准则和战略框架的指导下,我国不少学者也开始了对人工智能改善与治理的研究,以寻找更切实可行的治理方案。例如,有学者提出建立多主体参与的协同治理模式并充分发挥伦理道德的能动作用,将其内嵌于人工智能技术研发、技术测试、技术转移和技术产业化四个阶段,形成兼具分段治理和整体协同的风险治理路径[79]。也有学者提出应构建人工智能风险治理的组织网络,通过协商合作重构治理主体间关系,以超越传统的技术风险治理模式[80]。

整体而言,目前我国已经开始出台人工智能安全和伦理道德规范等法律法规,并不断基于新出现的问题进行调整和修改。不过,由于人工智能技术应用场景十分丰富,各类场景中所产生的风险和问题不同,导致相关法律法规的适用性还有所不足,影响了人工智能治理工作的有效展开。在新时代的环境下,我国相关政府部门和组织,应该结合人工智能发展和治理的需求,进一步完善法律细则要求,提升法律法规的适用性,推进我国人工智能产业的可持续发展。

参考文献

[1] 张卫. 机器人酒店来了:接待你的可能是"美女"或者"野兽"[J]. 计算机与网络, 2017, 43(20): 19.

[2] 赵婧娴. 智慧酒店中的用户体验设计:以菲住布渴为例[J]. 设计, 2020, 33(17): 63-65.

[3] CHI O H, DENTON G, GURSOY D. Artificially intelligent device use in service delivery: a systematic review, synthesis, and research agenda[J]. Journal of Hospitality Marketing and Management, 2020, 29(7): 757-786.

[4] 林子筠, 吴琼琳, 才凤艳. 营销领域人工智能研究综述[J]. 外国经济与管理, 2021, 43(3), 89-106.

[5] 谭铁牛. 人工智能的历史、现状和未来[J]. 智慧中国, 2019, (Z1): 87-91.

[6] HUANG M H, RUST R T. Artificial intelligence in service[J]. Journal of Service Research, 2018, 21(2): 155-172.

[7] DAVENPORT T H, RONANKI R. Artificial intelligence for the real world[J]. Harvard Business Review, 2018, 96(1): 108-116.

[8] AMEEN N, TARHINI A, REPPEL A, et al. Customer experiences in the age of artificial intelligence[J]. Computers in Human Behavior, 2021, 114: 106547.

[9] 崔雍浩, 商聪, 陈锶奇, 等. 人工智能综述: AI 的发展[J]. 无线电通信技术, 2019, 45(3): 225-231.

[10] MORRA L, MOHANTY S P, LAMBERTI F. Artificial intelligence in consumer electronics[J]. IEEE Consumer Electronics Magazine, 2020, 9(3): 46-46.

[11] 余璀璨, 李慧斌. 基于深度学习的人脸识别方法综述[J].工程数学学报, 2021, 38(4): 451-469.

[12] DENG J, DONG W, SOCHER R, et al. Imagenet: a large-scale hierarchical image database[C]//2009

IEEE conference on computer vision and pattern recognition. IEEE, 2009: 248-255.

[13] KRIZHEVSKY A, SUTSKEVER I, HINTON G E. Imagenet classification with deep convolutional neural networks[J]. Communications of the ACM, 2017, 60(6): 84-90.

[14] 陈彬, 张荣梅. 智能推荐系统研究综述[J]. 河北省科学院学报, 2018, 35(3): 82-92.

[15] 刘辉, 郭梦梦, 潘伟强.个性化推荐系统综述[J]. 常州大学学报（自然科学版）, 2017, 29(3): 51-59.

[16] GOYANI M, CHAURASIYA N. A review of movie recommendation system: limitations, survey and challenges[J]. ELCVIA: electronic letters on computer vision and image analysis, 2020, 19(3): 0018-36.

[17] LINDEN G, SMITH B, YORK J. Amazon. com recommendations: Item-to-item collaborative filtering[J]. IEEE Internet Computing, 2003, 7(1): 76-80.

[18] 赵俊逸, 庄福振, 敖翔, 等. 协同过滤推荐系统综述[J]. 信息安全学报, 2021, 6(5): 17-34.

[19] 邱陈辉, 黄崇飞, 夏顺仁, 等. 人工智能在医学影像辅助诊断中的应用综述[J]. 航天医学与医学工程, 2021, 34(5): 407-414.

[20] 王乾. 智能风控在商业银行普惠金融中的应用[J]. 银行家, 2021, (5): 122-124.

[21] 汤朋, 张晖. 浅谈虚拟现实技术[J]. 求知导刊, 2019, (3): 19-20.

[22] 刘颜东. 虚拟现实技术的现状与发展[J].中国设备工程, 2020, (14): 162-164.

[23] 朱淼良, 姚远, 蒋云良. 增强现实综述[J]. 中国图象图形学报, 2004, (7): 3-10.

[24] 史晓刚, 薛正辉, 李会会, 等. 增强现实显示技术综述[J]. 中国光学, 2021, 14(5): 1146-1161.

[25] 姜允侃. 无人驾驶汽车的发展现状及展望[J].微型电脑应用, 2019, 35(5): 60-64.

[26] 王远桂, 何欢. 人工智能 2.0 给自动驾驶发展带来的影响[J]. 现代电信科技, 2017, 47(4): 20-24.

[27] 邓卫斌, 于国龙. 社交机器人发展现状及关键技术研究[J]. 科学技术与工程, 2016, 16(12): 163-170.

[28] 韩秀. 情感劳动理论视角下社交机器人的发展[J]. 青年记者, 2020, (27): 81-82.

[29] DAVIS F. D. Perceived usefulness, perceived ease of use, and user acceptance of information technology[J] .MIS Quarterly, 1989, (13): 319- 340.

[30] 鲁耀斌, 徐红梅. 技术接受模型及其相关理论的比较研究[J]. 科技进步与对策, 2005, 22(10): 176-177.

[31] 王林, 荆林波. 用户对人工智能设备的接受意愿研究[J]. 产业经济评论, 2020(3): 93-106.

[32] 黄中伟, 孟秀兰, 刘巍巍. 消费者个体创新、技术焦虑与人机交互触控平台接受度[J]. 商业研究, 2016(6): 6.

[33] YUAN C, ZHANG C, WANG S. Social anxiety as a moderator in consumer willingness to accept AI assistants based on utilitarian and hedonic values[J]. Journal of Retailing and Consumer Services, 2022, 65: 102877.

[34] LU L, CAI R, GURSOY D. Developing and validating a service robot integration willingness scale[J]. International Journal of Hospitality Management, 2019, 80: 36-51.

[35] 李雷, 赵霞, 简兆权. 人机交互如何影响顾客感知电子服务质量？基于广东、广西 634 个样本的实证研究[J]. 外国经济与管理, 2017, 39(1): 17.

[36] 吴继飞, 于洪彦, 朱翊敏, 等. 人工智能推荐对消费者采纳意愿的影响[J]. 管理科学, 2020, 33(5): 29-43.

[37] CASTELO N, BOS M W, LEHMANN D R. Task-dependent algorithm aversion[J]. Journal of Marketing Research, 2019, 56(5): 809-825.

[38] LONGONI C., CIAN L. Artificial intelligence in utilitarian vs. hedonic contexts: The "word-of-machine" effect[J]. Journal of Marketing, 2022, 86(1): 91-107.

[39] MORI, M. Bukimi no tani [the Uncanny Valley][J]. Energy, 1970, 7(4):33-35.

[40] 许丽颖, 喻丰, 邬家骅, 等. 拟人化：从"它"到"他"[J]. 心理科学进展, 2017, 25(11): 1942.

[41] MORI M, MACDORMAN K F, KAGEKI N. The uncanny valley [from the field][J]. IEEE Robotics and Automation Magazine, 2012, 19(2): 98-100.

[42] 黄丽满, 宋晨鹏, 李军. 旅游企业员工人工智能焦虑对知识共享的作用机制：基于技术接受模型[J]. 资源开发与市场, 2020, 36(11): 1192-1196, 1257.

[43] STEIN J P, OHLER P. Venturing into the uncanny valley of mind: The influence of mind attribution on the acceptance of human-like characters in a virtual reality setting[J]. Cognition, 2017, 160: 43-50.

[44] MENDE M, SCOTT M L, VAN DOORN J, et al. Service robots rising: how humanoid robots influence service experiences and elicit compensatory consumer responses[J]. Journal of Marketing Research, 2019, 56(4): 535-556.

[45] KIM S Y, SCHMITT B H, THALMANN N M. Eliza in the uncanny valley: anthropomorphizing consumer robots increases their perceived warmth but decreases liking[J]. Marketing Letters, 2019, 30: 1-12.

[46] LEUNG E, PAOLACCI G, PUNTONI S. Man versus machine: resisting automation in identity-based consumer behavior[J]. Journal of Marketing Research, 2018, 55(6): 818-831.

[47] MIRBABAIE M, BRÜNKER F, MÖLLMANN N R J, et al. The rise of artificial intelligence – understanding the AI identity threat at the workplace[J]. Electronic Markets, 2022: 1-26.

[48] BREWER, M. B. The social self: on being the same and different at the same time[J]. Personality and Social Psychology Bulletin, 1991, 17 (5): 475-482.

[49] SATAKE S, HAYASHI K, NAKATANI K, et al. Field trial of an information-providing robot in a shopping mall[C]//2015 IEEE/RSJ International Conference on Intelligent Robots and Systems (IROS). IEEE, 2015: 1832-1839.

[50] PROMBERGER M, BARON J. Do patients trust computers?[J]. Journal of Behavioral Decision Making, 2006, 19(5): 455-467.

[51] ÖNKAL D, GOODWIN P, THOMSON M, et al. The relative influence of advice from human experts and statistical methods on forecast adjustments[J]. Journal of Behavioral Decision Making, 2009, 22(4): 390-409.

[52] DIETVORST B. J., SIMMONS J., MASSEY C. Understanding algorithm aversion: forecasters erroneously avoid algorithms after seeing them err[C]. Academy of Management Proceedings. Briarcliff Manor, NY 10510: Academy of Management, 2014, 2014(1): 12226.

[53] 余伊琦, 冯羽, 盖嘉. 不确定情境下消费者对人工智能和人工服务的运气感知与相对偏好[J]. 南开管理评论, 2022, 25(4):155-165.

[54] GURSOY D, CHI O H, LU L, et al. Consumers acceptance of artificially intelligent (AI) device use in service delivery[J]. International Journal of Information Management, 2019, 49: 157-169.

[55] VAN DOORN J, MENDE M, NOBLE S M, et al. Domo arigato Mr. Roboto: emergence of automated social presence in organizational frontlines and customers' service experiences[J]. Journal of Service Research, 2017, 20(1): 43-57.

[56] 沈鹏熠, 万德敏. 在线零售情境下人机交互感知如何影响消费者幸福感: 基于自主性的视角[J]. 南开管理评论, 2021, (6): 26-37.

[57] GREWAL D, NOBLE S M, ROGGEVEEN A L, et al. The future of in-store technology[J]. Journal of the Academy of Marketing Science, 2020, 48: 96-113.

[58] NASS C, MOON Y. Machines and mindlessness: social responses to computers[J]. Journal of Social Issues, 2000, 56 (1), 81-103.

[59] AVELINO J, CORREIA F, CATARINO J, et al. The power of a hand-shake in human-robot interactions[C]//2018 IEEE/RSJ International Conference on Intelligent Robots and Systems (IROS). IEEE, 2018: 1864-1869.

[60] SHECHTMAN N, HOROWITZ L M. Media inequality in conversation: how people behave differently when interacting with computers and people[C]//Proceedings of the SIGCHI Conference on Human Factors in Computing Systems. 2003: 281-287.

[61] DE KLEIJN R, VAN ES L, KACHERGIS G, et al. Anthropomorphization of artificial agents leads to fair and strategic, but not altruistic behavior[J]. International Journal of Human-Computer Studies, 2019, 122: 168-173.

[62] ROSENTHAL-VON DER P TTEN A M, SCHULTE F P, EIMLER S C, et al. Investigations on empathy towards humans and robots using fMRI[J]. Computers in Human Behavior, 2014, 33: 201-212.

[63] ANDR Q, CARMON Z, WERTENBROCH K, et al. Consumer choice and autonomy in the age of artificial intelligence and big data[J]. Customer needs and solutions, 2018, 5: 28-36.

[64] LIU, X., HOANG, C., NG, S. Automation inhibits prosocial behavior: the mediating role of social

connectedness[C]. Working paper, presented at SCP 2022 Annual Conference.

[65] HUANG B, PHILP M. When AI-based services fail: examining the effect of the self-AI connection on willingness to share negative word-of-mouth after service failures[J]. The Service Industries Journal, 2021, 41(13-14): 877-899.

[66] XIAO L, KUMAR V. Robotics for customer service: a useful complement or an ultimate substitute?[J]. Journal of Service Research, 2021, 24(1): 9-29.

[67] VAN PINXTEREN M M E, WETZELS R W H, R GER J, et al. Trust in humanoid robots: implications for services marketing[J]. Journal of Services Marketing, 2019, 33(4): 507-518.

[68] BEGLEY S, HANCOCK B, KILROY T, et al. Automation in retail: an executive overview for getting ready[J]. McKinsey and Company Retail Insights, 2019.

[69] EBERSTADT N. Men without work: America's invisible crisis[M]. Philadelphia: Templeton Foundation Press, 2016.

[70] ACEMOGLU D, RESTREPO P. Robots and jobs: evidence from US labor markets[J]. Journal of political economy, 2020, 128(6): 2188-2244.

[71] 人民智库. 当前公众对人工智能的认识、担忧与期待[J]. 人民论坛, 2019, (7): 38-39.

[72] FREY C B, BERGER T, CHEN C. Political machinery: did robots swing the 2016 US presidential election?[J]. Oxford Review of Economic Policy, 2018, 34(3): 418-442.

[73] IM Z J, MAYER N, PALIER B, et al. The "losers of automation": A reservoir of votes for the radical right?[J]. Research and Politics, 2019, 6(1): 2053168018822395.

[74] GAMEZ-DJOKIC M, WAYTZ A. Concerns about automation and negative sentiment toward immigration[J]. Psychological Science, 2020, 31(8): 987-1000.

[75] SUNSTEIN C R. Going to extremes: how like minds unite and divide[M]. Oxford: Oxford University Press, 2009.

[76] HONG S. Who benefits from Twitter? Social media and political competition in the US house of representatives[J]. Government Information Quarterly, 2013, 30(4): 464-472.

[77] 李三希, 武玙璠, 鲍仁杰. 大数据、个人信息保护和价格歧视: 基于垂直差异化双寡头模型的分析[J]. 经济研究, 2021, 56(1): 43-56.

[78] 新浪财经. 特斯拉全球失控报告发布 9 年数百起事故致 175 人死亡[N]. 2021.4.21, https://finance.sina.com.cn/tech/2021-04-21/doc-ikmxzfmk8194431.shtml.

[79] 孙丽文, 李少帅. 基于伦理嵌入的人工智能新型风险治理体系建构及治理路径解析[J]. 当代经济管理, 2021, 43(7): 22-27.

[80] 张铤. 人工智能的伦理风险治理探析[J]. 中州学刊, 2022 , 301(1):114-117.

即测即练

自学自测　　　　扫描此码

教师服务

感谢您选用清华大学出版社的教材！为了更好地服务教学，我们为授课教师提供本书的教学辅助资源，以及本学科重点教材信息。请您扫码获取。

▶▶ 教辅获取

本书教辅资源，授课教师扫码获取

▶▶ 样书赠送

市场营销类重点教材，教师扫码获取样书

 清华大学出版社

E-mail: tupfuwu@163.com
电话：010-83470332 / 83470142
地址：北京市海淀区双清路学研大厦 B 座 509

网址：https://www.tup.com.cn/
传真：8610-83470107
邮编：100084